中国"新大学"的崛起

The Rising of "New College" in China

柳友荣 著

教育科学出版社
·北京·

序

高宝立

  进入 20 世纪末，中国经济社会的蓬勃发展对高等教育提出了更新、更大的需求，我国政府将高等教育大众化正式列为国家高等教育事业的近期发展目标。1999 年 6 月中共中央、国务院颁布了《关于深化教育改革全面推进素质教育的决定》，对我国高等教育大众化进程做了更为明确的表述："通过多种形式积极发展高等教育，到 2010 年，我国同龄人口的高等教育入学率要从现在的 9% 提高到 15% 左右。"高等教育界很快就以积极的姿态响应了这一政策导向，在最近 10 多年时间里，近 300 所新的本科院校应运而生，中国高等教育开始注入了新鲜血液，呈现出新的特征。这类院校承载着高等教育大众化的使命，由于人才培养目标和培养规格上的转变，这类院校不同于传统的高等教育的"精英模式"，而是代之以"大众化模式"。这种转变绝不止于教学方式方法上的变更，它在办学模式、经费来源、人才培养模式，乃至管理模式等方面都已经或者必将发生巨大转变。

  柳友荣教授长期从事高等教育研究，并一直在此类院校工作，在最近的 10 多年里，还一直在高等学校担当着管理工作。他勤于思考，敏于实践，从行动研究和院校研究开始，在中国"新型"高等教育的分类管理、错位发展上做了大量扎实的研究工作，一些研究成果前些时间也分别在《新华文摘》《教育研究》《高等教育研究》等期刊上发表，而这本《中国"新大学"的崛起》更是他近期的力作。

一段时间以来，我们很容易发现，我国高等教育大众化背景下催生的一类本科院校，或被称为"地方性本科院校"，但以此指称新建院校显然混淆了一大批老牌的地方学院与此类院校的差别；或被称为"新建本科院校"，但仅就"新建"这一概念而言也不能涵括此类院校的特质，因为随着时间的不断推移，"新建"的内涵就会变得越发模糊。柳友荣教授以中国"新大学"的概念来标识，它既可以准确明晰高等教育走出"象牙塔"，告别精英教育的历史，又可以照应国际高等教育研究历史，更重要的是能够唤起人们从高等教育多样化、质量多元化、人才培养个性化的角度来全面审视这类大学，进而推动建立高校分类体系，实行分类管理。显然，这实际上搭建了一个很好的逻辑框架，形成了富有价值的研究视角。

《中国"新大学"的崛起》采用了比较研究和实证研究的方法。该书比较了英国的新大学、美国的州立大学、20世纪80年代在我国珠江三角洲地区陆续办起的一批新生"大学"，以及大众化背景下产生的这些中国"新大学"，并对120所中国"新大学"展开实证调查研究，得到了许多宝贵的第一手资料。通过对文献、数据的分析研究，该书有说服力地说明，中国"新大学"需要在外延式发展的基础上，完成华丽转身，寻求内涵式的可持续发展。

在大学这样复杂的机构中，改革是个曲线前进的过程，要想有所进展，就需要所有参与者付出努力。"新大学"发展的初级阶段，就是从精英背景下的学术教育为主向应用型本科教育的转轨阶段；高级阶段的变革就是内涵的提升阶段，高级阶段的完成标志着应用型本科建设已经步入成熟阶段。如何完成从初级阶段到成熟阶段的转变，实现我国"新大学"的可持续发展，完成我国高等教育大众化从形式向实质的转变，是亟待思考的课题。

党的十八大提出了到2020年实现全面建成小康社会的宏伟目标，五位一体的中国特色社会主义事业总体布局，工业化、信息化、城镇化、农业现代化同步发展的战略部署，对高等教育赋予了新的历史使命，提供了重要战略机遇。实现我国高等教育内涵式发展，提高整体水平，从高等教育大国向高等教育强国迈进，以积极适应国家战略需求和地方经济社会发展需要，满足人民群众接受高等教育的多样化需求，是时代的呼唤，而坚持高校合理分类、科学定位、特色发展是内涵式发展的应有之义。我国高等教育大众化之后生成的"新大学"，已经占据了我国本科教育的近一半份额，其作用与价值已经显现。深入研究与探索这类院校的可持续发展问题，有非常重要的理论和现实意义。柳友荣教授的这本《中国"新大学"的崛起》应时而作，对探索高等院校多样化、特色化发展路径，丰富高等教育理论都大有助益，期待他在此基础上更进一步，再有新的创获。

是为序。

|目 录|

第一章 导 论

第一节 研究背景与研究意义

一、问题的提出

20 世纪接近尾声，中国高等教育体制改革呼声鼎沸。加之社会经济的发展已经对传统的高等教育模式提出了更新、更大的需求，中国高等教育开始注入了新鲜血液，呈现出新的特征。新建的本科院校，其办学定位就是为地方经济建设和社会发展服务。它们都把"服务地方"作为自己的根本办学理念，作为生存、发展的立足点，作为深化改革的出发点和落脚点。1998 年，我国启动了高等教育大众化的进程，继后十几年里，出现了一大批专科学校自主申办，教育部批准升格的本科院校。由于此类院校大都在办学定位上为"应用型"，因此，通常称之为"新大学"。这些新型的本科院校升格前的办学性质，既有单科性或职业性高等专科学校，也有师范类高等专科学校升格为本科院校。

"新大学"是特指 1998 年至今，在我国高等教育大众化过程中设置的，以本科教育为主，面向区域经济社会，以学科为依托，以应用型专业教育为基础，以社会人才需求为导向，培养高层次应用型人才的新型的院校。

（一）"新大学"是对高等教育大众化所要求的多样性的一种响应

高等教育大众化是 20 世纪人类在高等教育领域取得的最伟大的成果之一。20 世纪中叶，在国家转型、科技进步、经济发展、教育民主化思潮等因素的综合推动下，经济发达国家的高等教育出现了一个规模急剧扩张的时期。随着社会生产力的发展，新兴产业（行业）不断增多，劳动力市场的多样化引发了高等教育传统结构和模式的变革，在外力的推动下，高等教育不得不摒弃清高孤傲的旧习，迈出"象牙塔"，与社会特别是工商界密切合作。高等院校的社会服务功能不断得到强化，人才培养和科学研究的职能及其内涵也发生了新的变化，高等教育系统正朝着更加多样化的方向发展。

美国著名的教育社会学家、加州大学伯克利分校公共政策教授马丁·特罗（Martin Trow）在 1970 年和 1971 年向联合国教科文组织提交的《从大众向着普及高等教育的转变》（*From Mass Higher Education to Universal Access*）和《高等教育的扩展与转化》（*The Expansion and Transform of Higher Education*）论文中，提出了高等教育发展阶段划分的理论。1973 年 6 月，在经济合作与发展组织（OECD）于巴黎召开的"关于中等后教育的未来结构"国际会议上，他发表了另一篇论文——《从精英向大众高等教育转变中的问题》（*Problems in the Transition from Elite to Mass Higher Education*），对精英、大众和普及三个阶段高等教育的特征进行了深入分析，系统地阐述了高等教育发展阶段理论。他认为，适龄人口高等教育入学率的 15% 和 50% 是区分一个国家的高等教育规模类型的标志性数值。如果高等教育只能为 15% 以下的适龄青年提供学习机会，标志着该国处于高等教育的精英教育阶段；适龄人口高等教育入学率介于 15% 和 50% 之间的，标志着该国处于高等教育的大众教育阶段；而当适龄人口高等教育入学率达到 50% 以上时，说明该国处于高等教育的普及教育阶段[①]。在特罗教授看来，高等教育的发展水平乃至发展阶段是可以用这样一些数值来加以标识的。毋庸置疑，特罗理论是基于他对美国，或者说至少是美国高等教育发展秩序的一种判断，它不仅显现了特罗教授良好的事实判断能力，也展现了他过人的智慧和丰富的高等教育实践经验。虽然他的理论已经得到了国际高等教育界的普遍认可，但其单样本

---

① 马丁·特罗. 从精英向大众高等教育转变中的问题 [J]. 王香丽，译. 外国高等教育资料，1999（1）.

判断的局限性，使得该理论在统计学意义上乏善可陈。基于此，我们是否可以这么理解：数量指标不能成为高等教育阶段论的唯一标尺，更高层面上的"质的变化"、高等教育与社会需求的契合度、高等教育对经济社会发展的贡献率等指标，或许是更为重要的尺度。

学者斯科特（Peter Scott）指出："与精英主义高等教育不同，我们无法把大众化的高等教育归结为一种单一的总体的理念。作为社会、经济、文化和科学，同样包括学术等一系列复杂多元的现代化进程之一，大众化的高等教育具有多重的意义。"① 也正如马丁·特罗教授本人所言，"我是在说明由于高等教育规模在量上的增加，高等教育的全部活动都要发生变化"，"大众化是揭示变化的一种理论，是揭示变化的一个信号，它具有一种预警功能"②。因此，高等教育大众化发展并非简单的规模扩张，它更意味着一系列深刻的理念变革和结构变迁，而理念变革和结构变迁引发的包括教育机会多样化改革在内的多种策略也会相继出现。

高等教育大众化时代的到来，意味着高等教育多样化不可逆转。如果再用传统的精英眼光来看待大众化时代的高等教育，势必导致南辕北辙，在顺应不同阶段高等教育的内在需求和自身规律，推动不同阶段高等教育的实质性发展上于事无补。在高等教育的精英教育阶段，人才培养体系的构建只有一个维度，那就是本学科的内在知识逻辑。无论是课程模块还是课程内容，都服从着严密的知识内在逻辑。而精英教育的培养目标也自然是具备系统学科知识的高级专门人才。大众化让高等教育放下了"学院式"的架子，为满足社会不同层面上的需求，高等教育受教育人口已经遍及社会各个阶层。大学不仅要培养"高精尖"人才，还要培养满足经济社会发展的适需致用人才。

诚然，高等教育大众化使得传统意义上的大学的围墙彻底坍塌，大学与社会生活的通透性彻底改良，由来已久的书卷气曼妙地向社会生活挪移；而

---

① Peter Scott. The Meanings of Mass Higher Education [M]. Suffolk: The Society for Research into Higher Education & Open University Press, 1995: 168.

② 邬大光. 高等教育大众化理论的内涵与价值——与马丁·特罗教授的对话 [J]. 高等教育研究, 2003 (6).

社会生活也不容置疑地把它的活力与沧桑弥漫进了大学的每一幢阁楼。大学与经济社会的联系越发紧密，不同的社会需求也直接催生了多元的高等教育质量观。很明显，精英教育一元质量观不可能再适应大众化高等教育的多样性办学需求，抱残守缺必然会误入歧途而难以取得实效。

但是，目前我国高等教育的现实并不是非常乐观，它一如国际高等教育在大众化时代所出现的多样化和趋同性并行不悖一样，我国高等教育在其大发展时代也面临着同样的困惑。不少新建高等学校一边在追求多样化的办学，一边在学科与专业建设上雷同重复。我国学者徐萍在总结国外相关研究的基础上得出，高等教育的多样化和同质化同时并存，构成一对新的矛盾。有研究支持这样的观点：环境压力（政府规定、区域社会发展、经济发展等）以及学术标准与价值的控制，是影响高等教育系统中分化与去分化过程的关键性因素①。在我国高等教育的实践中，特别是"新大学"的办学过程中，存在这种较为严重的趋同现象。以安徽省"新大学"的学科与专业建设为例，截至 2009 年，其所设置的本科专业已覆盖了教育部1998 年颁布的《普通高等学校本科专业目录》中除哲学以外的 10 个学科门类，一般均覆盖 7 个以上学科门类。值得忧虑的是，其他省份的情况也别无二致。

新建院校往往在学校办学类型定位上重"学"轻"术"，在学科专业上求全，在办学层次上攀高，在规模发展上求大。很明显，这与高等教育大众化所要求的多样性是背道而驰的。在"新大学"的办学实践中，由于我国在"新大学"研究上的不足，此类院校缺乏发展模式、发展路径等方面的"生存榜样"和"理论模板"。于是，大家在办学实践中时常习惯于用固有的、业已生成的"精英教育模式"来规划、操作自己的学校，不能在高等教育大众化背景下理性地利用办学资源、社会需求规划自己的发展思路、发展方针，而是以传统本科院校作为发展的重要参照系。在实际办学过程中简单地照抄照搬办学模式、学科专业设置、人才培养方案等，甚至"穿新鞋，走老路"。譬如湖南省湘南学院，该院在 2003 年升格为本科院校，在学院发展定

---

① 徐萍. 高等教育多样化的发展进程与推进策略［J］. 江苏高教，2009（5）.

位上走传统大学老路，要"由教学型本科学院逐步过渡到教学研究型本科大学"①，显示出其对老牌本科院校办学路径的依赖。1998 年升格的绍兴文理学院则在其"十一五"规划中赫然写着："以文理为基础、工管为重点，多学科协调发展，人才培养质量高，科学研究有特色，服务地方有成效，在全国有一定知名度的综合性大学。"②

在我国，教育主管部门对各类高校在发展定位上尚缺乏比较准确的科学规划和分类指导。而我国目前统一的评估标准不利于"新大学"的多样化发展，单一的评估主体不利于"新大学"多元价值观的形成。第一轮本科教学水平评估更是暴露了我们在高等教育理论研究方面的苍白，直接诱发高等教育扩张过程中宝贵资源的结构性浪费。第一轮本科教学水平评估由于存在着对高等教育分层研究的阙如现象，进而缺乏对高等院校自身定位的有效引导；存在着评估"立法懈怠"和立法滞后的状态，评估活动不规范；在评估中"质量主体"缺失，学校被动迎评；评估方式选择与评估定位不相契合，导致评估结论失真等诸多问题，尤其是用同一份菜单式的评估指标来不加区分地度量不同类型的高等学校，必然引发建设上的重复和发展上的雷同③。高等教育生态遭到破坏，不同类型和层次的院校出现明显的"同质化"倾向。

自 1998 年我国高等教育扩大招生规模以来，催生了一大批"新大学"，并加快了这类院校的各项教育资源的储备。虽然"升格"——大众化时代高等教育发展的历史现象——给这类院校带来了突飞猛进式的大发展，但是，这种完全由外因拉动式的进步不能替代"新大学"的内生发展，真正的可持续发展还是建立在科学定位、分类发展上。为了适应我国大学多样化的发展趋势，必须对本科教学评估进行分类指导，引导不同层次、不同科类、不同地域的大学办出特色。首先要制定满足分层次要求的评估方案，进而从指标体系到评估方式进一步落实"分类指导"原则，以鼓励同层次学校相互竞

① 黄惠霖. 论新建地方本科院校的生存与发展 [D]. 长沙：湖南师范大学，2005：32.
② 绍兴文理学院. 绍兴文理学院"十一五"时期发展规划 [Z]. 2006.
③ 柳友荣，龚放. 理论不足与制度阙如——本科教学评估之症结 [J]. 中国高教研究，2008 (11).

争，突出特色，不断创新，使本科教学评估更有说服力和鞭策作用。分层次评估的指标体系应该是各个不同层次高校进行本科教学建设的方向性、指导性体系，制定好不同层次大学的本科教学评估指标，关系到新一轮本科教学评估工作的成效，也关系到我国高等教育的可持续发展。从某种意义上说，大众化时代高等教育的竞争是办学特色的竞争，没有特色就没有优势。多样化的高等教育要求高等学校分类发展、特色兴校，在各自的类型中实现层次上的超越。因此，特色往往是一所高校质量和水平的重要标志，是决定学校生存和发展的关键因素。

（二）"新大学"承载着我国高等教育大众化的主要责任

在国际高等教育发展史上，令人瞩目的持续扩张时期出现在 20 世纪后半叶。为了满足广大人民群众接受高等教育的强烈需求，适应社会经济持续不断发展，同时缩小与发达国家高等教育的差距，1998 年以来的十多年间，我国高等教育取得了历史性、跨越式的发展。进入 21 世纪，随着中国社会经济和各项事业的飞速发展，高等教育进入跨越式发展阶段。2002 年，我国高等教育毛入学率已达到 15%，这标志着我国高等教育迈入了大众化进程。2006 年 2 月 13 日，国务委员陈至立在古巴召开的第五届国际教育大会上向全世界宣布：中国已成为教育大国，在校大学生人数居世界第一，在校大学生总数 2300 万人，毛入学率 21%。

在跨越式发展的十年（1998—2008 年）间，我国高等教育在校生由近643 万人增加到了 2907 万人，增长了将近 4 倍（见表 1.1）；毛入学率从9.80% 增长到了 23.3%，增加了 1 倍多；新增本科院校 500 多所，其中本研究所指称的"新大学"为 240 所（不含独立设置的二级学院）（见表 1.2）。"新大学"的急速增加已经成了人们瞩目的一个焦点，其在校本科生人数占全部在校本科生人数的比例接近 2/5，承载着大众化时代我国高等本科教育的主要使命。

表 1.1　我国高等教育跨越式发展进程（1998—2008 年）

年　度	在校生数（万人）	毛入学率（%）
1998	642.99	9.80
1999	742.42	10.5
2000	939.85	11
2001	1214	13.3
2002	1512.62	15.3
2003	1900	17
2004	2000	19
2005	2300	21
2006	2500	22
2007	2700	23
2008	2907	23.3

资料来源：根据 1999—2009 年《全国教育事业发展统计公报》整理。

表 1.2　1998—2008 年我国普通高等院校统计

年　度	普通高等院校	本科院校	新建本科院校
1998	1022	590	1
1999	1071	597	19
2000	1041	599	42
2001	1225	597	9
2002	1396	629	34
2003	1552	644	23
2004	1731	684	39
2005	1792	701	19
2006	1867	720	19
2007	1908	740	21
2008	2263	1079	14
累计新建本科院校数			240

资料来源：根据 1999—2009 年《全国教育事业发展统计公报》整理。

高等教育大众化必然要求高等教育转型，要求高等教育与经济社会的发展全面合辙，要求高等院校不仅有"鹰击长空"型的，也要有"鱼翔浅底"类的，不仅有"阳春白雪"的青睐，也有"下里巴人"的渴求。满足大众化高等教育的需求，就必须改变传统的精英教育单一的结构和落后的理念，着力构建多样化的高等教育发展模式，其中一个重要的趋势就是高等教育必须进行职业预备型教育，大力发展应用型高等教育。事实上，在高等教育理论界已经形成了这样的共识，即高等教育大众化不仅是规模的扩大，关键是其性质发生了前所未有的变化，最为重要的就是培养目标的多样化，以及人才类型的多元化。在大众化高等教育阶段，如果不考虑某一时期的发展速度，那么规模的持续扩张是不争的事实。早在1978年，邓小平就指出，我国的"教育事业要有个大的发展、大的提高"，认为我们国家面临着一个严重的问题，就是人才的匮乏，没有大批的人才，我们的事业就不能成功。他还明确要求把教育放在优先发展的战略地位。我国的经济发展模式主要靠廉价劳动力和资金拉动，科学技术的贡献率还不高。而发达国家主要是靠人才，靠先进的科学技术。2000年，我国就业人口中具有大学专科以上学历的比例为5%，而加拿大为50%，日本为47%，韩国为40%，美国为39%。我国高级技工在技术工人中仅占3.5%，而发达国家这个比例达到35%[①]。与发达国家相比，我国在这方面还存在较大差距（见表1.3）。尽快提高劳动力整体素质，使我国由人口大国转变为人力资源强国，"新大学"将是这一重要任务的主要承担者。而且，应用型本科院校大都隶属于地方政府，与区域经济社会有着密不可分的联系，不仅能直接为本地区培养适需可用、基础适度、口径适中的人才，而且还能够很自然地成为区域内知识创新和传播中心。

---

① 胡瑞文. 从核心指标看教育现代化［N］. 中国教育报，2009－01－05.

表 1.3 1999 年 OECD 国家与中国 25—64 岁劳动力人口受教育情况[1]

国 别	人均受教育年限
29 个 OECD 国家均值	11. 67
中国（2002 年）	7. 99
美 国	13. 2
加拿大	13. 2
英 国	12. 9
日 本	12. 8
德 国	12. 6
澳大利亚	12. 1
韩 国	11. 5

资料来源：中国教育与人力资源问题报告课题组. 从人口大国迈向人力资源强国 [M]. 北京：高等教育出版社，2003.

2009 年，世界高等教育大会在巴黎联合国教科文组织总部召开，这是自 1998 年以来的又一次规模空前的盛会，148 个国家和地区的教育部长以及众多高等教育界的知名专家学者出席了会议，会议主题是"高等教育新动向：社会变革和发展研究"。大会的主题报告之一指出了世界高等教育受大众化影响，从 1999 年到现在，在校学生数急增了 50%，2006 年比 1999 年在校学生数增加了 5100 万人；报告向人们展示了世界高等教育未来发展呈现的七大新动力，它们分别是公众需求、多样化、合作机制、终身学习、通信和信息技术、社会责任和政府角色的变化等[2]。在新型工业化的产业结构调整和高新技术革命的不断冲击下，高等院校的发展定位也必然是多样性、多层次的，并保持在持续变革之中。少量研究型大学可以保持以发展综合学科专业为本位，以传承文化和创新科学为己任；大部分本科院校应当设置应用型学

① 中国教育与人力资源问题报告课题组. 从人口大国迈向人力资源强国 [M]. 北京：高等教育出版社，2003.
② 北京教育科学研究院. 世界高等教育发展存在七大新动向 [N]. 中国教育报，2009 – 10 – 20.

科以及与职业岗位群需求相结合的学科和专业结构，这也是从发达国家高等教育大众化过程中总结出来的经验。王英杰教授在《美国高等教育的发展与改革》一书中提到，从 1950 年到 1975 年美国各层次高等教育在校学生人数变化，分别是两年制社区学院在校学生数从 24. 41 万人增加到 397 万人，四年制的本科在校学生数从 217. 77 万人增加到 595. 20 万人，研究生在校学生数从 23. 27 万人增加到 126. 30 万人，从中我们可以获悉美国四年制的本科在校生数量一直超过研究生和两年制社区学院学生数，占据半数以上。两年制社区学院、四年制的本科和研究生在校生数之比 1950 年为 9：82：9，到 1975 年为 35：53：11①。这些数据告诉我们，美国高等教育在向大众化过渡的过程中，应用型院校在校生的增长速度远远高于研究型院校。

高等教育大众化本身就是顺应社会政治、经济、文化的发展需求，是现代科学技术进步、产业结构的变化导致的社会职业岗位要求不断提高的结果，大量的对高层次技术应用型人才的需求，使得高等教育不能满足于培养少数去"发现"或"发明"的研究人员，而要更多地去培养从事应用领域的各类技术人员，以满足经济社会对人才类型的多样化需求。这就意味着以单一学术型人才培养目标垄断高等教育的局面，将逐步被多样化培养目标的新格局所替代，尤其是本科层次的人才培养，其大多数目标将转向应用型方向。"各国需要把越来越多的年轻人培养到一个更高的规格——本科教育目前正成为许多高技能工作的基本资格"②，毋庸置疑，我国高等教育大众化的一个突出表征就是新建立了一大批应用型本科院校。据教育部统计，至 2009 年 4 月，"新大学"已达 240 所，占同期本科院校（1079 所）的近 1/4。这类院校是高等教育大众化的产物，也是推动高等教育大众化的基本平台，为我国高等教育事业充实了力量，在高等教育事业改革与发展方面发挥了重要作用。

---

① 王英杰. 美国高等教育的发展与改革 [M]. 北京：人民教育出版社，1993.

② 世界银行，联合国教科文组织高等教育与社会工作特别工作组. 发展中国家的高等教育：危机与出路 [G]. 蒋凯，主译. 北京：教育科学出版社，2001：7.

（三）"新大学"是建设高等教育强国不可或缺的力量

把高等教育大国建设成为高等教育强国，是实现从人口大国到人力资源强国的基本战略路径。党的十六大提出"造就数以亿计的高素质劳动者、数以千万计的专门人才和大批拔尖创新人才"，十七大更是审时度势，高屋建瓴地提出了"建设人力资源强国"的目标。在 2008 年 11 月举行的教育部直属高校第 18 次咨询会上，就我国高等教育未来发展目标和发展途径形成了高度统一的集体意志："以提高质量为核心，加快从高等教育大国向高等教育强国迈进。"

一个国家与民族的强盛与高等教育发达之间存在依存与共生的关系。因此，建设高等教育强国绝对不能忽略社会经济整体现代化的坚实支撑。四川大学校长、中国工程院院士谢和平教授认为，高等教育强国的基本特征表现为以下几个方面：一是高等教育毛入学率基本达到 50% 左右；二是高等教育质量高，对社会发展和科技进步的贡献度大，并在世界高等教育发展的总体态势中处于先进水平；三是有一定数量的世界一流大学和高水平大学；四是高等教育具有很强的国际吸引力；五是具有稳定、可靠、科学的高等教育保障体系[①]。

概括地说，高等教育强国的主要标志有两个：一是在国际高等教育中的影响力。主要包括高端性和独特性。高端性是指在国际高等教育高端发展中的地位，也就是要拥有一定数量的世界一流大学；独特性是指高等教育发展具有鲜明的国家特征、民族特色。二是在国家发展中的实际作用。主要是指经济社会发展对高等教育的依存度，国家经济社会发展对高等教育的实际依靠程度越高，高等教育强国的标志就越明显。由此可见，高等教育强国不仅需要着力建设象征着高端性的世界一流大学，也要特别关注高等教育在国家经济社会发展中的作用，这就给"新大学"发展提供了广阔的空间。

高等教育系统并非浩瀚海洋中的孤岛，没有经济现代化、政治现代化和

---

① 谢和平. 深入贯彻党的十七大精神 努力为建设高等教育强国贡献力量 [J]. 中国高教研究，2008 (2).

社会文化现代化的支撑，任何高等教育强国都将因缺乏牢固的根基而化作泡影。尽管纽曼（J. H. Newman）的"大学的理想"充满激情，而又合乎逻辑，但他既没有挽救英式传统的大学理想的命运，也无法预言今天大学的华丽转身。人们在大学"探讨深奥的知识不仅出于'闲逸的好奇'，而且还因为它对国家有着深远的影响。没有学院和大学，那么，要理解复杂社会的复杂问题几乎是不可能的了，更不用说解决问题了"①，当高等教育卷入日常生活中的时候，其职能已不仅仅是保存、传授和发展"高深学问"，还担负起了为公众服务的职能。虽然今天"从高等教育中获得许多东西仅仅只有中学后教育的水平……但是，高等教育与中学后教育之间的差别是程度上的而不是性质上的……高等教育的特征是多样化"②。

　　我国有一个庞大的高等教育系统，从《2008 年全国教育事业发展统计公报》中可知，截至 2008 年，我国共有普通高等学校和成人高等学校 2663 所。其中，普通高等学校 2263 所，成人高等学校 400 所。在普通高校中本科院校 1079 所，高职（专科）院校 1184 所。如此多的高等院校由于分类指导上的不足，加之国家政策层面上长期向"985 工程""211 工程"的大学倾斜，间接地诱导了一个错误的办学行为——不同类型和层次的学校都一个劲地往学术型学校里挤，使得高等教育体系整体水平无法提升。毕竟建设高等教育强国是一个系统工程，不是建几所高水平大学就可以大功告成的，在每一个类型中都可以有高水平的、标志性的学校。只有这样，才能真正提高高等教育对经济发展和社会进步的贡献率及影响力。已经占本科院校中 1/4 的"新大学"，理应扎根区域经济社会，贴近地方、服务地方，成为地方经济社会发展的"加油站"，科技开发、文化建设的"动力源"，从而有力地推动建设高等教育强国的事业。

　　应该说，建设高等教育强国给"新大学"可持续发展带来了新机遇。就目前大多数"新大学"发展的路径来看，依旧缺乏与区域社会的深层契合，遵循着学科自我发展、自我循环的逻辑，属于生源拉动型发展（追求规模发

---

① 布鲁贝克. 高等教育哲学 ［M］. 王承绪，等，译. 杭州：浙江教育出版社，2002：15.
② 布鲁贝克. 高等教育哲学 ［M］. 王承绪，等，译. 杭州：浙江教育出版社，2002：77 - 79.

展），还没有真正实现综合型发展（规模、质量、结构、效益全面科学可持续发展）。事实上，只有真正过渡到综合型发展模式后，应答社会发展的需要，"新大学"才能实现可持续发展。诚然，建设高等教育强国，不仅是"新大学"提升教育教学质量的指导思想和实践动力，也是"新大学"实现全面、可持续发展的重大机遇。

（四）"新大学"在"后升格时期"自身发展需求

"新大学"作为本科院校阵营里的新军，建校时间短，区域差别大，教学、科研基础薄弱，正处在本科教育与专科教育并存，向以本科教育为主过渡的转型期。这类院校因为"升格"的需要，地方政府一般都在资金、土地上给予了大力的支持，保证了升格初期最基本的教学资源的配置。随着本科办学的不断延伸，由于新建院校办学时间短，资源的积累不足，再加上不断扩大的在校生数量，它们在基本教学资源配置上显得捉襟见肘，办学的经费压力不断加大，并成为制约学校在质和量上进一步发展的瓶颈。

无论是哪种类型的"新大学"，在其"后升格时期"都存在着许多令人担忧的问题。然而，"新大学"在我国本科教育中的地位已经越来越重要，成为推动我国高等教育大众化的生力军。因此，不能及时解决其所存在的问题，就会对我国高等教育大众化的发展产生令人担忧的负面影响，特别是对我国本科教育质量带来威胁。

美国卡内基－梅隆大学校长柯亨先生在我国参加中外大学校长论坛时指出："制定大学战略目标的关键是找准自己的定位。"可见，由于我国区域发展的水平差异性很大，不同高等院校基本条件和服务面向不同，在不同区域，对于不同类型的高校都有许多个性化的因素。在"后升格时期"，"新大学"不仅面临着调整学科与专业，使其切合区域经济社会发展的需要，面临着提升层次、提高水平的难题，更面临着办学类型定位的困惑等一系列问题。因此，讨论与研究"新大学"发展中存在的问题，以及发展路径，是"后升格时期""新大学"的集体诉求。

（五）"新大学"创新办学模式，适应市场与经济社会发展的需求

2009 年，温家宝总理的《政府工作报告》中对高等教育提出了 42 个字的目标："推进高水平大学和重点学科建设，引导高等院校调整专业和课程设置，适应市场和经济社会发展的需求。"该目标的前半句话是针对建设世界一流大学而提的，而后半句则更多的是倾向于教学型大学，尤其是"新大学"。"新大学"在"升格"之后，首先面临的问题就是如何把本科"办像、办合格"，在本科办学的建设过程中，围绕办学定位、办学模式、学科与专业建设、服务面向、人才培养等问题，各校都开展了有益的探索和尝试。

"新大学"因为所处区域社会经济和教育发展的程度相去甚远，要求必须依据区域经济社会发展需求来制定办学目标，确立办学定位，规划顶层设计，创新办学模式。一味地"克隆"旧有模式，穿新鞋，走老路，只会导致办学模式的趋同化，从而失去自己的办学特色和竞争的基础。事实上，应用型本科院校的培养目标决定了其培养模式有别于其他类型的高等教育。应用型本科教育的课程体系在强调必需的学术性和必要的基础理论的同时，要更加重视面向市场需求和学生发展需要，研究应用型人才所需的知识、能力结构，设置科学合理的课程体系。克拉克（Burton R. Clark）在《高等教育系统》一书中谈道："对各高等院校进行分工已经变得越来越有必要，因为这有利于不同单位全力投入不同的工作。不同层次的专业培训，不同类型的、适合于不同学生的一般教育，复杂程度不等的研究，所有这一切都可以因院校分工后产生了各类相应的组织结构而得到承担。"①

近 20 年来，我国高等本科教育的格局发生了巨大变化。原有的知名研究型大学在 20 世纪末期的"大学合并潮"中摩肩接踵，不仅把育人的重点从"本科教育"挪移到"研究生培养"上，而且合并下位的本科院校，来壮大身躯；其他的老牌本科大学也前呼后拥，争先进位，纷纷争上硕士点、博士点。于是，单纯教学型的院校几乎断层，而以社会切实需求为自己办学

---

① 伯顿·R. 克拉克. 高等教育系统［M］. 王承绪，等，译. 北京：人民教育出版社，1983：291.

目标的高等本科学校寥若晨星，这恰恰给"新大学"提供了绝好的发展机遇。"新大学"要敢于另辟蹊径，创新办学模式，打破传统的精英教育教学计划，科学制订应用型人才培养方案，在复杂的高等教育系统中觅求恰当的社会分工。正如伯顿·R.克拉克所言："如果高等院校各具特色，而不是被呆板地纳入一个大而统的体系，高等教育就能够最有效地体现公平精神。"①

2008年岁末，国务委员刘延东在看到新华通讯社刊载的关于安徽省合肥学院借鉴德国应用科技大学的办学模式，结合中国国情，创新我国应用型本科院校建设的报道后批示："有些新建地方本科院校在创新办学模式上有很多很好的尝试，应该多予鼓励，多加总结。"2009年初，安徽省14所"新大学"达成了合作共识，建立"行知联盟"，在教师互聘、学生互派、学分互认、跨校主辅修（双学位）、联合申报教学质量工程、网络和图书资源共享等方面开展全面合作，以实现优势互补、资源共享、互惠互利、共同发展②。参与高校也可利用合作联盟关系优化资源配置，实现开放办学，稳步推进联盟高校教学工作的交流与合作，联合打造"新大学"战略联盟共同体。

然而，这些开创性的、摸索性的举措也暴露了我国高等教育理论研究，特别是"新大学"发展的理论研究的苍白，没有起到理论研究先导和引领的作用。因此，根据不同类型、不同层次高等学校的实际，推进高等教育体制改革和高等教育教学改革，优化高等教育结构和资源配置，探寻"新大学"的本科办学和可持续发展上的规律，推进"新大学"的可持续发展，引导新建院校科学、有效、可持续发展，就显得尤为必要。

二、研究的理论与实践价值

（一）数量指标远不是大众化的全部意义，"质的变化"才是大众化更

---

① 伯顿·R.克拉克.高等教育系统［M］.王承绪，等，译.北京：人民教育出版社，1983：292.

② 高妍.合作办学，协同发展——对安徽高校联盟创新探索的调查与思考［J］.中国高教研究，2009（6）.

重要的内涵。马丁·特罗博士提出的高等教育大众化理论本质上只是对美国高等教育发展规律的研究和总结，是一种基于美国高等教育的形势判断。虽然这一理论今天已经成为国际高等教育研究领域的一个主流理论，但从世界高等教育发展的现状来看，它并不具有普适性，其局限性和片面性还是斑驳可见的。更重要的是关于大众化高等教育三个阶段的划分，仅仅是特罗教授基于事实和经验的判断，从统计学意义上看，其缺少数学工具的支持，只是对高等教育发展形势的一种经验值，连他自己后来也认为这个划分标准并没有多少统计学上的意义。在我国，无论是高等教育理论界，还是高等教育实践领域，对特罗理论的理解存在着明显的简单化倾向，把它归结为目标理论或结果理论，过分倚重数量的扩张，而疏略了对高等教育系统的变革的认识和关注。因此，研究"新大学"究竟是高等教育不同层次上的发生还是不同类型上的创造，能不能称得上是全新意义上的大学，即"新大学"，由此来加深我们对高等教育大众化理论的理解，推进高等教育大众化理论的研究。

（二）丰富高等教育理论研究，弥补对我国"新大学"发展研究的不足。1998 年我国高等教育启动大众化进程以来，240 多所"新大学"应运而生。但是，长期的计划经济体制下的办学模式、办学思想依旧顽固地寄生着。政府大包大揽、统招统分的理念仍然左右着人们的思想，甚至左右着高校管理者的管理行为。所有这些，都与我们缺少对"新大学"的可持续发展理论研究相关。理论的缺失势必导致行为的失范，研究的滞后必然诱发办学行为的趋同或盲从。

（三）对"新大学"、应用型本科院校、地方性本科院校、应用型人才培养等概念予以理论上的澄清，从而进一步引导、规范办学行为。目前，在我国高等教育大众化进程中，一大批本科院校应运而生。但是，由于理论研究的滞后和匮乏，这一类院校不仅在办学层面上"摸着石头过河"，在理论研究层面上也是混沌不清，特别是在概念称谓上五花八门，指称模糊，内涵混乱。这种现象直接导致理论研究借鉴上的困难，而且仅有的研究成果在具体运用时，也会让办学者在办学实践中感到迷惘。因此，廓清这些模糊的概念，统一称谓，建立"新大学"的概念和概念体系，就显得非常重要。

（四）已有文献资料对"新大学"的发展战略研究的欠缺凸显了本研究的意义。近年来，随着"新大学"队伍的不断发展壮大，关于"新大学"的研究也在逐渐增加。已有关于"新大学"的研究主要集中在办学理念、学校定位、办学特色、学科专业发展、科研或科技管理、学术队伍或师资队伍建设、学校管理或建设中应处理好的关系等方面，鲜见"新大学"发展的宏观战略研究，有的也只是一些零碎的、不确切的、不系统的概述，这种研究现状与占我国本科院校近1/4的"新大学"的现状不相适应。本研究结合目前已经取得先期成功的国内几所"新大学"的办学实践，以及国内"新大学"管理者的问卷调查分析，提出"新大学"的可持续发展路径和战略。

（五）促进"新大学"理性办学、科学办学，保证和提升大众化高等教育背景下"新大学"的教学质量，为"造就数以亿计的高素质劳动者、数以千万计的专门人才和大批拔尖创新人才"服务，推进我国建设高等教育强国和人力资源强国的步伐。"新大学"作为我国一种新兴的公共性的高等教育资源，如何实现理性、科学的发展，是一个现实而重要的命题。通过研究来回答什么是"新大学"、它的培养目标是什么、如何选择"新大学"的教学模式、如何加强"新大学"的学科与专业建设、怎样设计"新大学"的人才培养方案等一系列问题，实现从理论和实践两个层面去厘清"新大学"的发展理念，选择发展模式，探索发展道路。

第二节　核心概念界定

一、本科

本科与专科的区别，不是学制的简单延伸和"3＋1"的嫁接，应该是一种脱胎换骨的变化。对于一所新升格的本科院校来说，一个非常突出的问题就是如何把本科"办像、办合格、上水平"。那么，怎么样才算是"像"，如何才算是"合格"是"新大学"不能不认真思考的问题。所以，弄清楚、搞明白"本科"这一概念就显得尤为重要了。

我们先来比照一下 1998 年颁布的《中华人民共和国高等教育法》和 1980 年颁布的《中华人民共和国学位条例》这两部法律法规中有关"本科"的界定：

《中华人民共和国高等教育法》第 16 条："本科教育应当使学生比较系统地掌握本学科、专业必需的基础理论、基本知识，掌握本专业必要的基本技能、方法和相关知识，具有从事本专业实际工作和研究工作的初步能力。"

《中华人民共和国学位条例》第 4 条："高等学校本科毕业生，成绩优良，达到下述学术水平者，授予学士学位：（一）较好地掌握本门学科的基础理论、专门知识和基本技能；（二）具有从事科学研究工作或担负专门技术工作的初步能力。"

比较两部法律法规中切中肯綮的文字，我们应能得出这样的判断："本科特有规定性应该表现在，除去基础理论、基本知识之外，最应加以区分的是运用知识的技能和方法，特别是开展本专业实际工作和研究工作的初步能力。简单地说，就是我们通常所强调的本科教学所应有的创造性和研究性。"①

二、新建本科院校

从广义上讲，新建本科院校主要指"文革"后新建或升格的本科院校，至 2009 年约有 750 所，占本科院校 1079 所的近七成。但是，由于此类院校办学历史短，基础相对薄弱，为保证基本的本科教学质量，自 1995 年开始，教育部启动本科教学工作合格评估，促使此类院校按照国家的认证标准严格办学。至 2002 年，本科办学时间在 6—20 年之间的新建本科院校通过合格评估的共 192 所②。通过高等本科教育教学合格评估活动，此类高校中相当一部分已不再被视为"新建"本科院校。

从狭义上讲，新建本科院校主要指 1998 年以来，由专科独立或多所不

---

① 柳友荣."本科教学质量"辨正 [J]. 中国大学教学，2008（6）.

② 朱洪涛. 中国高等教育质量保证情况介绍 [M/OL].［2005 – 05 – 24］. http//www. syit. edu. cn/jiaoxuepinggu/zhuanjia/index. htm.

同层次、不同类型学校合并升格的新型本科院校。截至 2009 年，"新大学"已有 240 所。这批新建本科院校能否持续、稳定、高速、健康地发展，成为高等教育内部和社会各界的共同关注的焦点话题。2002—2009 年，教育部连续在湖南、浙江、河北、河南、山东、福建召开了六次全国新建本科院校教学工作研讨会，而每年一度的"新大学"自发组织的全国新建本科院校联席会暨工作研讨会，2009 年 1 月在江苏省盐城师范学院召开了第九次会议，第十次研讨会 2010 年下半年在云南曲靖召开。无论是教育部组织的，还是"新大学"自发组织的研讨会都宏旨相关，都是在研究和探讨"新大学"如何由专科教育过渡到本科教育，如何在教育思想观念、人才培养模式、学科专业建设、课程体系、教学内容和教学方法等方面展开全新模式的改革，并相互借鉴办学实践中点滴积累起来的经验，推动办学水平和教学质量的提高，以适应本科办学层次的需求。潘懋元教授在出席全国新建本科院校联席会暨第九次工作研讨会时指出，在我国全日制普通高等学校三种类型中，第一类要以传统大学为基础，以西方一流大学为借鉴，加以现代化改造；第三类高等职业技术学院定位清楚，理论明确，规划具体；唯独第二类普通本科院校情况复杂，尚需研究，而"新大学"就在其中[1]。

"新建期"以多长为宜？存在着几种不同的看法：有学者把"新建期"定义为 4 年，依据是 1986 年国务院发布的《普通高等学校设置暂行条例》第 33 条："为保证新建普通高等学校的办学质量，由国家教育委员会或它委托的机构，对新建普通高等学校第一届毕业生进行考核验收"；也有学者把"新建期"定义为从批准正式建校招生之日起 10 年内；更有学者把"新建期"定义为从批准正式建校招生之日起到十届本科毕业生止，计约 15 年；等等。本研究无意对"新建期"进行过多讨论，只是用"新建"作为一个时间概念来将自 1998 年后中国高等教育大扩招、大发展情形下产生的本科院校作为中国高等教育大众化过程中高等学校的一种类型来考察。这主要基于两种考虑：其一，这类本科院校确实是高等教育大众化的产物，有着比较鲜明的共性特征；其二，是为了本研究的方便。

---

[1] 根据潘懋元教授 2009 年 11 月在全国"新大学"联席会暨第九次工作研讨会上的讲话整理。

三、应用型本科院校

学者龚震伟在《江南论坛》1998 年第 3 期撰文《应用型本科应重视创造性培养》，在国内第一次提出"应用型本科"的概念。"应用型本科教育"在我国提出的时间并不很长，而且研究的时间范围主要集中在 2002 年以来。对"应用型本科教育"的内涵，学者们见仁见智，莫衷一是。有学者提出，"应用型本科教育是'专才'教育，是一种'培养实用操作层面的技术型人才的教育'层次，是'工程师'的摇篮。应用型本科既不同于普通本科，也不是 3 年制高职高专的增容。它和普通本科相比，更强调应用性和技能性。它和专科层次相比，强调一定的基础教育，强调一定的后续发展"①。也有学者提出，"应用型本科教育，简单地讲，就是培养高层次应用型人才的本科教育"②。"新大学"的办学实践在不断地昭示我们，与"应用型"结缘，是新建本科院校自身发展规律决定的。当社会服务成为高等教育的重要职能被日益彰显之后，社会对高等教育多样性的需求，使得"新大学"的产生成了一个历史的必然。

究竟"应用型本科院校"的概念如何界定？我国学者孙广勇根据自己的研究提出，"应用型大学"有广义和狭义之分：广义的应用型大学指一切以应用学科、应用理论、应用技术为主要研究对象，培养各层次应用型人才的高等学校；狭义的应用型大学专指以服务地方经济社会发展和满足青年学生的成才和就业愿望，以"应用型"为定位，主要由地方本科院校、新办本科院校、民办本科院校和独立二级学院构成的高校群体③。值得注意的是，我国高等教育学科奠基人、厦门大学潘懋元教授新近对应用型本科院校有一个认识上的明显改变和接受，他在 2008 年《宁波大红鹰学院学报》撰文时还仅仅称这类院校为"新大学"，最近两次直接以"应用型本科院校"和"应

---

① 何成辉，苏群. 应用型本科院校学生能力培养途径的探讨 [J]. 中国高教研究，2002 (3).

② 马树杉. 应用型本科教育：地方本科院校在 21 世纪的新任务 [J]. 常州工学院学报，2001 (1).

③ 孙广勇. 追问"应用型大学"[J]. 职教通讯，2007 (7).

用型本科"为题撰文，分别是发表在《高等教育研究》2009 年第 5 期的
"略论应用型本科院校定位"和发表在《中国大学教学》2009 年第 3 期的
《从高校分类的视角看应用型本科课程建设》。

综上所述，我们认为，应用型本科院校应界定为以本科教育为主，面向
区域经济社会，以学科为依托，以应用型专业教育为基础，以社会人才需求
为导向，培养高层次应用型人才的院校。

四、"新大学"

我国政府在 1998 年将高等教育大众化正式列为国家高等教育事业的近期
发展目标。教育部在 1998 年颁布的《面向 21 世纪教育振兴行动计划》中提
出，到 2010 年，高等教育毛入学率要接近 15%。1999 年 6 月中共中央、国务
院颁发了《关于深化教育改革全面推进素质教育的决定》，对我国高等教育大
众化进程做了更为明确的表述："通过各种形式积极发展高等教育，到 2010 年，
我国同龄人口的高等教育入学率从现在的 9% 提高到 15%。"高等教育界很快就
以积极的姿态响应了这一政策导向，自 1998 年到 2009 年十多年间，在各地方政
府的大力支持和学校自身的努力下，教育部陆续批准设置了 240 所"新大学"。

新设置的本科院校按其原来专科层次上的办学基础，大致可分为三类：
第一类是由原先的师范专科学校升格而成；第二类主要由财经、工科类的高
专升格而成；第三类是由少量的成人高校合并或者改制而成。无论哪一种类
型，在本研究中把我国高等教育大众化进程中建立的本科院校，即 1998 年
之后批准设置的全日制普通本科院校都称为"新建"。由此，与"应用型本
科院校"共同构成本研究的核心概念"新大学"就应定义为：1998 年至今，
在我国高等教育大众化阶段设置的，以本科教育为主，面向区域经济社会，
以学科为依托，以应用型专业教育为基础，以社会人才需求为导向，培养高
层次应用型人才的新型院校。

本研究把"新大学"作为主题主要基于三点考虑[①]：

---

① 柳友荣. 中国"新大学"：概念、延承与发展 [J]. 教育研究，2012 (1).

其一，1998 年，我国在国家层面上开始推进高等教育大众化进程，这是一场实实在在的教育运动，而不是试验。

其二，"新大学"都是经过教育部正式批准，并获得"准入资格"的本科大学。

其三，"新大学"面向区域，以全新的人才培养方案和区别于传统精英教育的教学模式来培养应用型人才。

第三节　国内外相关研究综述

本研究的文献检索主要通过两大途径，一条途径是运用 EBSCO①、Pro-Quest②、Kluwer③ 数据库检索英文期刊论文、博士学位论文和图书，或者在国际互联网使用"Google"的学术搜索找到相关英文文献信息；同时，通过CNKI（中国知网）系统检索中文核心期刊、重要会议论文和与其合作的 181家出版社的著作。另一条途径是笔者去国内典型的"新大学"现场收集，这条途径主要收集的是结合中国国情、借鉴德国应用科技大学办学模式的安徽合肥学院，以及"行知联盟"（安徽省"新大学"联盟）的第一手文献资料。由此收集到的文献主要分四类：第一类是国内有关"新大学"的研究资料；第二类是本文所选取院校个案的有关研究文献；第三类是通过 EBSCO、ProQuest、Kluwer 等文献系统检索到的有关英国"新大学"、美国州立大学和赠地学院等的相关研究文献；第四类是国内关于英国"新大学"、美国州立大学等的相关研究文献。

理论的发展必须建立在实践的需求与现有研究的基础上。我国"新大学"在发展过程中遇到了一系列问题，如何解决这些问题？相关研究状况如

---

① EBSCO 数据库主要是英文电子期刊全文数据库，其中与教育主题有关的数据库包括美国教育部教育资源信息中心数据库（ERIC）、学术检索要文数据库（ASP）等。

② ProQuest 中的 PQDD（ProQuest Digital Dissertations）是著名的学位论文数据库，收录欧美1000 余所大学的博士论文。

③ Kluwer 数据库是院校研究协会（AIR）主办的《高等教育研究》（*Research in Higher Education*）电子期刊的合作机构。

何？因此，有必要先对国内外相关研究进行梳理，总结已有成果并分析其不足，为本研究的展开做一理论的铺垫。

一、国外应用型本科院校发展研究状况

由于"新大学"在我国发展不过十多年，而且发展之快速是难以想象的，因此，国外少有直接针对我国该类院校的研究成果。国外也没有"新大学"这一具体概念，参照国外类似的院校发展情况和现今国外高等教育大众化的发展状况，可以使我们对此类院校发展的研究和探讨得到有益的启示。

发达国家进入高等教育大众化阶段比较早，不少国家已经进入高等教育普及化阶段。因而，有关高等教育大众化进程中新型大学的产生、发展研究，无论是在面上，还是在类似于院校研究的点上都相当深入，成果也比较多。然而，令人遗憾的是，这些研究多集中在职业型院校——相当于我国的高等职业教育，像美国社区学院、英国多科技术大学的高等专科学院、日本的短期大学等，关于本科层次的新型院校较少。我国现在的这些新建院校就其产生的社会背景，应该相当于美国的州立大学和英国的"新大学"这个层次。之所以这么说，主要是基于美国的州立大学和英国的"新大学"都是大学在走出"象牙塔"，高等教育发生功能上的巨变之后，应运而生的。虽然在现有的文献资料中少有关于这类院校的成功经验或者发展规律的研究文献，但是长期以来，大量的"院校研究"为我们提供了不少弥足珍贵的资料。

（一）对美国州立大学以及赠地学院的相关研究

对我国"新大学"的发展具有启发作用的美国州立大学的研究主要有三类。第一类是从院校社会责任的角度出发，来阐释州立大学的使命。哈钦斯（R. M. Hutchins，1936）[①]、威尔逊（J. H. Wilson，1960）[②]、弗莱克斯纳

---

① Robert M. Hutchins. "Higher Education of American" ［M］. New Haven: Yale University Press, 1936: 66－72.

② John Harold Wilson. The Educator and the State University: The Abdication of Responsibility ［J］. The Journal of Higher Education, 1960, 31 (5).

(A. Flexner，1968)①、蔡斯（H. W. Chase，1923)② 认为，大学已经由只为少数精英人物服务的教育机构转变为可以让大多数人接受教育的场所，必须经常给予社会一些东西，这些东西不是社会想要的（want），而是社会需要的（need）；大学愿意为任何人服务，普通教育，专业教育，非专业性的专门教育，研究及技术工作，毫无划界地同时并举，又全部以学院生活的情趣进行；大学也因此应当承担起相应的社会责任。大学的社会责任首先体现在教育公众、传播真理上，其次体现在科学研究方面做出的贡献，最后大学还应该利用自身的资源通过多种渠道直接回报公众。大学和社会是紧密联系的整体，大学承担起自身的社会责任、造福公众，也必将会从社会的发展进步中增强自身的实力。

第二类是新建院校首先面对并必须处理好的各类矛盾。哈顿（Elizabeth J. Hatton，2002）指出，新建大学获得成功的最重要一点是大胆创新。他从创办查尔斯特大学的行为出发，分析了院校合并中的联合模式和去中心化的整合模式。与联合模式相比，去中心化的整合模式在某些方面使反对分校和校长权力的情况得到缓解，从而恢复学校的稳定③。德鲁克（Peter F. Druker）指出，在院校发展中要处理好效率（efficiency）与效益（effectiveness）的关系，认为重视效率只是"做事情用了正确的方法"，而院校的发展仅仅有正确的方法是不够的，发展方向的正确才最为重要，所以应该重视效益，也就是"做正确的事情"④。美国大学教授协会（American Association of University Professors）认为，生师比的不断增长使得高等学校聘请了大量的兼职教师，临时兼职虽然能缓解学校财政上的困难，减少了办学成本，增强了高等学校应对学生数量变化的能力，但是越来越多地依赖非全日制、

① Flexner, Abraham. Uniersities: Amercican, English, German [M]. New York: Oxford University Press, 1968: 3.

② H. W. Chase. The Social Responsibility of the State University [J]. Journal of Social Forces, 1923 (5).

③ Elizabeth J. Hatton. Charles Sturt University: A Case Study of Institutional Amalgamation [J]. Higher Education, 2002, 44 (1).

④ 转引自赵曙明. 美国高等教育管理研究 [M]. 武汉：湖北教育出版社，1992: 18-19.

暂时性教辅人员会威胁终身教职人员，也会影响高等教育质量①。

第三类主要体现在州立大学发展策略的研究上。洛瑞（Lori Turk-Bicak-ci）认为，校企合作的对象应从一流大学转向数量更多却鲜少被问津的普通大学，其以校企合作中的大量潜在影响因素为基础，来关注那些目前还未被列入主要合作对象的普通大学。这些因素包括社会地位、其他一些学校自身的特点（例如规模和管理）、对科技的投入、办公特点或是技术转移②。对高等教育发展所需资金的投入问题，拉塞尔（J. D. Russell）提出投资、捐赠或收取学费都不能满足战后高等教育发展所需资金的需求，只有加大政府资金投入，发展高等教育才有可能成为现实，高等教育才不会成为富裕人家的特权。一些大学直接参与企业经营，并将收益用于学校的建设与发展，以解决学校发展所需资金。③ 大学合并是高等教育大众化的产物之一，合并在体制机制、办学理念等风格相近时可能促进大学的发展，但贝克（L. R. Becker）认为，不恰当的合并对情感的影响是强烈的、不确定的，尤其会导致大量的心理创伤。贝克发现，在任何一次学校合并中，一旦某种程度的悲伤不可避免，对人力资源管理的忽视将有可能对转换成新实体的热情产生消极影响④。新建院校应该特别关注毕业生的毕业研究与就业工作，关注毕业生的就业导向，通过有效设计毕业班课程，引导毕业生就业。为此，布坎南（R. E. Buchanan）提出，关于毕业生工作发展的导向事宜，要特别关注赠地院校协会的责任。有人曾建议，设置毕业生工作常规会议，或在协会内部，组建一个部门，主要处理毕业生工作中出现的问题；采取在赠地学院间，召开主要行政负责人的年度或两年一度的会议的形式，来

① American Association of University Professors. The Status of Non-Tenure-Track Facult. Academe 79 (July/August 1993).

② Lori Turk-Bicakci and Steven Brint. University-Industry Collaboration: Patterns of Growth for Low- and Middle-Level Performers [J]. Higher Education, 2005, 49 (1/2).

③ John Dale Russell. Problems and Prospects of Postwar Financial Support. Annals of the American Academy of Political and Social Science [J]. Higher Education and the War, 1944, Vol. 231.

④ L. R. Becker. The Impact of University Incorporation on College Lecturers [J]. Higher Education, 2004, 48 (2).

推进毕业生工作①。

（二）对英国"新大学"的相关研究

在英国，以纽曼为代表的自由教育派极力维护作为自由教育典范的牛津大学和剑桥大学——它们统治了英国高等教育近 700 年。在这漫长岁月里，它们在崇尚"博雅教育"的意象里，将大学的围墙高高垒筑，甚至不顾高墙之外教育民主浪潮的几度春风。于是，倔强的牛津和剑桥在 19 世纪 30 年代催生了诸如伦敦大学学院及曼彻斯特大学学院等一批新兴大学（civil university），它们不仅丰富了英国高等教育体系，更是扎根在英国的现实社会，在课程内容上重视技术教育和技术应用，在培养目标上为工商业发展服务，为方便学生工学兼顾，它们在学制上广泛推行半工半读的"走读制"，很好地推动了经济社会的发展。

在国外涉及 19 世纪英国"新大学运动"的著作主要有：（1）H. C. Barnad. A History of English Education from 1760 [M]. University of London Press Ltd. , 1961；（2）Walter Ruegg. Universities in the nineteenth and early twentieth Centuries（1800—1945）[M]. Cambridge University Press，2004；（3）Christopher Brook. A History of the University of Cambridge，1870—1990，Volume 5 [M]. Cambridge University Press，2004。国内对英国"新大学运动"的探讨和研究不多，涉及该问题的著作主要有：贺国庆等著的《外国高等教育史》、张泰金著的《英国的高等教育历史、现状》、殷企平著的《英国高等科技教育》，以及河北大学侯翠环的硕士论文《英国新大学运动及其历史意义》（2005）、徐辉的论文《英国新大学教学体制和课程设置的革新》（1986）、陈发美等的论文《19 世纪英国新大学运动及启示》（2001）、杨春梅的论文《英国新大学课程改革与发展》（2006）等。这些著作从一定的角度阐述了新兴城市大学在英国高等教育体系中的地位和作用，有的分析了某些原因，有的侧重于介绍"新大学"发展的概况，有的探讨了"新大学"运动对英

---

① R. E. Buchanan. Graduate Work in Land-Grant Institutions [J]. The Journal of Higher Education，1931，2（8）.

国高等教育发展的影响。

在"新大学"的发展过程中，明显表现为两个特征：其一是在国内向传统大学逐渐靠拢，人文教育逐渐加强；其二是在国外援引德国大学的经验，引入大学科研职能。传统上的英国大学只是把大学看成是教学育人中心，而随着大学的不断发展，到了19世纪德国柏林大学开始拓展了大学的职能。洪堡把科学研究列为教授的职责，甚至是第一职责。大学集教育教学与科学研究于一身。英国"新大学"最初具有很强的职业教育特征，19世纪后期开始引入德国大学的办学经验，强调科学研究，特别是与地方经济发展密切联系的应用性科学研究，并注意在社会实践中及时转化研究成果。

苏塞克斯大学（University of Sussex）就是英国较为典型的"新大学"，创建于1961年。它秉持了"新大学"不拘泥于固有模式、勇于探索的特点，在过分强调专业化教育40多年后，于2002年开始了新的探索。其设置"三明治课程"，加强课程内容与生产生活实际的融合；在很多学科的学习上采用主辅修制度，以及双科专业。正如珀金（H. J. Perkin）在总结苏塞克斯经验时说："最好的情况是文科学生了解科学和技术的基本原理，理科学生对文科也有一定的了解。事实上，最好的雇主挑选那些显示出有能力把理智训练应用于广阔问题的毕业生，而不管他所学的专业是什么。"①

二、国内应用型本科院校发展研究综述

（一）国内研究现状

国内学术界对"新大学"的研究不少。笔者以"新大学+发展""地方型本科院校+发展""地方性本科院校+发展""区域大学"为检索词，在CNKI中对中国学术期刊网、中国博硕士论文库进行了精确"题名检索"，检索时间定义为"1998—2009"，检索范围为"核心期刊"，检索结果共有74篇论文，其中有硕博论文22篇；在超星数据图书中检索到著作1部。检索

---

① H. J. Perkin. New Universities in the United Kingdom [M]. Paris: OECD, 1969: 92 - 93, 70, 131.

数据如表 1.4 所示。

表 1.4　中文文献检索情况统计

检索词	总体发展	办学定位	特色培育	学科专业	人才培养	大学文化	理论阐释	问题研究	总计
新大学 + 发展	22	9	3	4	2	3	2	6	51
地方型本科院校 + 发展	5	3	1	2	3	0	2	3	18
地方性本科院校 + 发展	1	0	0	0	0	1	0	0	2
区域大学	0	1	0	0	0	0	0	2	3
总　计	28	13	4	6	5	4	4	11	74

通过对已有文献资料的分析发现，关于这一问题的研究主要集中在以下几个方面：

1. 对"新大学"的总体发展研究

潘懋元教授指出："增长与发展是两个有密切联系的不同概念。发展包含增长，但增长不等于发展。发展的内涵远比增长的内涵丰富的多。""更重要的是结构、体制的合理与质量、效益的提高。传统的教育发展观是单纯数量增长观，甚至以数量的增长代替教育的发展。这种发展观会导致教育发展走偏了方向"，"要变急功近利的教育发展观为可持续发展观"①。非常值得我们深刻反思的是，早在 1999 年 11 月 30 日，世界银行发表了《21 世纪中国教育战略目标》，提出如下建议："减少各类高等学校之间的分块重叠现象，进一步划清学校类别，国家级高等学校侧重在全国的需要，省属高等学校更加面向本省或地区的需要。"②

刘志鹏认为："地方院校的办学特色应该体现区域经济支柱产业发展的需要、体现区域经济新兴产业的发展方向、体现地方社会经济发展对人才素

---

① 教育部中外大学校长论坛领导小组.大学校长视野中的大学教育：第二辑［C］.北京：中国人民大学出版社，2005：45.
② 国家教育发展研究中心.2000 年中国教育绿皮书［M］.北京：教育科学出版社，2000：136.

质的综合要求。目前大家的共识是，学校的办学规模、办学层次、学科是否齐全与办学特色不呈直接正相关关系。地方高等学校的定位既是学校内部发展战略的内容，更是国家和区域高等教育发展战略的内容。在所有的定位中，人才培养类型与层次定位、服务区域定位（即高校服务区域范围）是急需解决的问题。"① 叶优丹论证了"新大学"可持续发展应遵循"系统和谐、环境合理、特色明确、弹性适应"四条原则，提出了科学定位、学科建设、师资建设、人才培养质量、校园文化等五个关键因素②。朱中华认为，后发优势和升本后积蓄的强大发展动力是"新大学"可持续发展的根基。③

在关于"新大学"发展策略的论述中，有些学者提出，准确合理的定位是"新大学"发展的前提，学校应根据当地社会经济发展对教育提出的要求，确定学校应培养什么类型的人才，开展哪些方面的科学研究，以促进经济社会发展④。齐华云认为，实现新建地方本科院校协调可持续发展的内在要求和理想状态，应该是在外延式扩展到适度目标后，转向内涵式发展⑤。地方"新大学"要依托地方特有的丰富历史文化资源、经济社会资源、当地对高等教育特有的需求以及对人才数量与规格特有的要求等，选择和培育办学特色，按照"市场导向、错位发展"的原则培育学科专业特色，形成自己的特色专业和特有的培养模式⑥。地方"新大学"要从实际出发，结合所处地方的实际情况，形成各种各样的具体模式，打破学校与社会之间的"围墙"，走产学研结合之路，实现与地方企事业单位的"无缝对接"，要努力成为地方所需的创新人才的"培养所"，成为地方经济发展的"动力源"，成为地方科技开发转化的"孵化器"，成为地方社会发展的"咨询站"⑦。

① 鲍道苏. 教育专家谈地方高等院校改革发展 [N]. 中国教育报, 2004 - 11 - 02.

② 叶优丹. 新办本科院校可持续发展研究 [D]. 杭州：浙江大学, 2006.

③ 朱中华. 论"新大学"的跨越式发展 [J]. 黑龙江高教研究, 2004 (9).

④ 史晖. 论新建本科院校的科学发展 [J]. 江苏高教, 2006 (1).

⑤ 齐华云. 新建地方本科院校可持续发展的理性思考 [J]. 黑龙江高教研究, 2005 (10).

⑥ 马云方. 西部新建地方师范院校办学定位探析 [J]. 教育研究, 2007 (9)；许霆. 论新建本科院校的发展战略选择 [J]. 江苏高教, 2005 (1)；吴开亮, 葛军. 新建本科院校的发展策略 [J]. 教育评论, 2005 (3).

⑦ 雷立成, 郭军. 科学发展观与地方新建本科院校健康发展之路 [J]. 教育与职业, 2007 (5).

2. 对"新大学"科学定位的研究

学者潘懋元、徐志伟、李硕豪、庄严、王道红等分别从不同角度阐释了独到的看法。针对部分"新大学"定位不准、办学思想模糊的问题,学者们认为,要进行科学合理的定位,必须从职能定位、规模定位和结构定位三方面来认真探讨①;针对后发院校的办学策略,学者们认为,要走特色办学之路,坚持整合发展、传承发展、错位发展、创新发展、赶超发展等发展策略②;也有学者通过分析眼下"新大学"定位和发展的现状,认为"新大学"发展可能呈现以下趋势:多数学校将以现有的教学研究型大学为发展方向,而成为教学研究型大学,大约需要50年左右③。学者思想的相去甚远,标志着在"新大学"的发展策略上还没有一个为大家普遍接受,并得到实践检验的模式。

3. 对"新大学"特色办学的研究

从1998年到2009年期间,以新建地方本科院校办学特色为研究主题的学位论文仅有郭金秀的《新建地方本科院校办学特色研究》、赵杨群的《新建地方性综合学院办学特色形成研究》、江红霞的《地方本科院校定位与特色问题研究》3篇。研究都运用文献法、调查法等对新建地方本科院校如何走特色办学之路进行了探讨,认为科学定位是特色创建的基础,特色办学是科学定位的目的,二者相辅相成,不可或缺。在特色办学的具体策略上,研究提出要从学科专业建设、师资队伍建设、人才培养方案的调整、课程模块的设置等方面入手,培育办学特色,打造办学特色。

办学特色主要体现在独特性、优质性、稳定性、发展性等4个方面的特性上④;在表现定位特色时,要尊重办学历史,在教学、管理、科研、校园文化建设上体现办学特色,即创新办学理念特色⑤;"新大学"只有转变观

---

① 潘懋元. 论新建本科院校的定位问题 [J]. 上海电机学院学报, 2006 (1).

② 李硕豪. 新建本科院校内涵发展之我见 [J]. 黑龙江高校研究, 2004 (7);徐志伟. 现代大学城的性质、特征和作用 [J]. 江苏高教, 2001 (6).

③ 庄严,周全. 农业地区新建本科院校与区域经济互动发展探索 [J]. 黑龙江高教研究, 2006 (9);王道红. 高等教育大众化与地方本科院校的定位 [J]. 教育与现代化, 2006 (4).

④ 马云方. 西部新建地方师范院校办学定位探析 [J]. 教育研究, 2007 (9).

⑤ 和飞. 新建本科院校办学特色研究 [J]. 高教探索, 2003 (4).

念，准确定位，勇于创新，找准重点，努力形成优势，才能凝练出自身的办学特色，从而为地方经济建设和社会发展服务做出自己应有的贡献①；"新大学"求生存，求发展，只有充分发挥地方优势，培育特色学科专业，靠特色取胜②。

4. 对"新大学"学科与专业建设的探讨

学者一致认为，学科建设是本科院校办学的基本特征，是本科学校核心竞争力的体现。它不仅在一定程度上标志着学校的办学水平和实力，也体现着学校为区域经济社会文化服务的能力。雷亚萍认为，"新大学"的学科建设始终处于一种不完全竞争状态，由于"新大学"的国家级重点学科少，国家的投资政策倾向于对重点大学的建设和扶持，"新大学"的学科建设中普遍存在的问题往往就是经费的短缺。"新大学"应当通过进行自我评估和检查来调整学科建设的结构和布局，主动谋划学科与专业建设，增强学科与专业建设中的自我约束机制③。崔钢认为，"新大学"存在的问题主要表现为：目标不明确，科研成果数量少，成果转化比例低，高水平的学科带头人与学科发展的需要不相适应，学科自身的发展与区域经济社会发展契合度不够④。王渊明、柳友荣在充分调研的基础上，分析"新大学"在学科专业建设中存在的问题，针对这类院校如何搞好学科专业建设工作提出了如更新观念、科学规划、优化配置、形成学科梯队、规范管理机制等可供参考的建议⑤。李志平、吴跃章明确提出"新大学"科研工作应服务于教学、服务于地方经济社会发展⑥。刘英认为，本科的人才培养，必须具备以下几个条件：本科的课程设置、本科的教材、本科的教师队伍、达到一定层次的学科（专业）建

① 王健. 关于新建本科院校凝练办学特色的探索 [J]. 教育理论与实践，2005（18）.

② 朱中华. 新建本科院校发展战略思考 [J]. 高教探索，2005（6）；谭宏，周进. 高校多校区办学中的问题研究——基于规模经济的分析 [J]. 重庆文理学院学报，2007（1）.

③ 雷亚萍. 地方院校学科建设自我评估的实践与思考 [J]. 学位与研究生教育，2003（8）.

④ 崔钢. 一般地方本科院校学科建设的研究 [J]. 黑龙江高教研究，2005（7）.

⑤ 王渊明，王刚. 新建本科院校教学工作的思考与实践 [J]. 中国大学教学，2002（10）；柳友荣. 新建本科院校学科建设若干问题的思考 [J]. 高等农业教育，2004（4）.

⑥ 李志平. 新建本科高校科研发展路径研究 [J]. 中国高教研究，2001（2）；吴跃章. 论提高新建本科院校的科研质量 [J]. 江苏高教，2004（6）.

设，而这些都离不开科研工作的支持①。

5. 对"新大学"人才培养的研究

主要体现在两个方面：一是对学术队伍或师资队伍建设问题的讨论。针对"新大学"师资队伍存在诸如师资数量不足、质量不高、结构不合理等问题，学者们提出，要改革用人制度，不求所有，但求所用，坚持走"外引"和"内培"相结合之路②；也有人从"新大学"青年教师所占结构比例大的实际问题出发，认为提高青年教师业务水平和科研能力是当务之急，建议通过提高学历、开展多种形式的竞赛、形成良好的教学氛围等加强培养，提高青年教师解决问题的实际能力③。对"新大学"具有鲜明特色的"双能型"教师的培养渠道和培养方式讨论很少。

二是对人才培养类型、人才培养模式等的探讨。兰刚认为，"新大学"在培养高级应用型技术人才的过程中，应在课程结构设计方面突出理论和能力两大模块的课程④。刘雪梅、楼英伟提出要把学生培养成为下得去、上手快、能创业的复合型应用人才⑤。李桂霞从人才培养模式的内涵出发，提出"模块＋双重目标"的培养模式，并探讨了其实施的条件和保障⑥。丛军提出用"产学研"结合的方式来培养应用型人才⑦。麦可思公司研究得出，应用型本科院校开办专业门类数量较多，对其培养的 2009 届毕业生的就业数量和质量均呈现消极的影响⑧。在所有的讨论中，比较一致的看法是，"新大学"在人才培养的规格上应区别于传统意义上的"学术型人才"。

———————————

① 刘英. 科学研究工作在新建本科院校的地位和作用 [J]. 黑龙江高教研究，2001 (5).

② 左勤. 浅说新建本科院校师资队伍建设 [J]. 滁州学院学报，2005 (3)；陈建宁，林金良. 关于地方新建高校师资队伍建设的思考 [J]. 教育与职业，2007 (35).

③ 丁杰. 新建地方本科院校青年教师队伍的现状透视及策略 [J]. 黑龙江高教研究，2006 (3).

④ 兰刚. 新建地方本科院校实践性教学模式的构建 [J]. 中国高教研究，2007 (8).

⑤ 刘雪梅. 新建本科院校培养应用型人才的思考 [J]. 理论界，2004 (6)；楼英伟，王建力. 市域新建本科院校在高等教育系统中的人才培养目标定位 [J]. 高教探索，2007 (2).

⑥ 李桂霞，等. 构建应用型人才培养模式的探索 [J]. 教育与职业，2005 (20).

⑦ 丛军，李桂霞. 关于人才培养模式的几点探讨 [J]. 哈尔滨学院学报，2004 (12).

⑧ 麦可思最新研究报告：2010 届大学毕业生流向月度跟踪调查 1 月报告 [J]. 麦可思研究，2011 年 1 月中旬刊.

6. 有关"新大学"理论阐释、大学文化等问题的探讨

夏建国基于人才分类理论对技术本科培养人才在整个人才频谱中的位置进行分析，提出技术本科教育人才培养的目标必须达成两方面特征要求：一是人才培养要达到本科层次高等教育的学业标准要求；二是所培养的人才必须是应用型的，具备较强的技术实践能力①。熊志翔提出"新建期"是一种客观存在，建议国家对现行的有关教育政策和评估制度做适当调整，以利于对其进行宏观管理和分类指导②。王刚提出，理论型本科教育与应用型本科教育之间虽然没有层次差别，但在每种教育类型之中却存在着差异③。李志平分析指出了"新大学"的本科教育的职业性、一定程度系统性、一定程度学术性、一定程度创新性等基本特征④。

关于"新大学"建设大学文化的问题，程育兰、明兰等提出一所大学的文化辐射作用能引发并带动区域经济社会的变革和发展，"新大学"必须加强校园文化建设，成为地方的文化中心，用大学文化的辐射来引领区域经济社会建设⑤。

（二）国内研究的不足

已有研究具有如下启示和意义：其一是已有研究为"新大学"研究提供了一定的研究基础；其二是关于"新大学"的诸多相关研究对本研究将起到直接的指导作用；其三是一些学校改革的实践及经验总结能为本研究提供更多的参考思路。但是，综观已有研究，也存在明显的不足：

（1）由于"新大学"是一新生事物，相关研究的资料还不十分充足，已有研究深度较浅，且研究对象称谓不统一，有"新大学""地方性本科院校""应用型本科院校"以及"区域大学"等等，且少有系统性的相关研

---

① 夏建国. 应用型本科教育：背景与实质 [J]. 高等工程教育研究，2007（3）.

② 熊志翔. 新建本科学校的"新建期"探析 [J]. 高教探索，2007（1）.

③ 王刚. 发展应用型本科教育的三重视界 [J]. 黑龙江高教研究，2006（7）.

④ 李志平，等. 新建本科院校本科教学基本特征研究 [J]. 中国高教研究，2004（9）.

⑤ 明兰. 新建本科院校创新办学应注意处理好的几个关系 [J]. 黔南民族师范学院学报，2007（2）；程育兰. 新建本科院校校园文化建设的思考 [J]. 中国成人教育，2007（15）.

究，尤其缺乏对"新大学"发展现状的系统分析和策略研究。

（2）已有研究大多是从某个微观角度对"新大学"进行探讨，或者是办学实践者从自身的办学经验出发对某些相关问题进行分析，在探讨办学对策的内容上没有进行更深层次上的分析，从发展战略上考虑较少，还没有对"新大学"的发展问题做过宏观、系统的分析。因此，笔者将尝试把"新大学"作为一个整体，围绕这类院校的可持续发展问题进行系统的分析和探讨。

（3）在已有的研究中，文献分析、定性研究俯拾皆是，只有两篇学位论文采用了实证研究，但是在研究对象的遴选上，要么局限于某一区域，缺少对我国同类院校发展的整体启示；要么调查对象没有代表性，或者被调查对象本身缺乏"新大学"的建设和发展经验。因而，研究结果无论是信度还是效度都比较低，其与现实的契合度也较差，且研究结论的推广和应用空间有限。

（4）对我国"新大学"的发展策略或主观判断，或援引国外相似院校的办学经验生拉硬拽地简单嫁接，缺少符合国情的我国"新大学"发展模式和策略研究，特别是缺少对十多年来我国"新大学"已经取得的成功经验的分析和探讨。

第四节　研究设计及创新点

一、研究思路与研究方法

（一）研究思路

本研究结合已有关于"新大学"发展问题研究等领域的研究成果，充分吸收包括可持续发展理论、高等教育相关理论的研究成果，并在此基础上构建分析框架，提出我国"新大学"可持续发展战略框架和发展路径。

本研究将从以下几个角度对我国"新大学"可持续发展问题展开研究。

第一，我国"新大学"由于升格而完成了初始的积累与发展，但是如何实现持续性、整体性、协调性和平等性的可持续发展，如何实现规模、质量、结构、效益的和谐发展，真正完成"内涵升本"。本研究在文献研究的基础上，对我国"新大学"的发展问题提出初步的理论研究框架，并澄清相关概念，同时提出影响"新大学"发展的战略框架，并在对国内发展良好的"新大学"个案研究的基础上，分析国内发展良好的"新大学"共同特质。

第二，借鉴国外同类性质的本科院校，诸如美国的州立大学、英国的"新大学"等的成功办学经验，以及国内发展良好的"新大学"的办学经验，通过个案研究找出影响发展的变量作为指标，编制问卷对发展良好的"新大学"的管理者展开调查，既找寻"新大学"发展策略的"公众观念"（学校管理者所倾向的发展策略），又归纳影响发展的因素。

第三，研究我国"新大学"办学定位、学科专业、原始基础、规模扩展等因素与学校可持续发展的关系。通过文献分析和实证研究，得出影响"新大学"可持续发展的主要因素，分析"新大学"走可持续发展之路的战略框架。

第四，研究我国发展良好的"新大学"办学指标结构与发展的关系。"新大学"的办学指标结构有师生比、双师比、主辅修（双学位）比、院校财务状况、专业结构等。

本研究的技术路线如图1.1所示。

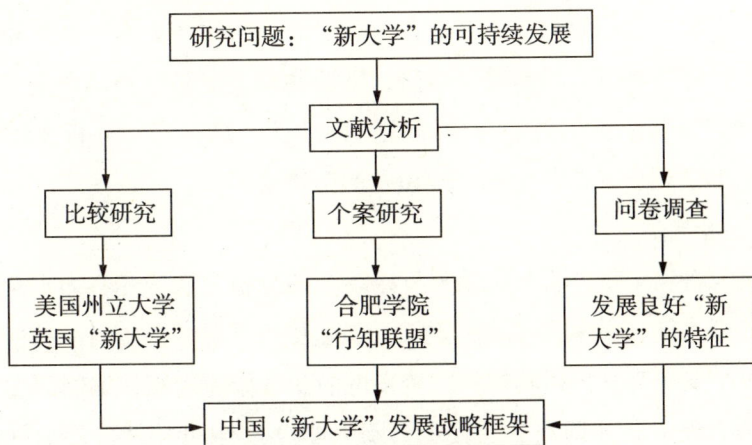

图1.1 本研究的技术路线

（二）研究方法

本研究主要采用文献分析、个案研究、定量研究等方法。

1. 文献分析

该方法主要用于对与本研究相关的国内外已有研究成果的梳理和分析。本研究收集和分析文献的途径主要有：通过 EBSCO、ProQuest、Kluwer 数据库检索英文期刊论文、博士学位论文和图书；在国际互联网使用"Google"的学术搜索找到相关英文文献信息；通过 CNKI（中国知网）系统检索中文核心期刊、重要会议论文和与其合作的 181 家出版社的著作；笔者去国内典型的"新大学"现场收集，这条途径主要收集的是结合中国国情借鉴德国应用科技大学办学模式的安徽合肥学院，以及"行知联盟"（安徽省"新大学"联盟）等有关"新大学"的第一手文献资料。

2. 比较研究

通过与美国州立大学、英国"新大学"的比较，从中得到启示，为我国新大学的发展提供可资借鉴的策略。

3. 个案研究

选取国内发展良好的"新大学"开展个案研究。个案研究主要包括两个方面：一是在办学模式上取得突破的典型案例——援引德国应用科技大学办学模式的安徽省合肥学院。该校结合中国国情，在"新大学"办学模式的创新上做了很好的尝试。二是联合结盟、资源共享、优势互补的典型案例——"行知联盟"。两个案例有均有代表性和典型性，是探索和分析我国"新大学"创新办学理念、改革传统办学模式的宝贵素材。

4. 问卷调查

本研究将以定量分析与定性分析相结合的分析方法为主，力求全面系统地论述"新大学"的发展战略问题。并借鉴国外同类性质本科院校的办学经验，通过个案研究找出影响这类院校发展的变量作为指标，编制问卷对"新大学"的管理者展开调查，既发现"新大学"实现可持续发展的战略层面上的"公众观念"（中层管理者层面、学校管理者层面）及其差异，又深层次和更真实地了解"新大学"的办学状态，分析其发展的掣肘与影响进一步发展的瓶颈，同时获悉"新大学"发展现状与政策层面上的三个"符合度"的契合程度。

二、研究的内容、结构和创新点

（一）研究的内容与结构

发达国家高等教育大众化的历程告诉我们，在大众化初始阶段，任何一个国家的高等教育都需要建立一批新的大学来承载这一历史使命。我国的高等教育大众化历程是从 1998 年起步的，"新大学"只有十多年历史，理论研究非常苍白，已有的研究表现出明显的思辨性、局部性，影响了理论在应用推广上的效度。本研究试图从可持续发展的角度出发，通过对国外相似阶段高等教育发展的路径分析，以及对我国已经取得相对发展优势的"新大学"存在的问题进行梳理和实证研究，提出我国"新大学"可持续发展路径选择。

本研究的对象是高等教育大众化背景下中国"新大学"的可持续发展问题。"新大学"前期大多数是由各类高等专科学校升格（或者以高等专科学校为主体合并中等专业学校）而成的，这一步的发展实质上是机遇式的外因拉升型发展，本研究将围绕此类院校的可持续发展问题，展开内因助长型发展的战略探讨。具体的研究范围大致可划定为：

1. 本研究所探讨的中国"新大学"的崛起是指 1998 年以来，高等教育大众化背景下"新大学"的可持续发展问题。大众化背景下不同层次、不同类型的高等教育都面临着一个重新认识、准确定位和可持续发展的问题，本研究所探讨的仅仅是 1998 年以来我国新建的 240 所应用型本科院校的可持续发展问题。

2. 本研究所探讨的中国"新大学"的崛起的重心并不放在因为大众化高等教育的需求、办学层次的提升而带来的客观发展，而是放在这类院校在办学层次提升后，如何适应经济社会的发展，创新办学模式，提高自身的竞争力，实现可持续发展。

本研究的具体结构为：

第一章 导 论

分析探讨本研究的背景以及理论意义与实践价值，在梳理国内外已有的关于高等教育大众化背景下"新大学"的基本特征和发展特点的研究的基础上，明确本科院校、"新大学"、应用型本科院校等几个本研究涉及的核心概念，说明本研究的方案和可能的创新。

第二章 "新大学"发展的基础理论

分析影响"新大学"可持续发展的相关理论，介绍包括可持续发展理论、高等教育大众化理论等，明确在高等教育大众化过程中阐释"新大学"发展问题的分析框架。

第三章 "新大学"的产生

以英国的经验和中国的改革为基础，讨论高等教育大众化背景下"新大学"产生和崛起的原因；从"应用型本科教育"理念、概念的延伸和特征入手，说明我国应用型本科教育的演进历程，并讨论了中国"新大学"的困境与可持续发展的路径选择。

第四章 应用型本科院校发展的国际经验

以英国的"新大学运动"和美国的州立大学为模本，分析新兴大学的产生、兴起和发展的历程，并讨论这些国际经验对我国"新大学"发展的启示。

第五章 "新大学"个案研究

本研究在介绍国内外典型高校联盟的基础上，将安徽省的"行知联盟"和合肥学院作为研究个案，讨论安徽省"新大学"联盟和合肥学院可持续发展战略。

第六章 "新大学"可持续发展的实证研究

采用自编问卷，选取120所"新大学"负责人实施问卷调查，分析并讨论"新大学"可持续发展的总体特点、相关因素和差异状况。

第七章 发展良好的"新大学"实证分析

通过问卷调查和数据分析，讨论发展良好的"新大学"的总体特点和相关因素，并从发展状况、背景因素等方面比较不同发展水平的"新大学"的差异。

第八章 影响"新大学"发展的因素分析

以问卷调查的数据分析为基础，从办学理念、师资队伍、人才培养、办学条件、学科与专业、管理体制、社会支持、区域环境等方面讨论影响"新大学"发展的内外部因素。

第九章 "新大学"可持续发展战略

分析"新大学"的发展环境，从宏观、中观、微观三个层面讨论"新大学"可持续发展战略框架，并从社会支持、办学理念、基础保障等三个方面全面阐释我国"新大学"可持续发展的路径选择。

（二）研究的重点与创新点

1. 研究的重点

（1）对"新大学"概念进行界定与分析。"新大学"作为本研究的主题词，极易与目前的"区域本科院校""地方性本科院校""新建院校"等相互混淆，本研究将予以清晰界定。

（2）梳理影响"新大学"可持续发展的因素。通过文献分析、个案研究找出影响可持续发展的"变量"作为指标，编制问卷对发展良好的"新大学"的管理者（院、校长和中层管理者）、教授展开调查，分析并得出实现我国"新大学"发展的战略及其制约因素。

（3）提出"新大学"可持续发展的概念框架。对我国"新大学"的发展提出初步的理论研究框架与相对完整的概念体系。分析我国"新大学"发展的持续性、整体性、协调性和平等性内涵，阐释实现规模、质量、结构、效益的和谐发展要义。

2. 研究的可能创新

（1）在理论上有所创新。第一次提出"新大学"发展的策略框架，并分析其概念体系和内涵，尤其是从办学类型上将"新大学"界定为我国"新大学"，在此基础上，对"新大学"的概念进行认真的比对和厘定，为占我国本科院校近 1/4 的"新大学"的发展提供理论支持。

（2）在研究方法上有所创新。主要表现在用实证方法，对"新大学"的发展进行定量分析。在具体实施时，研究规定了一类"发展良好的'新大学'"，并给出操作性定义，与普通"新大学"进行对照研究。为"新大学"的发展提供可靠的路径选择。

（3）在对高等教育实践的指导上有所创新。分析并得出影响"新大学"发展的因素及其相互关系，据此提出此类院校实现可持续发展战略框架，指导"新大学"在"后升格时代"的发展。

第二章 "新大学"发展的基础理论

第一节 可持续发展理论析解

"可持续发展"（sustainable development）作为一种全新的发展观是在1980年3月召开的联合国大会上首次提出的。然而，它真正为人们广泛接受应该是在1987年召开的世界环境与发展大会上。这次会议在其主题报告《我们共同的未来》中，对"可持续发展"战略给予了系统的阐释，报告认为，"可持续发展"是一种全新的发展观，它是既要满足当代人的需要，又不危害后代人满足其需要的能力。众所周知，我们身处的这个世界正在发生着日新月异的变化，但是传统的"资源掠夺式"增长，虽然给当下社会带来了物质的殷实和生活的便捷，却也恶化了生态环境，破坏了生态平衡，加快了资源的耗竭，危及子孙后代。恩格斯在《自然辩证法》中曾说过一句极其智慧的警言："我们不要过分陶醉于我们对自然界的胜利，每一次这样的胜利，都将得到自然界的报复。人类不能置自然规律于不顾，站在自然界之外来统治和主宰承载我们、养育我们的大自然。"①

人类正在从追逐短期发展的热情中惊醒，传统的、短视的发展观必须抛弃，我们有责任、有义务为我们的后代留下一片晴朗的天空，改变传统的发展方式，确保环境资源的永续利用。然而，任何一种理论都不可能是无源之水、无本之木，它们总是在人类多种思想演进的飘摇风雨中延展出人类智慧的历史逻辑。

---

① 恩格斯. 自然辩证法 [M]. 北京：人民出版社，1992：517－518.

一、"发展观"的历史演进脉络

(一) 经济增长论

经济增长论是发展理论中出现最早的一种学说，其在经济发展的早期阶段，确实给许多国家和地区带来了相当令人满意的增长速度。在最初的经济理论中，"发展"与"增长"两个概念并没有什么实质意义上的区别，绝大多数学者简单地把"发展"与"增长"等同起来看待。"发展等于增长"的观点虽然在特定的条件下促进了社会经济的繁荣，但同时给经济和社会带来了一系列问题，致使"没有发展的增长"或者"只有增长没有发展"等诸如此类问题接踵而至。自 20 世纪 60 年代末，国际学术界几乎达成共识：发展和增长是两个完全不同的概念，把发展简单地定义为"经济的增长"，是对发展概念的窄化和歪曲；发展不仅于此，还有更为丰富的内涵，它还应该包括经济结构的变化、运行体制的优化、社会状况的改善等等①。

(二) 增长极限论

1972 年，美国麻省理工学院的梅多斯（Dennis L. Meadows）等人在《增长的极限》一书中，提出了一种全新的理论——增长极限论。这种理论是在西方国家正陶醉于高增长、高消费的"黄金时代"时，所发出的惊世骇俗的预警。这一理论内涵的实质是，自然界的资源是有限的，人类为了经济增长而采用不理智的、掠夺性的资源使用方式，已经到了自然生态能够承受的极限，长此以往，人类必将招来自然规律更为严酷的惩罚。其后果必然使人与自然处于尖锐的矛盾之中，人类也必将受到自然的报复，陷入资源短缺、环境污染和生态破坏的窘态，影响资源环境的永续利用和经济社会的可持续发展。梅多斯的"增长极限论"面世不久便引起了世界范围内的广泛关注，全球学术界也对此展开了热烈的讨论，从而唤醒了人们在经济增长上的极限意识，弱化了人类的独尊地位，甚至彻底荡涤了人类与自然界相互关系中的自

---

① 赵凤歧. 发展与发展观——兼论可持续发展 [J]. 学术研究，1997（2）.

我中心意识。虽然最近 40 年全球的发展依旧在丧失理智的情形中持续着固有的模式，生态意识、低碳生活似乎还没有进入普通人的觉悟，但是《增长的极限》所开列的危机时刻表好像并没有得到完全印证。梅多斯等人超越世俗的极限意识所体现出来的前瞻性，已经把忽视生态的悲惨世界给我们做了一次生动的彩排，其作用和价值应该是深远的。

（三）可持续发展理论

"可持续发展"在 20 世纪 80 年代提出伊始，就在世界范围内引起了广泛而热烈的讨论。1989 年联合国环境署第 15 届理事会达成共识："人类发展面临的生态危机实质上并非技术和经济问题，而是人的价值取向、目标与意义选择问题，一定程度上可以说是人类的道德危机、德性危机。"① 可持续发展理论要求对人与自然的关系进行道德层面上的深刻反思，要把自然界纳入道德关怀的范围。这种观点认为西方的工业化发展模式即将寿终正寝，发展必须建立在对自然生态资源的永续利用之上，人类的发展只有与自然界和谐共生、协调互进，才是增长的最高境界——可持续发展。发展的逻辑包含着技术理性和人文理性两种，社会发展绝对不能剔除人文理性，而单纯服从利益驱动的技术理性。可持续发展是人类社会发展模式的转换，更是人类社会发展价值观念的升华。

就社会经济发展的基本线索来看，人类的发展模式大体上经历了一个从"经济增长模式"到"增长极限模式"，再到"可持续发展模式"的变革过程。

二、可持续发展理论的思想渊薮

准确地说，可持续发展不仅仅是一种理论上的创新，更是一种新的路径，它不依赖于传统的发展方式，而是用一种可持续理念完成发展的路径选

---

① 郗春梅. 生态伦理：可持续发展理论架构的基础 [J]. 中国人口·资源与环境，2006，16 (1).

择，是一种完全区别于传统的、全新的发展模式。正因为如此，可持续发展理论就不仅是一种抽象的思想理论，还是一种有生命力的发展战略，更是统领未来世界持续发展的理论体系。

（一）反现代化思潮催生可持续发展思想

18 世纪后，启蒙运动所倡导的“理性精神”直接催生了工业革命，推动了现代化进程。人类把自己装扮成自然之母强大的异化力量，“可上九天揽月，可下五洋捉鳖”，在由“自然之母”提供的“物质舞台”上，恣意张扬理性的力量。在征服自然的道路上，人类创造着无与伦比的辉煌。人类不断向自然索取，在创造了空前的物质繁荣和高度发达的工业文明的同时，也埋下了自我毁灭的祸根。

什么是“反现代化”呢？从广义看，“反现代化”泛指对某种现代化发展模式的阻滞或反对。而反现代化思潮，就是这种批判或反对在思想意识上的集中体现。艾恺（Guy S. Alitto）给了“反现代化”狭义上的解释：“在腐蚀性的启蒙理性主义的猛烈进攻之下，针对历史衍生的诸多文化与道德价值所做的意识性防卫。”① 换句话说，当“浪漫主义者”不满机器对人的摧残，希望回到田园牧歌式的生活，回溯对完美人性的追求，虽不免脱离现实，却也昭示着人类在关注物质需要的同时，也必须关注人类的精神需求。

现代化是针对文明而不是文化的。从 19 世纪以来，西方学者开始注意到“文化”（culture）和“文明”（civilization）作为概念的内在本质差异。“文化”是指族群生活方式的本质内容，它包括习俗、宗教、道德等；“文明”是指族群生活方式的一般内容，是一种具有累积性的量上的内涵②。“反现代化”自然是针对完全建立在纯粹“理性”基础上的现代化，抵制疏略“非理性”的思想方式，崇尚回归对“人性”的追求。他们希望由此产生的忧虑，能够激起社会的广泛关注，并进而寻找到一条现实的解决途径。诚然，人类社会始终是要向前发展的，我们不能因噎废食。在现代化面前，

---

① 艾恺. 世界范围内的反现代化思潮［M］. 贵阳：贵州人民出版社，1991：16.
② 艾恺. 世界范围内的反现代化思潮［M］. 贵阳：贵州人民出版社，1991：45.

人类不是不要现代化,而是试图寻找到现代化的新路。

(二)可持续发展思想的轨迹

可持续发展思想的产生不是偶然的,而是一种历史的必然。它的产生也不是一朝一夕、一蹴而就的,而是一个稳步发展与渐进成熟的过程,其内涵的丰富与完善也经历了一个渐进的过程。溯源思想发展的脉络,按照时间来划分,可持续发展的思想发展大体上以联合国 1972 年在瑞典的斯德哥尔摩召开的第一次人类环境大会(the United-Nations Conference on the Human Environment)和 1992 年在巴西的里约热内卢召开的联合国环境与发展大会(the United-Nations Conference on Environment and Development)为两个标志性的时间节点,可以描述为这样三个阶段:第一阶段是 1972 年的"环境大会"之前,第二阶段是 1972 年的"环境大会"到 1992 年的"环发大会"之间,第三阶段为 1992 年的"环发大会"至今[1]。

第二次世界大战以后,人类开始理性思考自己的发展问题,开始关注社会发展危机。科学界,特别是新兴的生态学家对现代化方式产生了无以释怀的疑虑。如果把《寂静的春天》一书作为一个重要标志的话,那么,这场生态保护运动始于 20 世纪 60 年代的美国,并且在 70 年代达到高潮。虽然这种不安还处在自发的低水平上,但是,相对于此前西方世界盲目陶醉于高增长、高消费而对自然规律浑然不觉,可谓是令人惊喜的进步。

美国著名学者托马斯·S.库恩(Thomas S. Kuhn)在其代表作《科学革命的结构》一书中提出了"范式"(paradigm)理论,作为一种思维方式的变革,它对人类讨论和分析经济社会发展的方式也具有很好的启示。"范式"本义是指科学研究的内在规律及其演进方式,用库恩的话讲就是"科学共同体的共有信念"。他提出,科学首先是在"范式"支配下,为解决"范式"所提出的"疑点"的研究活动,这是科学研究的常规活动。只有当已有的"范式"不足以应付新的问题的挑战时,这个常规的方式才会中断。而随着这种平衡的打破,科学研究也因此陷入危机,最后必然导致新"范式"取代

---

① 张彤. 中国高等教育改革与可持续发展 [D]. 厦门:厦门大学, 2001:12.

旧"范式"的科学革命。在新的"范式"下，科学研究在新的层面上获得新的平衡。

人类对环境污染问题的关注，促成 1972 年"环境大会"召开。保守主义者的悲观论调是，为了保证人类生存，只有实行在某种前提条件下的"零增长"。学者们认为，自然界自身是可以循环往复、不断发展的。但是，人类社会的不断发展，并由此衍生、制造出的种种"附属产品"是无法归于自然、重复循环的。因此，久而久之，环境问题也就必然出现。当传统的"范式"已经出现了危机，就孕育着新的"范式"必然会产生。

"环境大会"之后，新的发展"范式"认为，只要增长方式得当，发展依然是人类理性的选择。在《没有极限的增长》一书里，朱利安·西蒙对人类社会的不断发展表示了极大的乐观，他不同意充满悲观主义情调的资源有限论和"人口爆炸论"，对人类社会的未来充满信心。这种思想在 1987 年 12 月召开的联合国第 38 届大会上得到了有力的响应。大会报告《我们共同的未来》（Our Common Future）秉持一种现实主义观点，把环保和发展联系起来，并首次提出了"可持续发展"概念。这一理念得到了 1992 年的"环发大会"的积极支持，并引起了国际社会的广泛认同，同时，在很多国家这一理论在经济社会发展的实践中得到了有效的延展——这是一个历史的跨越。

三、可持续发展理论内涵诠释

"可持续发展"的思想最早源于环境保护，中国传统文化中蕴含着丰富而朴素的保护自然的思想。儒家的"与天地参""民吾同胞，物吾与也"，道家的"齐物我""天与人一"，佛家的"万物有灵""普度众生"，均与风靡全球的绿色环境运动的理想相通。尽管 1972 年的世界环境大会只是讨论由经济发展引发的环境保护问题，而不是在真正意义上去讨论环境与发展之间的双边互动的关系，然而，令人兴奋的是，大会报告《只有一个地球》孕育了诸多可持续发展概念的元素。1980 年，在联合国大会上，世界自然与自然资源联盟第一次提出了"可持续发展"概念。在 1987 年召开的联合国大会上,世界环境和发展委员会在其提交的《我们共同的未来》的报告中,将"可持续发展"理解为:社会发展的共同目标是为了满足人类的需求,发展不仅要满足当代人的需要,还应考虑后代人的需要,今天的人类不应以牺牲今后几代人的幸福来满足自己的需要。从1972年的世界环境大会到1987年的联合国大会,人类社会在对环境的认识上发生了质的变化,我们从仅仅关心经济发展对生态环境的负面影响,到已经清晰地觉悟到生态的压力对经济发展所带来的巨大制约。从一般的环境保护意识,过渡到关注环境与发展的关系,关注可持续发展,这是人类思想的重要飞跃。

我国政府高度关注可持续发展问题。1993年,为落实联合国决议,我国政府制定了《中国21世纪议程》,把"走可持续发展之路"确定为中国社会未来发展的"自身需要"和"必然选择",对人类与自然的关系表现出前所未有的积极姿态,对人与自然的和谐表示了极大的关注。在1996年3月的八届人大四次会议上,我国政府坚定不移地把"实施可持续发展"作为经济发展和社会进步、人民富裕和国家强盛的宏观战略。

(一)可持续发展的主要内涵

可持续发展理论的提出,既是基于人类对经济社会发展正反两个方面历史经验和教训的深刻反省,又是扬弃和继承已有社会发展理论的研究成果的产物。

在传统的工业文明的背景下,人类的发展观主要表现出如下的发展过程:第一,发展是天然合理的。自然界不会自动地给人类提供物质生活资料,人类只有借助于生产力和经济发展才能获得生存基础。第二,发展就是单纯的经济增长和生产力水平的不断提高,环境价值被完全忽略不计。工业文明之前,由于人类生产能力和水平相对低下,对环境的破坏非常有限,加上工业文明之前人口基数较少,因此,经济增长还不足以引起人类生存环境的危机,讨论环境价值似乎没有必要。然而,工业文明之后,人类战胜自然的能力在不断提升,环境危机也就迫在眉睫了。

由此我们不难看出,可持续发展理论是对传统发展观的批判和超越,它的内涵体现在如下几个方面①：

1. 破除了"发展等于经济增长"的传统观念

经济增长的方式既可以是单纯数量扩张方式，也可以是在经济活动中综合考虑提高效益和质量的方式，而后者就是以一种可持续方式来推动经济社会持续发展的。可持续发展不反对经济增长，但是经济增长的方式必须具有可持续的意义。经济发展离不开经济增长，但是，以沉重的生态代价换取的经济增长不但不是真正的发展，反而会制约人类社会的可持续发展。

2. 以良好的生态环境和资源的永续利用作为根本标志

可持续发展充分考虑自然资源的永续利用，把经济社会的发展与生态环境的协调看作发展的终极诉求。它要求经济社会的发展以可持续的方式使用自然资源和环境成本，确保人类社会发展的资源利用不超越资源和环境的承载能力。换句话说，经济社会可持续发展要求自然资源的耗竭率必须低于或等于自然资源的再生速率。

3. 以人为本是出发点，社会的全面进步是目标

分析可持续发展的系统，我们不难得出：以人为本是出发点，必须考虑人类社会的不断进步；经济发展是基础，它是人类社会不断进步的物质保障；自然生态保护是条件，缺少了对生态环境的保护，人类社会的永续发展就是纸上谈兵；社会全面进步是根本目标，这既是以人为本的集中体现，又是可持续发展的终极价值。

4. 代际公平开始纳入人类的视野

可持续发展的精髓就是要实现代际公平，对环境资源的掠夺式使用，必然会造成资源的浪费和耗竭，消耗子孙后代生存和发展的基本条件。所谓代际公平，简单地说，就是某一代人的发展只是人类整个发展链条上的一个环节，不能以牺牲后代的生存条件作为代价。因此，为了确保人类发展链条的连续性，人类在追求本代人生存利益的同时，必须充分顾及后代人的发展条件，以实现代际公平。

---

① 盛国军. 对可持续发展观的辩证思考［J］. 学术交流，2007（5）.

(二) 可持续发展的基本原则

同传统的发展观相比，可持续发展要求保持人与自然的和谐相处、资源环境的永续利用，实现全面、和谐的发展。因此，相对于传统的发展观来说，可持续发展要求必须在发展内涵和发展方式上实现三个根本性转变：

第一个转变是在发展方式上实现由单纯的数量增长向质量提升转变。单纯的数量增长是一种粗放式的经济增长方式，追求完全意义上的"外延式扩张"。可持续发展理论要求改变传统的经济增长方式，转向"内涵式发展"，放弃单纯的数量追求，追求质量和效益、眼前与长远的统一。

第二个转变是在发展内容上由简单地累加发展成果向增强持续发展能力转变。传统的发展观只是简单地关注已有发展成果的积累，疏略代际公平，破坏生态平衡。可持续发展追求未来发展能力的提高和可能的发展机会的提高，促进人类社会经济的持续、均衡发展。

第三个转变是在发展模式上由单值还原向"格式塔"变换转变。生物还原论模式忽略有机体的网络特征，把生物的发展变化归因为某一种因素的简单推动。这一理论忽视了经济社会发展的联动特征和协调、整体推进的发展规律。"格式塔"（格式塔是德文 Gestalt 译音，意即"模式、形式、形状"）是完形心理学的重要概念，强调事物之间的普遍联系。单值还原把社会发展归结为某一单项因素的突破，事实上，社会的全面发展离不开社会总体系统的"格式塔"转换，单一因素的突破只能是总体系统发展的诱因，并不能成为决定因素。因此，真正意义上的社会发展应该是社会各要素相互协同、整体发展的过程。

由此推知，可持续发展理论大体体现了四个基本原则①：

1. 生态持续性原则

该原则以生态平衡、自然保护、资源环境的永续利用等为基本内容。人类活动作为自然界的一个重要变量，对自然界的生态平衡必然产生影响，这些影响一旦突破了自然生态能够容忍的范围，威胁到生态系统的自我调节和

---

① 何中华．"可持续发展"观及其哲学意蕴［J］．哲学研究，1996（9）．

复制能力，必将危及人类生存本身。

2. 经济持续性原则

它以区域开发、生产力布局、经济结构优化、实物供需平衡等作为基本研究内容。经济增长的持续性体现在公平与效率的统一上，在优化了的经济结构里发展经济水平。与此同时，我们在追求经济增长的时候，还必须增强环境成本的意识，必须努力以最小的环境代价换取最大的经济收益，以减少对人类生存环境的破坏，提高资源的利用率。

3. 社会持续性原则

它是以社会发展、社会分配、利益均衡等作为基本内容。社会发展作为一种"格式塔"转换，是整个社会整体的发展与各个社会子系统的协同演变，因此，必须保持整个社会诸子系统之间的平衡和协调，避免因某一因素的滞后而破坏总体形态或模式的转型。

4. 系统性原则

严格意义上说，这一原则是我国学者的研究成果①。我们身处的现实世界是"社会—经济—自然"的复合体，在这个复合系统中，人文因素常常被人们低估或者忽视。而事实上，社会体制的失调既给经济发展带来负面影响，也会造成对自然生态系统的破坏；人类行为的偏颇会引发"社会—经济—自然"复合生态系统的紊乱。生态危机表面上是人和自然矛盾的激化，本质上却是人类文化的危机，而生态危机对经济发展存在着直接的负面影响；价值观的混乱造成人类的自我异化，片面地以征服自然为进步特征。其后果只会是人们不择手段地向自然索取，导致生态失衡。这些人文因素都可能造成复合生态系统的蜕变，破坏整个"社会—经济—自然"复合体的协调发展和持续变化。

第二节 高等教育大众化理论阐释

高等教育可持续发展（higher educational sustainable development）是可持

---

① 赵凤歧. 发展与发展观——兼论可持续发展 [J]. 学术研究，1997 (2).

续发展理论在高等教育领域的具体化，是高等教育领域一种全新的科学发展观念。高等教育虽然不是直接产生人类活动所必需的消费产品的生产部门，但是它对现代知识经济社会的影响却是深远的。围绕高等教育活动，存在着相互牵制影响的社会网络，这个网络既有高等教育系统外部的，也有高等教育系统内部的。在知识经济社会里，高等教育的可持续发展状态如何，直接关涉、制约着经济社会的可持续发展，同时也决定经济社会的发展规模、速度和水平。

纵观世界高等教育历史，几乎所有发达国家经济腾飞的过程，同时也是高等教育从精英教育走向大众教育的一个过程。换句话说，发达国家经济振兴的一个重要方式往往就是高等教育的大众化。从当今世界经济格局来看，世界经济大国往往也就是高等教育强国。高等教育强国是世界知识创新、科技创新和高等教育创新的"集散地"，它"不仅蕴含着深刻的数量关系和质量内涵，而且渗透着结构优化和功能耦合的内外部规定性"①。正如前文所述，高等教育强国的主要标志应该有两个：一是高端性，即高等教育的国际影响力；二是依存度，即高等教育在国家发展中的实际作用。可见，高等教育不仅要培养精英人才，还要培养应用型的、职业型的专门人才。

没有传统约束的美国高等教育领风气之先，率先实现高等教育功能由"重研""重学"向"重术"拓展，创造了高等教育服务于经济社会发展的第三大职能，这是高等教育发展史上的创举。詹姆斯·J. 杜德斯达（James J. Dudersdadt）在《21 世纪的大学》（A University for the 21st Century）中写道："我们的高校、高校设置的课程、研究课题与专业课程计划以及非教学活动都是以服务社会为目的的。我们的学校是通过教学与研究活动来创造、保存和传播知识，我们的学校还希望贡献和应用这些知识来服务社会，其中最主要的就是公共服务（public service）。"② 以社会服务为导向的美国高等教育极大地吸引了大众对高等教育活动的参与。

---

① 李枭鹰. 系统科学视野中的高等教育强国 [J]. 复旦教育论坛，2008（6）.
② James J. Dudersdadt. A University for the 21st Century [M]. Ann Arbor: The University of Michigan Press，2000：132.

因此，我们不能把大众化高等教育视为高等教育内部系统的突变，而是高等教育系统由社会系统的边缘走向中心的不断调整自身、适应社会的过程。

一、大众化理论框架

高等教育大众化进程在绝大多数西方工业化国家的演变是一个自发而循序渐进的过程，它发端于经济社会发展的需求，源自于社会基层的自觉意识，并逐步过渡生成体现国家意志的公共政策。它是一场"自下而上"的社会变革，而事实上，高等教育规模扩张早于大众化高等教育理论的提出。也就是说，高等教育大众化理论生成之时，包括美国在内的发达国家的高等教育已经或正在跨入大众化阶段。美国教育社会学家马丁·特罗是在 1962 年的《美国高等教育民主化》中，针对高等教育的发展状况，第一次提出所谓"大众高等教育"（mass higher education）的概念。到 1970 年，美国受高等教育的学生数占适龄人数的比例已经超过 50%，针对这一现象，特罗教授在《从大众向着普及高等教育的转变》一文中又提出了"普及高等教育"（universal higher education）的概念。1973 年，在经济合作与发展组织（OECD）举办的一次国际性会议上，特罗教授向大会提交了《从精英向大众高等教育转变中的问题》的学术报告，形成了高等教育大众化理论的基本框架。

特罗教授他的高等教育大众化理论建立在两个前提之上：一是高等教育系统无论在哪个国家都将经历从精英教育、大众教育到普及教育的发展模式；二是欧洲各国的高等教育系统都将与美国一样走同样的发展历程。尽管特罗教授的理论已经是高等教育大众化的经典，但是他的这两个理论的前提是有些机械的。

运用大众化高等教育的理论分析框架，特罗教授预测欧洲各国高等教育系统扩大到能容纳适龄人口的 15%—20% 时，只要能够完成相应的制度上的变革，其后续发展到 30%—35%，乃至 40% 是没有任何困难的①。

---

① 转引自谢作栩. 马丁·特罗高等教育大众化理论述评 [J]. 现代大学教育，2001（3）.

特罗教授是国际高等教育理论界的泰斗，出版著作 10 余部，发表论文 160 多篇，论著已被翻译成 10 多种文字。他关于高等教育大众化的论断，引起了国际高等教育学界的广泛关注，并得到普遍流传。特罗教授的理论也有一个不断完善的过程，他在发表于 1978 年的《精英与大众高等教育：美国的模式与欧洲的现实》一文中，深刻反思了自己在 1973 年提出的高等教育发展阶段论和模式论，他认为最初建立的关于高等教育发展的阶段和模式理论，只是一次初步的逻辑推论和简单尝试，还存在着表述上局限和逻辑上不完善的地方。他因此对自己的理论进行了修正与充实，在这一次修改中，他更重视了高等教育发展的地域性差异。他进一步认为，高等教育发展离不开特定国家或地区的特定历史，是这个国家或地区的经济、社会和文化的综合反映。特罗教授在此次理论的自我修缮中，还进一步修正了早期"阶段论"提出的高等教育发展量变和质变的整齐划一的观点，认为高等教育发展的阶段中，"量变"与"质变"是具有不平衡性的。这一理论发展，也极大地提升了"高等教育发展阶段论"的区域适应性。1998 年，特罗在《从大众高等教育走向普及高等教育》的论文中强调，大众化高等教育不断发展，最后必将迈入普及化阶段。他对过去单纯从入学率来划分高等教育的发展阶段进行了反思和纠正，认为用"注册人数"来作为指标，考察"大众化高等教育"和"普及化高等教育"的区别已经是一个落后的思想方法了。高等教育发展模式的转变将带来更多的社会变化，越来越多的学生进入学校学习已不再是"普及化高等教育"的唯一表达方式，高等教育将不拘泥于注册人数，而是更多地关注参与和分享①。由此不难窥见，特罗教授的"高等教育发展阶段论"是一个不断完善、渐次成熟的理论。直到 20 世纪末，特罗教授对高等教育发展阶段论的认识才基本稳定成型。

二、高等教育大众化阶段论

特罗教授根据高等教育毛入学率的不同，将高等教育的发展过程划分为

---

① 转引自谢作栩. 马丁·特罗高等教育大众化理论述评［J］. 现代大学教育，2001（3）.

精英高等教育阶段、大众化高等教育阶段和普及化高等教育阶段。三个阶段具体划分是毛入学率处于 15%—50% 之间的发展阶段为高等教育大众化阶段，低于 15% 是精英教育阶段，高于 50% 是普及教育阶段。特罗教授基于美国高等教育的发展，罗列出高等教育规模、观念、功能、课程、教学形式与师生关系、学生的学习经历、学校的类型与规模、领导与决策、学术标准、入学与选拔、学校内部管理等 11 个维度，论述了高等教育发展三阶段从量变到质变的全过程。在这 11 个维度中，特罗教授把高等教育规模（又称毛入学率）看作高等教育发展中所发生的"量变"，而其余 10 个维度的变化都是由高等教育规模的"量变"而引发的高等教育发展的"质变"。其中，各种变化指标标志着高等教育大众化的阶段特征。

这 11 个维度具体表述为：

高等教育规模（毛入学率）：15% 以下为精英教育；15%—50% 之间为大众教育；50% 以上为普及教育。

高等教育观念：精英教育下上大学是少数人的特权；大众教育下上大学是具有一定资格者的权利；普及教育下上大学是人的社会义务。

高等教育功能：精英教育下高等教育是塑造人的心智和个性，培养官吏和人才；大众教育下高等教育是传授技术和培养能力，造就技术和经济专家；普及教育下高等教育是培养人的社会适应能力，造就现代社会公民。

高等教育课程：精英教育下高等教育侧重学术与专业，课程高度结构化与专门化；大众教育下高等教育倾向于灵活模块化课程；普及教育下高等教育课程之间、学习与生活之间的界限被打破，课程结构泛化。

教学形式与师生关系：精英教育重视个别指导法，采用学年制、必修制，师生属于师徒关系；大众教育以讲授为主，辅以讨论，采用学分制，教师与学生属于师生平等关系；普及教育的教学形式多样化，教学手段现代化，师生关系淡化。

学生的学习经历：精英教育采用的是学生住校，连续不间断的学习方式；大众教育选择寄宿与走读相结合；普及教育下延迟入学、间歇性求学现象多。

学校的类型与规模：精英教育下学校类型单一，学校与社会的界限清晰；大众教育下学校类型多样化，学校与社会的界限模糊；普及教育下没有共同的标准，学生数没有限制，学校与社会间界限消失。

学校的领导与决策：精英教育下属于少数精英群体；大众教育下受到政治和"关注者"的影响；普及教育下则是采用"公众介入"的形式。

学术标准（质量标准）：精英教育下是共同的高标准；大众教育下质量标准多样化；普及教育下的质量标准是"价值增值"。

入学与选拔：精英教育要求考试成绩；大众教育开始引进非学术标准；普及教育追求个人意愿。

学校内部管理：精英教育是学术人员兼任；大众教育开始有专业管理者，初级工作人员和学生共同参与；普及教育追求专业管理、民主参与。

以上 11 个维度从"质"和"量"两个方面对高等教育的精英阶段、大众阶段、普及阶段分别进行了周密的描述，明晰了三种不同形态下高等教育的具体特性。

"高等教育大众化理论"无疑具有独创性和前瞻性，对后发国家的高等教育发展具有很好的指导意义。然而，在 20 世纪 70 年代，世界各国高等教育基本上都处在精英教育阶段，即使发达国家也都还处于从精英阶段向大众化阶段的过渡时期，像美国那样已经发展到从大众化阶段向普及化阶段过渡的国家还是凤毛麟角。因此，特罗教授的理论基本上是对美国高等教育大众化的总结。显而易见，以一个国家的高等教育发展进程和态势来标识和衡量其他国家的高等教育发展阶段，在实践中是困难的。即使是在理论研究上，也会因为样本不足，而影响结论的准确性，难免以偏概全。同时，虽然特罗教授以 11 个维度来标识高等教育的不同阶段，并借此帮助人们区分识别。但是，他的 1 个量变维度和 10 个质变维度的结论显得有些牵强。在高等教育实践中，不仅毛入学率是一定范围内的量变，其他 10 个维度也应该都有一个量变的过程。

三、高等教育大众化模式论

特罗教授在兼顾其他发达国家的高等教育发展历程的情况下，重点分析了美国高等教育的发展态势，探讨了美国高等教育的发展规律，提炼出高等教育不同发展阶段的互异的特征，并从 11 个主要维度上加以认真探讨。他努力从中探究高等教育的典型发展模式，也试图寻找影响高等教育大众化发展模式的内外因素。他通过分析发现，高等教育毛入学率超过了 15% 时，不仅冲击传统的精英教育系统，而且高等教育传播者和接受者的理念都将发生很大的变化，并由此引发的高等教育办学形式、高等教育社会职能等方面的变革。从高等教育实践来看，不同阶段执行的学术标准，以及录取学生和聘用教职员工的原则和程序都与精英系统存在显著差别[①]。

在 20 世纪 60、70 年代，特罗教授不再拘泥于仅仅从美国高等教育的发展状况来推知高等教育的发展模式，他开始着眼于考察其他欧美发达国家的高等教育发展，并研究其大众化进程中所选择的不同发展模式。在这样的研究视界里，特罗教授得到了新的收获，完善了其高等教育大众化理论。他指出，大众化高等教育发展模式并不是固定不变的，它随着国情不同，呈多样化趋势。值得注意的是，学术人员，包括校长、教授们对高等教育发展所秉持的态度，直接影响着本国高等教育大众化所采取的发展模式。

特罗教授以"对高等教育形式和功能的态度"和"对高等教育扩张的态度"为维度，把大众化高等教育发展划分为传统的精英主义、传统的扩张主义、改革的精英主义、改革的扩张主义四类（见图 2.1）。

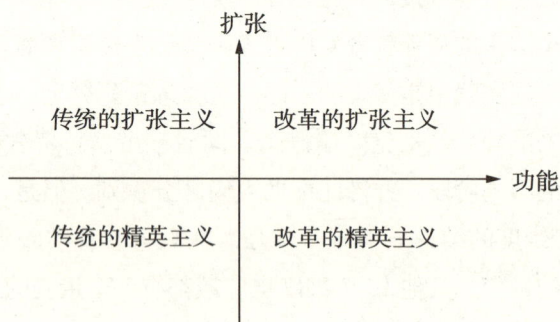

图 2.1 高等教育大众化的四种发展模式

---

① 马丁·特罗. 从精英到大众再到普及高等教育的反思 [J]. 徐丹，连进军，译. 大学教育科学，2009（3）.

"传统的精英主义"固守着欧洲传统精英大学的办学模式，反对高等教育的扩大化，奉行着"象牙塔"式的高等教育办学理念，大学只是少数人的精神乐园，是研究讨论"闲逸好奇"的知识的地方。因此，它不可能也没有必要对每一个社会阶层的学生开放。这一高等教育办学思想自然只需要纽曼式的"大学的理想"，与高等教育大众化是格格不入的。

"传统的扩张主义"恪守着传统的精英高等教育的办学方向，大学依旧以"高深知识"作为逻辑起点，大学必然是神圣的传授"高深知识"的殿堂。在大学的功能上坚守着传统的办学思想，反对大学在功能上的变化或延展，但是勉强接受在传统大学的价值观里扩大高等教育的规模。

"改革的精英主义"维持精英大学作为高水平学术和研究中心的特有地位，但是，主张大学更加贴近社会、服务社会，支持大学在功能上取得突破，培养社会适需人才。倡导高等教育系统内部改革，期待着大学从"重研""重学"向"重术"转变，使得能力突出的学生能进入大学深造。

"改革的扩张主义"支持对传统的高等教育系统进行改革，主张高等教育民主化，要求大学在功能上进一步拓展，在数量上扩大招生范围，满足社会各阶层有意求学的年轻人的需要。在高等教育的办学定位上要积极主动服务于经济社会发展，满足社会经济政治活动更加广泛的需求。

特罗教授对高等教育从精英阶段向大众化阶段和普及化阶段转变的过程进行了潜心的研究，发现了在这样三个阶段的转变过程中，高等教育的规模和质量、招生和就业是两对必然存在的矛盾。在系统地分析了精英高等教育阶段、大众高等教育阶段和普及高等教育阶段的"质""量"差异之后，他精辟地指出，不同阶段的高等教育质量标准是不尽相同的，精英教育是共同的高标准，大众教育质量标准追求多样化，普及教育下的质量标准是"价值增值"。正是因为质量标准的变换，由此衍生的对大学生就业问题的看法也应该相应发生转变——在精英教育下业已形成且根深蒂固的就业观念，在大众教育和普及教育阶段就完全不相适应了。

高等教育大众化的直接动因来自社会，它是不断发展的社会推动的，是社会经济的不断发展对高等教育发展的需求。大众化高等教育较传统的精英教育出现了诸多实质性的变化。"高等教育"不再是"闲逸"知识的授受，走出了"象牙塔"，走入了社会各个阶层，高等教育本身更多的是作为谋生和就业的一种准备而为个体所选择。大众化时代的高等教育不仅增强了职业性，随着大学传授知识中对社会经济发展的关注，拥有了高等教育就等于拥有了"物质财富"。

第三章 "新大学"的产生

第一节 "新大学"的崛起

"新大学"在世界高等教育的发展史上并不是什么新鲜事物，即使是在我国，"新大学"也是似曾相识。在英国，发生在 19 世纪初的那场高等教育划时代的革命被习惯地称为"新大学运动"（New University Movement）。应该说，从 12 世纪到 19 世纪的 700 多年时间里，牛津大学和剑桥大学一直支撑和统治着英国的高等教育系统。牛津和剑桥是传统大学的典范，是自由教育的宫殿。随着工业革命的兴起，英国经济社会发展对科学技术的依赖越来越大，工业革命使得技术工人的需求量激增。不仅民众接受高等教育的需求增加，而且传统的牛津、剑桥模式已经不能适应教育民主化浪潮的需求。到了 19 世纪 30 年代，英国"新大学"的产生被历史演绎成了一个不争的事实——1828 年伦敦大学成立。纽曼（J. H. Newman）作为 19 世纪自由教育的伟大倡导者，他一直捍卫着牛津和剑桥的传统，坚持"大学是一个传授普遍知识（universal knowledge）的地方"，"大学是一个推动探索，使各种发现得到不断完善和证实的地方，是使轻率鲁莽也变得无伤大雅，使错误通过思想与思想之间、知识与知识之间的碰撞暴露于众的地方"①。纽曼"痛击大学似乎已经变成了十分流行的'室内运动'"。但是，纽曼如此铿锵的抗议也无法阻挡"来自北方的风暴冲击着大学"，"这是一场实用主义对传统

---

① 纽曼. 大学的理想［M］. 徐辉，等，译. 杭州：浙江教育出版社，2001：12.

牛津大学课程的攻击"①。于是，曼彻斯特欧文斯学院（1851 年）、埃克塞特大学学院（1865 年）、利兹约克郡学院（1874 年）、布里斯托尔大学学院（1876 年）、伯明翰梅森学院（1880 年）、利物浦大学学院（1881 年）、诺丁汉大学学院（1881 年）、雷丁大学学院（1892 年）、谢菲尔德大学学院（1897 年）、赫尔大学学院（1902 年）等纷纷应运而生，极大地推动了英国高等教育的发展和社会的进步。经过二三十年的努力，这些学院一般都获得了皇家特许状，成为有权授予学位的大学。

在一批"新大学"应运而生之后，近代英国高等教育新格局诞生：一方面是以牛津、剑桥为代表，高举自由教育大旗的传统大学，另一方面是面向大众，贴近社会的新兴大学。英国高等教育从此扯下了高贵脱俗的神秘面纱，迎来了的高等教育多样化的办学体系。英国"新大学"的产生在世界高等教育史上具有重要的影响，它既体现了高等教育变革的现实需求，又引发了人们对传统高等教育的深刻反思，当"新大学"走出传统高等教育办学的香帷闺阁之时，就不可避免地开启了一种新的高等教育办学理念与实践了。"新大学"究竟"新"在何处？1828 年，伦敦大学在保守势力的反对声中艰难诞生。虽然作为"新大学"的旗舰，但是在当时保守意识非常浓厚的英国高等教育界，伦敦大学要完全地超凡脱俗几乎是不可能的，因而，它不得不保留传统的古典教育的痕迹。这些妥协虽然有些无奈，却也给"新大学"迎来了可贵的办学空间，也为排斥宗教教育、引进技术教育的办学特质觅求到了契机。"新大学"贴近社会、贴近现代科学技术的特质一直保留至今。从此，英国高等教育开启了面向工业和大众的发展历程。

作为一种社会现象，高等教育的发展和变革从来不是单一因素影响的结果，而是牵动着社会系统的方方面面。众所周知，第一次资产阶级革命的爆发使得英国成了世界经济中心，工业革命又进一步加快了英国经济社会的发展。整个 17、18 世纪，英国都领先于世界，成为全球经济发展的龙头，英国也因此成为全球最重要的经济大国。但是，英国大学在这一拨经济发展大

---

① 帕利坎. 大学理念的重审——与纽曼对话 [M]. 杨德友，译. 北京：北京大学出版社，2008：12.

潮中几乎是一个地地道道的"看客"，工业革命的成就是由那些活跃在街头巷尾、田野乡间的能工巧匠贡献的。"英国工业上升时期，英格兰大学没有发挥任何作用，苏格兰的大学也只起过一些微不足道的作用。"① 从当时的英国社会来看，科学技术对经济发展的贡献度还不大，在重视自由教育的英国大学讲坛上，科学教育还无法取得应有的位置。以牛津、剑桥为代表的英国传统大学恪守自由教育准则，把大学置于整个社会需求、民众生活之外，认为大学只是自由教育的圣地，是少数人的天堂，是贵族子弟的特权，是进行博雅教育（liberal education）的"象牙塔"。19 世纪以后，随着新兴资产阶级的发展，工商业取得了一定的社会地位，产业革命不可避免地对传统的英国大学发起了前所未有的冲击，社会需要越来越多的技术人才服务于蓬勃发展的各行各业。而当时，英国培养技术人才的方式依然依托在传统的学徒式技术教育之上，古老的大学对技术教育从不问津。工业革命已经放大了技术人才需求与培养能力之间的矛盾，大学顺应时势，在质和量上同时提升社会对技术型人才的培养能力，已经是刻不容缓的事。"现代大学从中破茧而出的传统，不应该像博物馆里的一件老古董似的被丢弃，也不要轻率浮躁、伶牙俐齿地继续高谈阔论，仿佛我们这一代人可以随随便便地给大学乱下定义，而不顾及大学的遗产。"② 在现代高等教育的大家族中，既要保留传统精英大学华美的"宫廷乐曲"，也要变奏出田园牧歌式的"乡间小调"，多样化应该成为最典型的标志。

在我国广东省，20 世纪 80 年代起，珠江三角洲地区开始陆陆续续地创办了 11 所"大学"。它是在我国改革开放初期，沿海经济发达地区对人才需求加大，受教育人口增加的情况下，经过国家教育主管部门批准试点，新生的一批"大学"。深入分析，这两类"新大学"还是有所不同的（见表3.1）。但是，应该说广东"中心城市办大学"开启了我国高等教育服务地方的先河，是"新大学"的前奏。

---

① 王承绪，徐辉. 战后英国教育研究 ［M］. 南昌：江西教育出版社，1992：269.
② 帕利坎. 大学理念的重审——与纽曼对话 ［M］. 杨德友，译. 北京：北京大学出版社，2008：35.

表 3.1 "新大学" 的国际比较

	英国 "新大学"、美国的州立大学	广东 "中心城市办大学"	"新大学"
理论前提	高等教育服务社会	高等教育地方化	高等教育大众化
办学动力	自下而上	试 验	自上而下
创办方式	创办新的高等教育资源	整合原有资源	提升原有资源
办学目标	应用型大学	"国内一流" 或地方型	应用型大学
办学层次	专科或本科层次（一般 30 年后获得学位授予权）	本科、专科	本 科

把我国政府在 20 世纪末启动高等教育大众化步伐下升格的本科院校称作 "新大学"，是本研究必须要说明的问题。廓清 "新大学" 概念，澄清 "新大学" 在我国的应然指称，对我们准确把握高等教育变革趋势，理解全球高等教育的发展是大有裨益的。

一、改革开放初期的高等教育地方化改革

1862 年 7 月 2 日，亚伯拉罕·林肯在签署美国国会为赠地学院制定的《莫里尔法案》（Morril Act）时写道："平淡时代的那些信条已经跟不上风云变幻的现实。当现实中充满困难，我们必须勇往直前；当情况与以往如此不同时，我们必须重新思索。"[①] 20 世纪是全球高等教育突飞猛进的时代，面对越来越快的社会变迁和科技进步，高等教育正以从未有过的姿态和速度主动适应着环境的变化。1985 年，中共中央《关于教育体制改革的决定》明确提出："教育必须为社会主义建设服务，社会主义建设必须依靠教育。"由此我们不难认识到，要提高高等教育服务社会经济建设的能力，提升社会经济发展水平对高等教育的依存性，就必须看它是否培养出了能够满足和适应

---

① James J. Dudersdadt. A University for the 21st Century [M]. Ann Arbor: The University of Michigan Press, 2000: 132.

经济社会发展需要的高级专门人才。换句话说，教育是否通过促进人的发展来促进社会发展。

(一) 广东省的高等教育改革试验

2010 年颁布的《国家中长期教育改革和发展规划纲要（2010—2020年)》明确提出，全面推进教育事业科学发展，立足社会主义初级阶段基本国情，把优先发展教育作为贯彻落实科学发展观的一项基本要求。"各级党委和政府要把切实保证经济社会发展规划优先安排教育发展，财政资金优先保障教育投入，公共资源优先满足教育和人力资源开发需要。"同时，《纲要》要求全社会都应该关心支持教育，共同担负培育下一代的责任。政府还要进一步以体制改革和政策导向为手段，来鼓励和吸引社会力量办学，推动社会资源对教育的投入。

厦门大学潘懋元教授认为，从我国的实际情况来看，单靠国家大包大揽举办高等教育是不现实的，也难以满足人民群众对高等教育的需求。因此，潘先生大力倡导高等教育地方化，指出高等教育要适应地方经济发展，为地方发展服务，使之成为地方的文化科学中心。潘先生的观点是高等教育地方化的题中之义，也是高等教育地方化的主要价值所在。而"省级以下地方政府（中心城市）投资办学，则是高等教育地方化的另一基本内涵"①。改革开放初期，广东省作为"先行一步"的试验省区，其经济社会发展所取得的成就是举世瞩目的。优越的经济实力成为地方举办高等教育的前提，而经济社会对人才的直接需求是地方举办高等教育的原初动力。以 1980 年汕头大学筹备委员会的成立为发端，1983 年汕头大学、深圳大学正式招生为起点，到 1993 年广东省人民政府批准命名惠州大学为一个阶段结束的标志，广东省这场改革开放年代的"中心城市办大学运动"，前后持续了大约 10 年。在此期间，相继成立了汕头大学、深圳大学、广州大学、五邑大学（江门市）、佛山大学、韶关大学、嘉应大学（梅州市）、西江大学（肇庆市）、孙文学院（中山市）、东莞理工学院、惠州大学共 11 所中心城市创办或牵头创办的

---

① 潘懋元. 潘懋元高等教育文集［M］. 北京：新华出版社，1991：233 – 234.

综合性或多科性高等学校。

通常,"公立大学(public university)的运行不得不受到一系列复杂的政府法规的限制","大学管理者有时得出以下结论并不让人感到奇怪:在公立大学的政治环境中完成任何一件事的唯一方法就是听取这句古老的格言——'请求原谅比寻求允许要简单'(It is simpler to ask forgiveness than to seek permission)。然而,即使这种冒险的方法也不可能长期奏效,尤其是在社会发生巨大变化时,许多公立大学简直就不可能做出恰当的反应"[①]。而20世纪80年代发生在广东的这场"中心城市办大学运动",实质上就是对几十年计划体制下逐步形成的现代中国"传统大学"模式的艰难突破。这一现象的横空出世,对于步履维艰的改革开放初期我国高等教育的发展来说,显然是庆幸而又可喜的!正如布鲁贝克所言:"假如一个社会,其教育的进步必须常常根据一般普通人的知识水准,其进步的速度必将有如牛步",他认为,从历史上看,教育上很多最重要的进步,多是来自建立与传统教育目标、观念不同的学校的"产品"[②]。所谓"中心城市办大学"在20世纪80年代的广东省高等教育主管部门有这样一个说法:人口百万以上,产值百亿以上的城市,就适宜创办一所大学[③]。1980年,汕头大学成立筹备委员会,由海外、港澳知名人士和国内热心高等教育人士组成,这时候考虑最多的还是如何鼓励境外人士捐资办学。到了1982年筹建深圳大学时,省市共建共管,在办学用地、经费来源、学科建设、专业设置等问题上共同研究,协商解决的机制基本形成。1983年1月深圳市委市政府书面请示成文,2月省政府批准上报国务院,5月国务院批文下达,7月招生,9月开学。这样的创办大学的速度,在世界高等教育发展史上也是十分罕见的,深圳大学的创立为深圳赢得了妇孺皆知的"深圳速度"赞誉。

1988年,广东省将高等教育纳入综合改革试验范围,国家教委破例给予广东省高等教育方面试行特殊政策,大胆尝试高等教育办学体制上的新思

---

① James J. Dudersdadt. A University for the 21st Century [M]. Ann Arbor: The University of Michigan Press, 2000: 67.

② 转引自秦国柱. 中国新大学运动 [M]. 福州:福建教育出版社,1996:16.

③ 秦国柱. 中国新大学运动 [M]. 福州:福建教育出版社.1996:8.

路。1993 年，广东省颁布了《高等教育管理条例》，在这一条例中明确了"实行国家、省、市三级办学体制"。在此，我们不妨解剖一下 20 年前十分前卫的"中心城市办大学"这一时尚概念的真正内涵：

第一是省市共建，"中心城市办大学"主体是由省级政府授权的城市，在学校的办学体制上实行省市两级共建共管，以市为主的形式；

第二是办学形式灵活，"中心城市办大学"的学科与专业建设以地方为依托，以地方性为参照系，一般倾向于多学科、多层次、多形式的综合性院校；

第三是区域差异性，"中心城市办大学"由于学校所处区域不同，区域经济社会的发展特质和发展水平有一定差异，因此在资金投入、资源利用、专业设置、人才培养等方面都表现出明显的区域差异性。

(二)"中心城市办大学"的特征分析

"中心城市办大学"在制度创新和观念更新上还是做了很多开拓性的探索，不少成功的改革举措已经直接或间接地影响着我国高等教育改革和发展。学者秦国柱先生率先援引发生在 19 世纪的英国"新大学运动"，将 20 世纪 80 年代我国广东省的高教探索也称作中国的"新大学运动"。本研究在比较研究和文献分析的基础上提出，发生在广东省的这场"中心城市办大学"的现象，虽然与"新大学"在办学目标、人才培养、课程体系等方面还存在着或多或少的区别，但它依旧不失为"新大学"的前奏，是我国政府在探索"大学服务地方"的一次很好的尝试。它表现出如下特征①：

第一，"中心城市办大学"大多只是在原有师专办学的基础上，在不改变学校办学层次的情况下，以中心城市为单位进行的一次资源整合。它没有改变办学的层次，且除极少数由外商资助创办外，也少有创办新的大学。

第二，人才培养目标依旧是精英教育。虽然这些高校也提出"立足地方，服务地方"的定位，但无论是人才培养的理念，还是课程设置、教学模式的选择，都缺少大众化高等教育背景下应有的选择。

———————————

① 柳友荣. 中国"新大学"：概念、延承与发展 [J]. 教育研究，2012（1）.

第三,"中心城市办大学"没有比较一致的办学目标。除了建立的时间大致相近外,在办学层次定位、类型定位、人才培养规格定位等方面缺少一致性,难以聚类(见表3.2)。如汕头大学、深圳大学成立之初就定下了"创国内一流,跻身于'211'"的目标,而也有中心城市创办大学只是定位在"提高本市高考升学率"而已。

表3.2 "中心城市办大学"起初与现今办学比较

原校名	原办学目标	原办学层次	现校名	现在办学层次
汕头大学	国内一流	本 科	汕头大学	本科 研究生教育
深圳大学	国内一流	本 科	深圳大学	本科 研究生教育
广州大学	服务地方	本 科	并入现广州大学	本科 研究生教育
五邑大学	服务地方	本 科	五邑大学	本科 研究生教育
佛山大学	服务地方	专 科	佛山科学技术学院	本 科
韶关大学	服务地方	专 科	韶关学院	本 科
嘉应大学	服务地方	专 科	嘉应学院	本 科
西江大学	服务地方	专 科	肇庆学院	本 科
孙文学院	服务地方	专 科	电子科技大学中山学院	本科(已合并)
东莞理工学院	服务地方	专 科	东莞理工学院	本 科
惠州大学	服务地方	专 科	惠州大学	本 科

第四,办学层次大多数依旧是专科和专科以下,不都是真正意义上的大学。

第五,"中心城市办大学"只是在办学主体上的一个层级上的变化,由原先的国家、省两级办学,变成国家、省、市三级办学。它只是应对市场经济,以及高等教育地方化思潮冲击的一次高等教育系统的自身调整。

二、中国的"新大学"

1941 年，哈钦斯（R. M. Hutchins）以一种典型而又适度的夸张口吻评述起他在 1935 年已经得出的几点观感："我攻击浅薄无聊，但是在奥克拉荷马大学有 42 个学生报名选择了击鼓专业课程；我攻击了职业教育主义，但是加州大学开出了一门美容学，还说'在加州美容师的职业成长得最快'。"① 从精英高等教育到大众高等教育会出现一系列深刻的变化。具体地说，这些变化主要表现在：高等教育毛入学率超过 15%，由此前单纯"量"上的变化，转变为"质"的不同；高等教育的受教育观发生变化，人们已经渐渐将接受高等教育更多地看成一种"类义务"，而不是像精英教育那样看成一种特权；高等教育的课程更加灵活多样，弹性学制和学分制成为教学管理的主要方式；高等教育的入学越来越容易，职业训练成为高等教育的重要内容；如此等等。历史的经验，已经给了我们一种可资演绎的认识：在当代社会，一国高等教育的发展不再是纯粹的教育意义上的扩张，而是事关社会经济发展的核心动力，是国家兴盛的一种高屋建瓴的战略选择②。

（一）中国"新大学"的产生

应用型高等教育是一种伴随着社会经济和高等教育大众化发展而产生的新型教育，它与传统的学术型教育有较大区别，是高等教育类型分化的结果，是高等教育多样化的体现。我们把"新大学"称作新大学，一个最重要的原因就是它并不"克隆"传统大学过往的办学模式，并不在路径依赖中寻求复制，而是创新办学模式，创新人才培养方案，创新课程教学模式的一种新型高等教育。

20 世纪 90 年代，高等教育大众化在我国学术界引起了广泛而深刻的讨

---

① 帕利坎. 大学理念的重审——与纽曼对话［M］. 杨德友，译. 北京：北京大学出版社，2008：110.

② 方展画. 马丁·特罗高等教育发展阶段论批判与再认识［J］. 新华文摘，2005（3）.

论。1998 年，中央政府将大众化列为高等教育的近期发展目标，从政策层面上拉动高等教育。因此，我国的高等教育大众化是"自上而下"的政策推进。1998 年颁发的《面向 21 世纪教育振兴行动计划》中，教育部提出，2010 年高等教育入学率应接近 15%。1999 年颁发的《关于深化教育改革全面推进素质教育的决定》中，中共中央、国务院强调："到 2010 年，我国同龄人口的高等教育入学率从现在的 9% 提高到 15%。"虽然这两份 20 世纪中国教育的纲领性文件都没有提及"高等教育大众化"一词，但是，从中央政府对提高高等教育毛入学率的急迫性来看，推动高等教育大众化是不言而喻的。究其实质，高等教育毛入学率达到 15% 与高等教育大众化是宏旨相关、殊途同归的。把 15% 的高等教育毛入学率作为我国高等教育在 21 世纪前 10 年的发展目标，等于吹响了我国高等教育大众化进程的号角。

高等教育扩大招生规模，实施超常规发展的政策是在第三次全国教育工作会议上确立的。于是，当年（1999 年）为了响应第三次全教会精神，普通高校启动扩招步伐。1999 年 12 月全国高等教育招生会议在武汉召开，会议决定，今后 3 年我国各类高等学校招生总量将继续增长。由此而来，随着高等教育体制改革的实施，我国高等教育进入了一个跨越式发展阶段。大批高等学校进行院校调整，一部分办学条件较好的高职高专或成人高校合并升格或者独立升格为本科院校。

教育部有关人士表示，我国本科院校的数量还会稳步增加，并且主要布局在经济发展较快而本科教育资源较缺乏的地级城市，以改变以往高校布局过于集中在省会城市和中心城市的局面①。"新大学"的数量和规模逐步扩大，它们承载着我国高等教育大众化乃至普及化的重要使命，并已逐步成为承担我国应用型本科教育的重要力量。

（二）"新大学"产生的原因

"新大学"在较短的时间内，如雨后春笋涌现出 240 所，占据我国本科院校的近 1/4 强，应该说与我国启动高等教育大众化进程是密不可分的。

---

① 唐景莉. 专科学校升格要不要降温［N］. 中国教育报，2003 - 12 - 24.

"新大学"基本上都是在 1998 年之后，在专科层次上"升格"而成的，它们的"出身成分"多种多样，按其原先的专科基础，大体上可以分为三类：

一类是由高职高专类院校独立升格的"新大学"，也包括此类院校合并其他专科层面上的教育机构升格的"新大学"。譬如，福建的莆田学院是由莆田高等专科学校、福建医大莆田分校（专科）、莆田华侨体育师范学校合并升格而成。

另一类是由师范专科院校升格的"新大学"。此类院校一般以原先的师范专科学校为班底，或独立升格，或合并区域内的教育学院升格。它们在专科层面上就已经为本地区教师教育做出过特殊贡献，升格后依然以教师教育为支撑，逐步依据地方经济社会的需求发展应用型本科专业人才。

还有一类是成人高校改制的院校。随着普通高等教育的扩容，一些传统上的成人高校也满腔热忱地加入了普通教育的行列，如合肥师范学院、中国劳动关系学院等。

总而言之，中国的"新大学"由于是现有教育资源的一种整合后的提升，因而"出身"比较复杂。提升前专科办学层次上的办学模式、师资队伍、人才培养、课程设置等短时间内很难适应本科教学，特别是应用型本科教学的需要。在此类院校最初的本科办学实践中，"出身成分"在相当大程度上影响着它们的办学水平和经济社会的适应能力。与之相比，英国的"新大学"白手起家，围绕市场需求设置学科专业，进而创办适需的应用型大学要困难得多。那么，我国这一批"新大学"以这种形式产生，在这个时代产生，其原因究竟是什么呢？①

1. "后发国家"实现高等教育大众化"自上而下"的"主观"推动

发达国家高等教育大众化的实现一般是自然成长，也就是说，高等教育大众化取决于经济与人口等因素的影响，而不是政府宏观政策导向的结果。我国高等教育大众化进程的启动，源自政府为了达成这一目标制定的一系列政策、措施。之所以出现这样的格局，自然与我国传统的高等教育体制密不可分。可见，高等教育大众化的"后发国家"，政府的目标导向、政策推动

---

① 柳友荣. 中国"新大学"：概念、延承与发展 [J]. 教育研究，2012（1）.

作用非常明显,使得高等教育大众化带有浓厚的"主观能动"色彩——这是"后发国家"高等教育大众化的基本特点①。我国政府在一系列政策干预下,1998年后启动了高等教育的扩招。这种急速的扩招仅仅依靠原有的高等学校显然是不够的,何况原来的老资历的本科院校都是在精英教育的大气候下长成的,无论是管理人员还是师资队伍,从教育行为到育人理念都深深地打上了精英教育的烙印。于是,将一大批原本从事"浓缩型"本科教育的师范专科学校、高等专科学校"升格",成为从事高等教育大众化应用型本科教育的主力军,应该不失为良策。理由主要有三:

一是在精英教育的大环境里,这些专科层次上的学校其实也没有安分守己地培养"技能型"人才,而是亦步亦趋地追随本科"老大哥",从事着"浓缩型"本科教育,或曰"准本科教育",因而有着一定的学科基础,有着进入本科系列的"先天资质"。

二是这类学校的管理人员和师资队伍尽管在我国特殊的精英教育背景下,从事的实质上是"浓缩型"本科教育,但他们毕竟有着相对较为丰富的专业教育的经验,是现有资源下"性价比"最好的应用型本科教育力量,比较适合从事大众化背景下应用型本科教育教学工作。

三是这类院校在"升格"过程中,极大地调动了地方办学的积极性,地方政府拨地出资兴办高等教育,在一定程度上填补了高等教育发展的资金和资源缺口,有力地推动了学校建设,丰富了大众化背景下高等教育的办学资源。

2. 满足大众化过程中对高等教育类型多样化的需求

到2008年,"新大学"有240所,占到了普通本科高校的近1/4,成为我国高等教育大众化的生力军。高等教育的跨越式发展不等于人才的重复培养、资源的无端浪费,"新大学"办学模式创新是高等教育系统合理分工的重要途径。这些"新大学"并没有盲目克隆重点大学、综合大学的办学模式,而是从自身的办学条件和办学实力出发,发挥优势,依托地方,服务区域,创新办学模式。高等教育的发展由以往单纯的层次差异,变成了不同层

① 胡建华."后发国家"高等教育大众化的基本特点 [J]. 教育发展研究. 2002 (1).

次和不同类型并举，学校类型、办学形式、人才培养规格日趋多样化、多层次，极大地推动了我国高等教育的多样性发展。

3. 解决劳动力市场出现结构性失业的需求

近几年来，我国高等教育的规模越来越大，但是由于高等院校人才培养与市场需求脱节，以及区域经济社会发展的不均衡等原因，高校毕业生的就业矛盾也显得比较突出。从表3.3中不难看出，随着我国经济社会的快速发展，产业的不断升级，已经充分暴露了高等学校学科与专业调整的力度不足，人才需求的结构性矛盾日益凸显。

表3.3 2010届大学毕业生签约率排名前10的主要专业

截至 2010 年 1 月底 签约率排名前 10 的 本科专业中类	签约率（%）	截至 2010 年 1 月底 签约率排名前 10 的 高职高专专业中类	签约率（%）
能源动力类	55	自动化类	51
化学类	44	旅游管理类	49
机械类	42	化工技术类	42
化工与制药类	40	机电设备类	42
材料类	39	机械设计制造类	40
土建类	39	通信类	37
电气信息类	38	工程管理类	37
工程力学类	38	市场营销类	37
材料科学类	37	公共管理类	35
管理科学与工程类	33	教育类	34

资料来源：麦可思最新研究报告：2010届大学毕业生流向月度跟踪调查1月报告[J]. 麦可思研究，2010年2月上旬刊.

一方面，某些专业或层次的人才供大于求，人才过剩；另一方面，一些专业或层次的人才又求大于供，人才紧缺。就目前劳动力就业市场分析，需求量大的主要是一些应用型人才。其中，化工、能源、机械、工程、建筑类等人才缺口较大，毕业生签约率高；教育、管理类等毕业生签约率较低，市场潜力不大。由此可见，高等教育，特别是应用型本科教育必须高度重视人才结构性紧缺的矛盾，加大应用型人才培养的力度。

第二节　我国应用型本科教育的理念演进

一、"应用型本科教育"理念的产生

早在 2001 年，教育部就在长春召集了一批国内高等教育专家学者、大学校长专门研讨关于应用型人才培养的问题。此后，有关应用型人才的培养问题引起了学者们的广泛关注，无论是在理论界，还是在实践领域，应用型人才的培养已经成为高等教育的一个热门话题。于是，关涉应用型人才培养的概念也接踵而至，诸如"应用型本科教育""应用型院校"等一系列全新概念充斥着高等教育理论与实践领域。在我国，目前将自身定位为"应用型大学"，以培养应用型本科人才为目标的高等院校主要是高等教育大众化阶段建立起来的一批"新大学"。但是从培养"应用型人才"，到创办"应用型大学"，这之间无论是在理论上还是在实践中都有很多问题需要澄清，值得思考。

（一）"应用型本科教育"产生的动因

高等教育大众化的推进，产业结构的调整，是"新大学"产生的重要的、不可或缺的外部环境，这在前文已经做了比较全面的分析。但是，"应用型本科教育"产生的直接动因还是"新大学"的出现，它是一批"新大学"在实际的办学过程中，面对老牌本科院校的竞争压力，运用"蓝海战略"思维，从错位竞争角度，对自身办学定位的一种新的确立。这一概念，以及由此衍生出的一系列应用型人才培养的新理念，在一定程度上从实践层面丰富了高等教育理论。

"新大学"面临着在老牌本科与新兴的高等职业院校的夹缝中求生存的窘迫处境。一方面，与老牌本科院校同质竞争势必处于明显的劣势，既表现在办学积累上，也表现在社会认同上。如果一味模仿和遵循老牌本科院校的

发展模式，难以实现理想的目标，在一段相当长的时间内也不可能被社会接受。另一方面，在专科层面上积攒的仅有的一些专业教育的经验，如何合理运用到今天的本科教育上来，如何另辟蹊径，争取错位竞争，取得优势，是困扰这类院校的重要问题。

在高等教育大众化进程中，发达国家的经验已经表明，学术型大学和应用型高等院校并存的多样化发展模式是必然的选择。特别是英国的"新大学"和多科技术学院、德国的应用科技大学、美国的州立大学和社区学院，以及我国台湾地区的应用科技大学等，它们的发展经验和办学模式给我们的"新大学"不无启发。2001年，部分"新大学"为了加强协作，互相学习，成立了"应用型本科教育协作组"。之后，2002—2009年，教育部连续在湖南、浙江、河北、河南、山东、福建召开了六次全国"新大学"教学工作研讨会，而每年一度的新大学自发组织的全国"新大学"联席会暨工作研讨会，截至2009年，已经开了九次全国性的专题会议，越来越多的管理人员、院校负责人、研究人员达成了共识：从事应用型人才培养，进行应用型本科教育，定位应用型本科院校是中国"新大学"的崛起之本。

（二）"应用型本科教育"诠释

"应用型本科"概念在国内是由学者龚震伟提出的，他在《应用型本科应重视创造性的培养》（载《江南论谈》1998年第3期）一文中针对人才的应用能力培养问题，提出要重视应用型人才的能力培养，尤其要提升他们的创造性。

时下，应用型本科教育问题成为国内高等教育一个持续的热点，成为理论研究和实践探索的重要领域。《中国高教研究》曾在原教育部副部长周远清的指示下，辟专栏研究应用型本科教育问题。就"应用型本科教育"来看，学者们的研究也是众说纷纭，莫衷一是。石伟平教授认为它是一种"专才"教育，这一类型的院校应该是培养"工程师"的摇篮。它既不是普通本科的翻版，侧重于培养学生的应用能力，也不是"3 + 1"式的高职高专，要求重视通识教育，强调后续发展①。

"应用型本科教育"的提出是"新大学"的要求，而它们以"应用型"为办学定位，以"应用型"为人才培养的规格，一方面源自它们升格前的身份，另外一方面则是它们审时度势，扬长避短，与老牌本科院校竞争的需求。此类院校一般均有几十年的专科教育经验，谙熟专业教育，对"专才"教育的规律并不陌生。而且，随着经济社会的飞速发展，社会对人才的需求在"质"和"量"上均发生转变，社会的有效需求与高校的有效供给发生错位。"新大学"瞄准人才市场的需求变化，把培养目标锁定为"应用型人才"是非常明智的。这一举措不仅满足了社会对人才的需求，还有效地避开了老牌本科院校在学术型人才培养上的优势，走特色办学之路——这种办学过程中的"蓝海战略"是十分必要的，也是十分合理的。

二、"应用型本科教育" 相关延伸概念的讨论

"应用型本科教育"无论是作为一种高等教育现象，还是大众化高等教育概念体系中的一员，当它款款步入我们的现实生活中时，引爆了研究人员对高等教育办学类型沉寂已久的热情，也引发了人们对高等教育概念体系的进一步思考。

里德曼（Liedman）认为："学校不仅仅是对现实世界的反映，也是为学生们应对日益变化的世界做准备的地方……这一思想与约翰·杜威的理论是联系在一起的。"② 当高等学校处在现今的社会之中，大概没有哪一所大学能不考虑毕业生的就业，闭门造车，盲目培养人才。埃瑞克·阿什比（Eric Ashby）在评价美国关注社会的需求时说："美国对高等教育做出的最大贡献在于拆除了校园的围墙。"③ 学校置身于社会之中，而不把自己困在"象牙塔"中，勇于承担社会责任，这正是现代大学的社会使命感的体现。而毕业

---

① 石伟平，徐国庆. 论高等职业教育课程的国际比较 [J]. 职教论坛，2001 (10).

② Sven-Eric Liedman. A Lesson for Life [J]. Studies in Philosophy and Education，2002 (7).

③ Derek Bok. Beyond the Ivory Tower [M]. Cambridge, Mass.：Harvard University Press，1982：64.

生与就业岗位需求的"零对接"也并不是大学要放弃自己的精神实质，而是现代大学从提升社会服务水平的层面上，对自身人才培养规格的一种修缮，是重视与加强实践性教学环节的一种办学理念。这种理念是大学对精英教育背景下"关门办学"存留弊端的反思，是对实践教学工作的重视，是对人才培养方案中课程内容重组、实践性教学环节变革的一种态度。

(一)"应用型人才"与"应用型本科院校"

就像"应用型本科院校"不是不要研究一样，"应用型人才"培养也并不是不需要培养研究能力，这还应该成为本科层次的"应用型人才"的能力要素之一。应用型本科院校要从事学术研究就不可能像研究型大学那样，它们不应从事过多的基础研究，而应该把精力集中在应用研究上。从这个意义上讲，大概没有哪一所高等院校称自己不在培养应用型人才，就连北京大学、清华大学也无外其中。而"应用型人才"也是一个多层次的概念，它既包括应用理论研究人才，也包括应用技术人才，更包括应用实践人才。因此，从事"应用型人才"培养就必须准确把握其实质内涵，这样才能真正推动我国"应用型本科教育"的发展。

"应用型本科院校"的产生，既是对我国当前经济社会发展状态，以及产业结构调整的响应，又是我国在 1998 年启动高等教育大众化进程后"新大学"在办学定位上的积极探索①。从十多年来我国高等教育办学实践来看，所谓"应用型本科院校"是指以本科教育为主，面向区域经济社会，以学科为依托，以应用型专业教育为基础，以社会人才需求为导向，培养高层次应用型人才的院校。这类院校一般都是办学时间较短的新建本科院校，"应用型"是它们对自身办学定位的主动探索。

"应用型本科院校"作为一个概念，为得到高等教育理论的接纳与认同，在办学实践中，就必须有自己的独特内涵。"应用"是应用型本科院校专业设置的核心思想，"应用型"是应用型本科院校的特色和优势，是构建课程与课程体系的基本价值，是师资队伍建设的基准。

---

① 孙广勇. 追问"应用型大学"[J]. 职教通讯，2007 (7).

"应用型本科教育"所需要的教学基本条件是师资队伍建设的复合性和实践性教学环节的复合性。所谓"师资队伍建设的复合性",是指在应用型本科院校的师资队伍建设中,"双能型教师"要占一定的比例。所谓"双能型教师",是在"新大学"师资队伍建设中,针对高职院校的"双师型教师"(既能从事理论课教学,又能从事实验、实训引导的教师,常常指那些既有高等学校教师资格证,又有劳动部门颁发的岗位资格证的教师)而提出来的,指的是在应用型本科院校中那些既能从事理论课程和实践课程的教学,又能从事产学研合作开发的教师。"双能型教师"的职业要求是不仅能够承担应用型本科院校面向行业设置专业的教学,指导学生创新创业,开展社会服务,培养学生的应用能力,而且还能够充分融入到地方经济社会建设中去,充分体现"应用型本科院校"面向地方、服务地方的办学理念。

(二)"应用型本科院校"是一种独立形态的高等教育类型

"应用型本科院校"实质上是对过去高等教育单纯注重理论倾向的修正。英国的"新大学"、美国的赠地学院和德国的应用技术大学等国际高等教育的经验也在提示着我们,应用型本科院校必须在课程设置、教学模式等方面显示出与传统大学的特质性品质,其教育教学行为必须收敛于其独特的人才培养模式中,才能成为独立形态的高等教育类型。

大学服务于社会,因而与社会的关系决定着大学的特征;同时,大学的特征又决定着二者的关系。克拉克·科尔(Clark Kerr)曾经把多科大学描绘成只是靠人们所共同关心的停车场联系在一起的社会。"也许把它看作热带雨林更为恰当,因为大学有着惊人的复杂性和进化的生态系统,极其多样化而又相互依赖。"① 因此,我们不能墨守成规,在 21 世纪的大学校园里,却无比眷恋地遥想纽曼的"大学的理想"。台湾著名高等教育专家郭为藩教授曾说:"20 世纪以来,高等教育界都有大学在'教学'、'研究'、'公共服务'三个方面皆应兼顾并重的共识;虽然不同类型的高等学府或在某一个

---

① James J. Dudersdadt. A University for the 21st Century [M]. Ann Arbor: The University of Michigan Press, 2000: 52.

方面特别强调,但也不宜轻忽其他两方面的社会责任。"① 因此,我国的"新大学"从大学的社会责任角度出发,将自己的办学定位于应用型,并不意味着它们要割裂与经典意义上的大学的纽带。虽然,我国的"新大学"探索的步伐刚刚起步,但是有一点应该是它们在趔趄中勉力前行的动力,那就是它们"首先是大学,然后才是应用型大学",它们不会使自己在变革中沦落为"加工厂"。

对"应用型本科院校"定义的困难反映出对研究对象认识的不足。目前,我国"应用型本科院校"的办学尚处于摸索阶段,要正确地阐释"应用型本科院校"的概念,在实践基础缺欠的条件下,理论的概括往往显得内涵模糊,外延不周。"应用型本科院校"可分为广义和狭义两种,广义上的"应用型本科院校"指一切以本科教育为主,面向区域经济社会,以学科为依托,以应用型专业教育为基础,以社会人才需求为导向,培养高层次应用型人才的院校。而狭义上的"应用型本科院校"是指 1998 年我国启动高等教育大众化以来,建立起来的以本科教育为主,面向区域经济社会,以学科为依托,以应用型专业教育为基础,以社会人才需求为导向,培养高层次应用型人才的院校。本研究讨论的就是 1998 年我国高等教育大众化起步后狭义上的"应用型本科院校"。

第三节 "新大学"的成长轨迹

一、中国"新大学"的初级阶段

托马斯·库恩(Thomas S. Kuhn)在《科学革命的结构》中有过这样一段话:"从一个陷入危机的范式(Paradigm)向另一个新范式转变,实际上就是在新的基础上的重建,要改变这一领域中一些最重要的理论以及这种模

---

① 郭为藩. 转变中的大学——传统、议题与前景 [M]. 北京:北京大学出版社,2006:57.

式的方法。"①高等院校要在真正的意义上适应已经迅速变化的世界,就应该不断调整自我,变革自我。作为一个社会机构,现代大学改变社会和适应社会的能力总是引人注目的。"我们已经看到高等教育的危机,有必要重建大学的模式,甚至是彻底改造大学(reinvent the university)。"② 像大学这样庞大、复杂并受到传统束缚的机构,要如何转变才能完成使命,达到目的,并在一个有重大变革的时期内朝着既定的战略目标前进呢? 杜德斯达对历史上大学完成变革的途径做了这样的总结,他认为大学实现第一步的变革机制主要有:用额外的资源换取改革;获得大众对变革的支持,建立必要的意见认同基础;更换关键人员等。机构的转变不可能是线性的过程,它包括一系列同时发生且又相互作用的因素。在一个机构卷入改革的时候,经验就可能使人们改变改革的进程。在大学这样复杂的机构中,改革要想有所进展,就需要所有参与者付出努力,改革是个曲线前进的过程。杜德斯达据此提出,为了适应复杂的未来,大学需要变革所有的领域,而不仅仅是财政。杜德斯达所理解的大学的持续改革实质上就是大学改革的第二步——内涵提升。它包括了大学的使命、财政改革(financial restructuring)、组织和管理、大学的总体特征、智力转变、同外部支持者的关系、文化转变等等③。

实质上,我国"新大学"升格和发展之路就毫无例外地经历了这样一个过程:从学校办学层次的提升(专升本)(杜德斯达所说的"第一次变革")到内涵式发展(杜德斯达所说的"第二次变革")。"新大学"发展的初级阶段,就是从精英背景下的学术教育为主向应用型本科教育的转轨阶段;高级阶段的变革就是内涵的提升阶段,高级阶段的完成标志着应用型本科建设已经步入成熟阶段。如何完成从初级阶段到成熟阶段的转变,实现我国"新大学"的可持续发展,完成我国高等教育大众化从形式向实质的转变,是我们

---

① 托马斯. 库恩. 科学革命的结构 [M]. 金吾伦,胡新和,译. 北京:北京大学出版社,2003:21.

② Jams J. Dudersdadt. A University for the 21st Century [M]. Ann Arbor:The University of Michigan Press,2000:261.

③ 参见 James J. Dudersdadt. A University for the 21st Century [M]. Ann Arbor:The University of Michigan Press,2000:261 –270.

不能不考虑的问题。

(一) 初级阶段——外延式发展

世纪之交，随着我国社会经济的发展、产业结构的调整、体制改革的深化，高等教育发生了一系列的变化，最基本特征是由精英化教育向大众化教育，由单一化向多样化发展。在这一过程中，一批老牌大学通过"强强联合"，通过重组、合并等方式试图叩开世界一流大学之门，本科高等院校数量因此减少；而另一批老牌专科学校、部分成人本科院校和基础相对较好的民办高校通过建设、合并和发展等路径进入了本科院校行列，成为本科院校的新生力量。这些专科院校从启动申报本科学院，到获得教育部批准，既经历了一个轰轰烈烈的"升格"建设期，又完成了建校史上的一次根本性的、历史性的跨越。在这一建设过程中，此类院校一般都表现出如下相同的经历：

第一，超常规发展。自1998年我国开始实行高校扩招政策以来，随着我国确立高等教育由精英阶段逐步走向大众化阶段的政策，高等教育的发展进入了史无前例的快车道。由此涌现出一批由专科升格为本科的"新大学"，其中大部分学校在短短几年内就实现了校园超千亩，在校生超万人的规模。随机从我国东部、中部和西部的"新大学"中各抽取一所学校，比较其2009年办学的相关数据，便可以窥斑见豹：东部地区的德州学院校园面积1970亩，全日制普通本、专科在校生达17525人，本科专业49个；中部地区的南阳师范学院校园面积1857亩，全日制普通本、专科在校生达18000人，本科专业41个；西部地区的重庆文理学院校园面积1921亩，全日制普通本、专科在校生15000人，本科专业34个。仅就学校占地面积、办学规模与学生数量而言，不少"新大学"已经超过或相当于许多老牌本科院校。

第二，地方政府支持。"新大学"绝大多数地处中等城市，其中不少院校是所在城市唯一的大学，是城市的人才中心和文化名片。大学既能提升城市的文化品位和影响力，又能通过校园建设、学生消费等拉动城市经济社会的发展。因此，所有的"新大学"都得到了地方政府的大力支持和援助，对学校升格给予了最大的物力支持和政策倾斜，这让许多同类型老牌本科院校歆羡不已。从下面几个院校建设的案例可以感受到新建院校在升格之初得到地方政府的支持力度①：

——河北石家庄学院。学校地处石家庄市，市政府高度重视和全力支持原石家庄师范专科学校的升本工作。1996 年至 1998 年，市政府一次性投资1.7 亿元完成了该校一期校园建设工程，2002 年又就近划拨土地 873 亩作为学校二期建设用地，对校园二期工程建设贷款实行政府贴息，涉及市政府审批权限内的收费项目全部予以免除。

——广西百色学院。学校地处百色市，市政府从人力、物力、财力等诸方面加大对"升格"建设的投入。从 2002 年开始，百色市计划在 7 年内投入 1.78 亿元用于百色学院建设。

第三，加快自身建设。为了在硬件上尽快达到教育部本科院校设置的底线，并通过教育部本科教学工作水平评估活动提升办学水平，提高教学质量，"新大学"通过内部挖潜、外部借贷融资等方式，勉力推进软硬件建设步伐。使得学校在较短时间内，在生均用地面积、校舍面积、运动场地、实验仪器设备值、图书资料，乃至生师比都得到了极大的改善。

第四，校地合作融洽。应该说，受精英教育环境的负面影响，即使当初处于专科阶段的"新大学"也疏于与地方的联系，"卖方市场"意识顽固。从设立"升格"目标，到完成"升格"过程，通过与地方政府密切接触，合力共建，很好地密切了校地关系，改善了合作状况，为"新大学"的后续建设打下了很好的基础。不少地方政府在学校"升格"准备阶段，主动介入筹备过程，积极协调解决学校建设中的诸多问题；而学校也投桃报李，主动融入地方，在学科发展、专业设置、产学研合作等方面"打地方牌，唱地方戏"，努力扮演地方发展的文化中心、科技研发中心、人才资源中心。

（二）建设过程——寻求内涵式发展

把我国"新大学"目前的建设称为"成熟过程"而不是"成熟阶段"，

---

① 各院校数据均整理自各校网站。

是因为"新大学"的内涵建设是一个长期的过程。我国"新大学"才刚刚起步，单纯凭传统的"外延式发展"模式已经成为它们持续发展的瓶颈。如果把在专科办学期间，其专业建设、师资队伍、教学资源、人才培养要求、管理模式简单地迁移到本科办学中来，势必会带来很多的问题。中国的"新大学"目前大多数尚处在"旧辙已破，新轨未立"的建设、规范阶段，持续发展的先决条件是尽快转变发展方式，走"内涵式发展"道路。

什么是内涵式发展？《现代汉语词典》中对"内涵"做了这样的界定："一个概念所反映的事物的本质属性的总和，也就是概念的内容"，是事物质的规定性；而"外延"是"一个概念所确指的对象的范围"，是概念的量的规定性①。外延式发展强调的是数量增长、规模扩大、空间拓展，主要是适应外部的需求表现出的外形扩张；内涵式发展强调的是结构优化、质量提高、效益提升，通过内部的深化改革，提高竞争力，实现实质性的可持续发展。

我们通常见到的"重视学校的内涵发展"之类的说法，是不够严谨的。事实上，从逻辑意义上来看，"内涵发展"与"内涵式发展"在概念上相去甚远。学校的"内涵发展"是对学校作为一种教育形式在内涵上的丰富；而学校的"内涵式发展"则是发展结构模式的一种类型，强调事物质的发展，是以事物的内部因素作为动力和资源的发展模式。从内容看，"内涵发展"和"内涵式发展"在逻辑特征上有共同的指向，而"外延发展"与"外延式发展"则没有任何联系。

二、中国"新大学"的困境

我国"新大学"由于建校时间较短，尤其是举办本科教育的时间不长，在建校之初的发展战略上往往处于两难境地，难以取舍。一方面，学校升本后，为适应本科教育培养目标的要求，必须大力加强教学建设以确保人才培

---

① 中国社会科学院语言研究所词典编辑室. 现代汉语词典 [M]. 北京：商务印书馆，1983，2012：938 – 939，1337.

养质量；另一方面，由于办学条件相对薄弱，必须花费大量的经费和精力投入校园基本建设，致使"新大学"几无例外地出现了发展困境①。

（一）发展资金短缺

我国高等学校经费主要来源是政府拨款、学费收入、银行信贷、社会资助与捐赠。"新大学"由于办学历史短暂，学校的社会公信度不足，认同度不高，所以可利用的校友资源不多，争取社会资助和公益性捐赠也举步维艰，办学经费主要依赖政府拨款和学费收入。"新大学"的办学规模虽都有较大幅度增长，但是，由于"新大学"在硬件方面的建设任务重，短期投入大，各地方政府在学校"后升格"时代的投入热情明显降低，力度明显递减。最近几年，金融系统开始收缩并严格控制对高校的贷款，"新大学"的信贷渠道滞塞难通。

（二）人才难以引进

与老牌本科院校相比，"新大学"的教师队伍和管理队伍构成主要还是"升本"前的员工队伍，整体水平偏低，大都急需引进人才，以满足学校发展和"应用型"的定位需要。但是，由于目前人才市场"应用型人才"，尤其是高层次"应用型人才"供不应求，供求市场严重失衡，导致高层次"应用型人才"无论是实际待遇还是心理要求都较高。而"新大学"所在地主要是非中心城市，引进人才总体效果很不理想，高层次的"双师型"队伍难以形成。同时，已经引进的人才往往很难留得住，原因是学校所处的地理位置不理想、福利待遇低、科研氛围和条件较差等。

（三）师资结构失衡

"新大学"教师队伍整体年轻，虽充满活力，但水平不高。"新大学"因为国家高等教育超常规发展的政策导向，以及自身发展的原因，在校学生数在短短的几年中几乎都实现了"翻两番"。而由于高层次人才引进的困难，

---

① 杨涛，等．"新大学"发展之路探索［J］．高等教育研究，2007（11）．

学校只能在短时间内大批量吸纳年轻的研究生，导致学校师资队伍的职称结构、年龄结构几乎都是"倒 T 字"型，无形中加大了学校师资培养的成本，也影响了短期内的教学质量。

（四）学科基础薄弱

"新大学"在升格前均为专科，虽然有着较好的专业教育经验，有利于升格后开展"应用型本科教育"，但是，由于在专科办学阶段，学科建设相对疏略，"新大学"本科专业的学科背景贫瘠，学科方向苍白，影响了升格后应用性科学研究的开展。

（五）本科教学与管理的综合水平偏低

"新大学"的管理者大多数长期从事的是专科教育管理，难以脱下专科教育的"衣钵"。尤其令人担忧的是，"新大学"作为一种全新的办学类型，需要管理人员和教学人员潜心研究办学方略，提升管理水平与教学质量。

应该承认，出现以上的困境原因是多方面的。然而，我国的高等教育大众化不是一个"自然"的过程，确是这类院校面临困境的重要原因。我国政府启动高等教育大众化不完全是对经济社会发展态势的响应，更是政策层面上的拉动。所以，走出困境除了"新大学"要加大内涵式发展的建设力度之外，政府和社会都应该给予积极的关注。

第四章 应用型本科院校发展的国际经验

第一节 英国的"新大学运动"

克拉克（Burton R. Clark）在《高等教育新论——多学科的研究》中坦言："英格兰高等教育的真正复苏是与大学几乎无关的新兴教学和研究机构的兴起。这说明了这样一条真理：如果社会不能从原有机构中获得它所需要的东西，它将导致其他机构的产生。"① 英国是历史悠久、文化底蕴深厚的国家，也是一个古典教育传统浓厚的国家，在这一点上它和我国有着相似的背景。因此，了解英国工业革命后那一场"新大学运动"的来龙去脉，对类似于我国这样的高等教育大众化的"后发国家"，其理论和现实意义不言而喻。

一、英国"新大学运动"的产生

众所周知，任何一次社会变革都有一个显而易见的诱导因素，但又都不是某一个因素影响的结果。就英国"新大学运动"来看，既有经济发展的推动，也有宗教文化等因素的作用。

虽然英国传统大学产生得很早，但是英国传统大学是博雅教育的天堂，都鄙视自然科学，因此自然科学课程在中世纪的英国大学无人问津，应用技术类课程更是不可能登上大学的"大雅之堂"。在 19 世纪的英国，资产阶级

---

① 伯顿·R. 克拉克. 高等教育新论——多学科的研究 [M]. 王承绪，等，译. 杭州：浙江教育出版社，2001：35.

革命的胜利和工业革命的推动，使得工商业发展突飞猛进。而技术的不断更新与进步，越来越多地要求培养更多的掌握技术和管理知识的专业人才。然而，以牛津、剑桥为代表的传统英式大学拒绝"降低门户"来开展技术教育、培养科技管理人才。而传统的师徒制培训已远远不能满足经济社会发展的需求，必须有一种教育机构承载英国经济社会对技术型、应用型人才的需求，"新大学"自然就应运而生了①。

（一）经济原因

历时近一个世纪的工业革命使英国经济实力突飞猛进，但是在相当长时间内保持蓬勃发展态势的英国经济，并不是由大学来促成的。相反，一位悠闲的绅士却在《物种起源》中对哲学和科学做出了最令人啧啧称赞的贡献。同样，包括当时为工业革命和思想革命做出突出成就的众多人都不是来自大学。在当时英国的社会里，科学教育是不可能在大学获得其应有地位的。

在1850年的世界经济活动中，英国的煤炭、生铁、纺织等行业的生产总量是世界总量的一半。英国人凭借机器优势生产所换来的绝对优势，取得了世界工业和国际贸易的霸主地位，工商业的迅速发展对人才的供给提出了更高的要求。然而，英国传统教育对这股新兴的力量似乎置若罔闻。威斯特（E. G. West）在《教育与工业革命》一书中指出："教育在工业革命时期获得显著发展……极大地促进了整个工业革命时期的经济增长。在工业革命之外，还存在着一场教育的革命，而且两者是相互关联的。"② 既然这一新兴资产阶级的教育诉求被传统的教育漠视，那么，取而代之的新兴的教育方式必然会闪亮登场。

（二）政治原因

在"新大学"产生之前，英格兰只有牛津、剑桥两所大学。人们对外表

---

① 柳友荣. 英国新大学运动及其对我国应用型本科教育的启示 [J]. 高等教育研究，2011（8）.

② 安迪·格林. 教育与国家的形成：英、法、美教育体系起源之比较 [M]. 王春华，等，译. 北京：教育科学出版社，2004：49.

宁静肃穆的牛津、剑桥高山仰止，却很难知晓悠久而盛名之下的牛津、剑桥的各个领域都充斥着教会控制的影子。随着大学与社会越来越广泛紧密地联系，它在社会生活中的地位日益凸显，于是众多的利益集团都觊觎着大学的控制权。

在 18 世纪以前，拥有土地和爵位的贵族阶层是英国社会秩序中的权贵。此后，由于经济活动的日益频繁，社会不断发展，造就了社会中一个新兴阶层——中产阶级。他们中有知识分子，有银行家，有商人，也有农场主。随着经济地位的上升，他们无一例外地开始追求政治上的待遇。他们追求自由，反对繁文缛节，号召人们以职业劳动为上帝增加荣耀，对社会上层采取批判的态度，具有明显的入世倾向。他们在当时英国社会的影响力越来越大，社会地位也随之不断攀升，开始在政治经济和教育活动中崭露头角。而由于他们所从事的经济社会活动的需求，以及子女教育的需要，取得高等教育机会的欲望愈加迫切，并试图按照自己的理解去发展高等教育。

与此同时，英国政府也一直想排斥教会的势力，实现对大学的控制。然而，长期以牛津、剑桥为代表的传统英式大学都是在教会的绝对控制之下，再加上根深蒂固的"自治"传统，使得英国传统大学的"排异功能"比任何一个国家都显得突出。这样，英国政府想要限制教会、控制大学的梦想几乎破灭。新兴资产阶级进入大学的企图更是难以实现。正如前文所提及的那样，当新的社会力量无法从现存的机构中获得它需要的利益，社会将必然地孕育新的机构。政府和新兴资产阶级此时要想实现对高等教育的控制，就必须在牛津、剑桥之外建立新的大学。

（三）宗教原因①

整个中世纪的欧洲，宗教的影响遍及了大学的各个方面。与欧洲其他国家相比，英国保守的民族性决定了英国大学受到宗教的影响更为深刻。英国大学和获得捐赠的公学几乎到 19 世纪后期还是个极其封闭的社会。它们对不信奉国教的人怀有敌意，不接纳异教徒入学，新的教育主张也不可能在封

---

① 杨黎明. 19 世纪英国"新大学运动"对中国大学改革的启示［J］. 沧桑，2005（2）.

闭的校园里取得一席之地。学校培养的是只重视道德和秩序的内涵，而疏于对知识关注的英国"绅士"。随着经济社会的发展，各种社会力量对比发生新的变化，人们接受高等教育的需求也日益增加。而传统的牛津、剑桥又不可能给新兴资产阶级和工商业主提供满意的教育，于是"新大学"产生势在必行。

（四）教育原因

产业革命的成功使英国社会发生了翻天覆地的变化，随着生活越来越富裕，社会总人口逐年增加。"从 1800 年到 1850 年，人口总量由 890 万增至 1800 万，至 1871 年城市人口已占全国人口总数的一半；在人均收入方面，1800 年为 22 镑，到 1860 年又翻了一番。"① 于是，社会各阶层的结构、比例，甚至社会地位均发生变化。社会新兴阶层——中产阶级迅速扩大，他们对传统大学不接受自己的子弟感到越来越不满。于是，创设了一批满足经济社会发展需求的商业学校、实科中学，并让自己的子女从中接受教育。随着此类中等学校毕业生人数的不断增加，他们要求接受高等教育的声音波涛汹涌，而牛津、剑桥依然顽固地将他们拒之门外。此时英国高等教育在数量和类型上的缺失，被澎湃的社会需求放大。因此，创立"新大学"，借以满足中产阶级对实用高等教育的需求已经刻不容缓。

（五）文化原因

19 世纪以前，"日不落"帝国气势磅礴。物质世界的丰富不可能长时间地容忍文化思想领域的死气沉沉。于是，在 19 世纪中叶，英国的各种社会思潮风起云涌，文化的碰撞与繁荣需要在高等教育内部得到传播和承认。然而，此时科学教育在大学受到排斥，依然难以迈入牛津、剑桥的门槛。作为科学教育思潮的代表人物斯宾塞和赫胥黎，主张大学应接纳科学，将科学教育拒之门外，既不利于科学的发展，也不利于大学的发展。

1828 年 10 月，伦敦大学的成立标志着科学革命终于在固着的英国高等

---

① 徐辉，郑继伟．英国教育史［M］．长春：吉林人民出版社，1993：157．

教育体系闪亮登场，获得了一席之地。尽管功利主义者竭尽所能，但是保守势力依旧在"新大学"的胚胎上打上了古典教育的烙印。可喜的是伦敦大学一直保留排斥宗教教育、引入科学技术课程的特点，并使之成为"新大学"区别于以牛津、剑桥为代表的传统大学一以贯之的鲜明特色。从此，英国高等教育开始了面向工业和大众的发展历程。1851 年，曼彻斯特欧文斯学院创立开启了著名的兴办城市大学（civic university）运动，一批由地方工业家和当地民众捐资的新大学陆续设立。这些城市大学的办学目标确定为"为工商业发展服务"，大量地开设技术教育课程，采用了灵活的走读制度，极大地推动了工商业的发展和经济社会的进步①。英国城市办大学现象越发稳固，以至 19 世纪末，凡有 30 万以上人口的城市都创办了至少一所大学。正因为如此，英格兰大学终于款步走出了"象牙塔"，改变了中世纪以讲授和辩论为主的大学教学方式，大力发展技术教育，把教学和科学研究结合起来了。

二、英国"新大学运动"的兴起

从严格意义上说，英格兰只有牛津、剑桥两所大学。但是，在 19 世纪以前，还是存在诸如教堂学校、法学协会和学园等不是大学的高等教育机构。这些灵活多样的高等教育办学实践，在众多层面上影响着后来伦敦大学学院的教育教学活动。英国"新大学"在诞生之前，英国高等教育的长期积淀无疑为英国"新大学"的诞生奠定了一种制度基础。

（一）伦敦的高等教育基础

1. 19 世纪前的伦敦高等教育实践

建立于 15 世纪的伦敦律师会馆（Inns of Count）最著名的主要有四个，分别是内殿（Inner Temple）、中殿（Middle Temple）、盖伊会馆（Gay's Inn）、林肯会馆（Lincoln's Inn），它们是伦敦法学教育的主要场所。所以，伦敦律师会馆常被称作英国法律学院。威廉·哈里森（William Harrison）有

---

① 陈发美，吴福光. 19 世纪英国"新大学运动"及启示［J］. 高教探索，2001（4）.

言:"那个时代英格兰有三所贵族大学,一所在牛津,另一所在剑桥,第三所在伦敦"①,这里的伦敦大学就是指四大律师会馆。

要是说四大律师会馆作为正规高等教育机构尚且有些勉强的话,那么在19世纪前,格雷沙姆爵士(Sir Thomas Gresham)创办的格雷沙姆学院更为接近大学教育机构。格雷沙姆通过借贷成为政治上的重要人物,成为当时英国最著名、最富有的商人。1575年,他在临终前立下遗嘱,决定创办格雷沙姆学院。学院开设了神学、天文学、音乐、几何学、法学、医学、修辞学等课程,学生中既有商人,也有其他公民②。

2.19世纪前的伦敦高等教育思想

非常幸运的是,除开展早期高等教育实践之外,伦敦在早期高等教育思想方面也有很好的积累。其中,培根(Francis Bacon)和弥尔顿(John Milton)便是很好的代表。培根认为大学不应该仅仅阐述和解释现成的知识,还应该成为发现知识、揭示知识的场所。他提出建立所罗门宫,要求设置农业、动物、机械等方面的应用科学实验室,强调世俗知识和宗教知识是两类不同的知识体系,不可混为一谈;认为世俗的知识应建立在实验和经验之上,应在科学的辅助下认识世界。

相对来说,弥尔顿没有培根那般激进,对宗教和神学并不十分抵触,但是他也觉得大学应该开设诸如数学、建筑、航海等应用科学。他主张在大城市建立"学园",以履行类似于大学的教学任务。这些教育思想的积累,为后来伦敦大学及国王学院的创办打下了良好的基础。

(二) 伦敦大学及国王学院的创办

19世纪,试图在伦敦创建大学的建议和计划很多,但鲜见付诸实施的。1820年,诗人坎贝尔(Thomas Campbell)在访问德国的大学时,产生了在伦敦创办一所类似于德国大学的设想,以区别于传统的牛津、剑桥,作为英

---

① Harte Negley. The University of London [M]. London; Atlantic Highlands, N. J. : The Athlone Press Ltd. , 1986: 49.

② 刘兆宇. 19世纪英格兰高等教育变革研究 [M]. 合肥:中国科技大学出版社,2008: 31 - 32.

国现代大学的样板。1825 年 2 月 9 日，坎贝尔发表了致国会议员布洛姆（Henry Brougham）的公开信，建议创办非寄宿制的、有专业分科的、收费低廉的"伦敦大学"，以满足中产阶层子弟接受高等教育的需求。他主张在大学里开设文学和自然科学，以与贵族、教会控制的牛津、剑桥等古典大学相抗衡。① 坎贝尔的提议得到了布洛姆、边沁（Jeremy Bentham，英国早期功利主义思想的代表人物）及其追随者的积极响应。布洛姆是世俗教育领袖，热心教育事业，关心民众教育；边沁虽然毕业于牛津大学，但受其功利主义思想的影响，对牛津、剑桥两所大学颇为不满。于是，创办伦敦大学已是万事俱备了。

1. 伦敦大学的筹备与成立

"新大学"早期的支持者们基本上都是苏格兰人，或者是在苏格兰接受过高等教育。因此，他们试图把心目中的伦敦大学办成像苏格兰或德国式的高等教育机构，在这里不限制宗教信仰，也不进行宗教教学。由 25 人组成的"新大学"校务委员会，大家相互熟悉，办学主张一致，工作效率很高。他们确定基本教育目的、课程等，规定学院为世俗的高等教育机关。这些进步的办学主张赢得了非国教人士的大力支持，1825 年 8 月，校务委员会选取了校址，购置了土地，还邀请了王子为新建的伦敦大学奠基，一切筹建事宜均紧锣密鼓地进行着。

经过周密的准备工作，伦敦大学于 1828 年 10 月终于落地生根，正式开学。起初在册学生大约只有 300 人，规模很小。但是，在教学内容上却与传统的牛津、剑桥相去甚远，现代科学技术在这里找到了自己的位置。既然是办学，就离不开教师。伦敦大学仿效德国，实行教授制。在聘请的教授中，有不少是有着很深学术造诣的名流，他们在教授学生高深专业知识的同时，也通过教学渗透科学研究方法。1836 年 12 月，国王威廉四世正式为新"伦敦大学学院"颁布特许状。但是，特许状其实在一定程度上改造了伦敦大学，给伦敦所有宗教派别的人提供了一种学位授予的方式。从此，伦敦大学

---

① Harte Negley. The University of London ［M］. London；Altantic Highlands, N. J. : The Athlone Press Ltd. , 1986：61.

与国王大学合并为"伦敦大学学院"，成为一个考试机构。直到1900年，才得以重新回归到现代高等教育的状态①。

伦敦大学的成立给保守的英国高等教育体系带来了巨大的冲击，也为英国高等教育带来了全新的面貌。伦敦大学区别于传统意义上的牛津、剑桥，还主要体现在：它首先改变了大学属于教会的现状，让非英格兰教徒无权拿学位成为历史，不分教派招生，是一所"没有上帝的学校"②；改变了牛津、剑桥的入学费用奇高的状况，面向中产阶层的子弟，以相当于牛津、剑桥 1/10 的费用收取学费；同时坚持采用工学兼顾的走读制度，在教学内容上剔除了宗教神学，设置了现代技术与自然科学课程。

2. 国王学院的创立

伦敦大学学院的设立并不是一帆风顺的，反对派的聒噪声一刻也没有停息。学院得到了批准令之后，社会反响非常强烈，贵族与教会认为伦敦大学完全忽略了基督教精神，影响了对年轻人的引导和教育。为了抵制伦敦大学学院，消解它的社会影响，1829 年国教会在伦敦设立了另一所大学——"国王学院"。"国王学院"与伦敦大学最大的不同就是在教学内容上是否开设古典语文和宗教课程，为了对抗伦敦大学，"国王学院"也开设自然科学以及工商业课程。后来，由于两所学校存在很多同质性因素，1836 年经王室批准合并为伦敦大学学院。

三、英国"新大学运动"的发展

继伦敦大学之后，城市学院悄然兴起，从 1832 年的德勒姆大学，到 1851 年的曼彻斯特欧文斯学院，最终出现了只要有 30 万人口的城市几乎都设立一所大学的现象。一时间，"新大学"摩肩接踵，纷至沓来。它们在办学经费上并不依靠英国政府，而是来源于较大的财团和民众的捐款。这些大

---

① 参见刘兆宇.19 世纪英格兰高等教育变革研究［M］.合肥：中国科技大学出版社，2008：40-50.

② 侯翠环.英国新大学运动及其历史意义［D］.保定：河北大学，2005：9.

学管理都很严谨，办学方向明确，直接面向经济社会的发展和需要服务，深得英国社会中产阶层的支持，经过二三十年努力，这一类院校也都获得了授予学位的权力。

这类大学的办学定位都是服务于经济社会的发展，注重科学、数学和商业等现代学科。"1880 年，城市大学培养学生有 770 名；1888 年为 1838 名，1893 年有 2988 名。"① 学生培养的规模和速度都不是很理想的原因，在于受到英国社会传统的保守主义思想的约束，这种外在的压制，使得这些新式大学暂且还难以满足工商业发展的现实需要。但是，"新大学"的存在已经足以提醒人们，大学不应囿于香帷闺阁，必须反映社会需求，必须为社会服务。英国"新大学"的后续发展主要表现在两个方面②：

（一）人文教育的加强

"新大学运动"先后建立的 11 所大学，起始只是一些提供职业技术训练的学院，从筹建到得到社会认可，获得真正的大学地位，具有学位授予权力却是二三十年后的事。虽然"新大学"成立本质上是对牛津、剑桥的反叛，但是为了获得大学地位和获得社会广泛认同，其在成长过程中不得不从原则立场上做出妥协。为了增强办学的吸引力，获得更广泛的社会认可，并得到学位授予权力，这些"新大学"还不可能我行我素，妥协的重要标志就是不少"新大学"最终都开设了人文方面的课程。像伯明翰大学、布里斯托大学、谢菲尔德大学从创办伊始就对传统做出了妥协，设置了文学、语言、历史等课程；其他"新大学"也在传统的压力下，被迫增设人文教育课程。

（二）科研职能的引入

以牛津、剑桥为代表的英国传统大学一向是以教授知识为己任的，"新大学"的成立推动了英国大学校园里的科学研究。伦敦大学成立之初，就聘请了一批科学家担任教授，这一举措无疑就已经把研究和教学结合起来了，

① 侯翠环.英国新大学运动及其历史意义 [D].保定：河北大学，2005：19.
② 陈发美，吴福光.19 世纪英国"新大学运动"及启示 [J].高教探索，2001 (4).

用一种极其自然的方式把科研方法和科研活动带进了大学。伦敦大学把研究与教学相结合，这种积极而又务实的教学尝试受到了实业界的重视和欢迎。其他"新大学"在成立之初，更带有较强的职业技术教育性质。19 世纪后期，在当地工业界和地方政府的积极资助下，不少"新大学"学习成功的经验，引入大学的科研职能。由于英国"新大学"都特别重视实用课程的开设，所以在科研上也非常重视应用研究，注重研究成果的转化。

很明显，风起云涌的"新大学"毕竟还显稚嫩，尽管自身的发展已然蓬勃，但依旧无法动摇牛津、剑桥在英国高等教育上的霸主地位。在与其长期的博弈与竞争中，也做出了一些理智的让步。然而，"新大学"面向社会，重视应用科学的研究与教学，也使得它们在与传统大学博弈中取得一席之地，综合教学和研究实力得到了较好的发展，办学能力日渐凸显。

四、英国"新大学运动"的启示

梳理世界高等教育的历史，我们会发现，一种新的高等教育形式的产生，其表现形式可能多种多样，但最终都不可能是对大学本质的彻底叛离，都表现为服从于大学发展的内在逻辑。英国的"新大学运动"给了我们几乎相同的启示。

（一）大学的内在逻辑是一切大学的准则

大学是满足于认识论哲学，囿于"闲逸知识"的教学，还是面向社会，服务于经济社会的需求？大学究竟是少数人的"象牙塔"，还是社会的"风向标"？回答这样的问题，我们就不能不去思考一下阿什比（Eric Ashby）笔下的高等教育的"内在逻辑"了。他说：从事高等教育工作的人所持有的信念"不一定总是与社会对高等教育的需求相对应，这是一种内在的力量，也是高等教育的内在逻辑"[①]。英国"新大学"创建的现实前提之一就是人们对牛津、剑桥传统的办学模式的不满，"新大学"所秉持的重视科学技术、

① 参见王承绪，徐辉. 战后英国教育研究 ［M］. 南昌：江西教育出版社，1992：273－274.

强调实验实用的教学风格至今仍然在影响着我们对大学的理解。但是，大学的发展有其内在的逻辑，任何标新立异地背叛历史的行为都只能是一种暂时的冲动。

正因为如此，英国 "新大学" 在经历了创建初期的激情之后，提升生存能力的目标让他们逐步开始转向。从表面上看，这是对传统大学的妥协，开始从仅仅注重工商业实务，过渡到增设人文教育类课程，充实博雅教育。实质上，应该说是它们对高等教育 "内在逻辑" 的尊重，它们不可能止步于 "知识的超级市场"，最终必须遵循大学的 "内在逻辑"，拓展自己的生存空间。我们是否可以据此做出这样的判断：新的高等教育形式在创建之初必须依赖于 "需求约束"，以获得更多的支持，或曰 "以空间换时间"；从长远的发展来看，违背大学的 "内在逻辑" 生硬办学，是行不通的，它们必须遵从 "价值约束" 的标准——这是由大学固有的内在属性决定的。

（二）外延式发展也是大学改革的可信赖路径

英国的 "新大学运动" 实质上是在传统大学之外建立新的大学，来促进牛津、剑桥大学的改革，推动高等教育的发展。传统大学开始加强了理工科教育，扩大了课程设置，打破了大学里社会阶层和宗教界限的迂腐观念，事实也证明了 "新大学" 对牛津、剑桥的改造是成功的。因此，在特定的历史阶段，采用 "外延式发展" 的方式，通过建立新的大学来推动高等教育发展，比在原有的大学实施变革可能更加有效。

（三）秉持传统而不囿于传统

弗莱克斯纳（Abraharm Flexner）在评价作为 "日不落帝国" 考试学院的 19 世纪伦敦大学时说："伦敦大学之所以不是一所合格的大学，不是因为它缺少牛津、剑桥的条件，而是因为它缺少精神和设计的统一。"① 弗莱克斯纳的语言可谓一针见血地指出了英国高等教育的保守与传统，然而，一味地

---

① 弗莱克斯纳. 现代大学论——英美德大学研究 [M]. 徐辉，陈晓菲，译. 杭州：浙江教育出版社，2006：204.

秉持传统只能是"缺少精神和设计的统一"。英国长期稳固的高等教育体系在 19 世纪"新大学"的冲击下，也发生了渐变和颤动。但"新大学"的目的不是否认传统、改变历史，而是走出"象牙塔"面向社会，尊重需要。在"新大学"中恢复传统的人文教育，则更加体现了在功利主义大行其道之时，我们更应该注意传承大学校园里的一些永恒的价值理念。

第二节　美国的州立大学

美国高等教育的发达程度和水平已经是众所周知了，但是在全美的高等学校中没有一所真正意义上的国立大学，只有州立大学与私立大学之分。截至 20 世纪 60 年代，美国人用非常务实的态度，在其仅有的一批欧式大学之外，创建了一种新型的、独特的高等教育的形式——综合性州立大学和学院。目前，在美国有近 400 所这样的高校，其中，200 多所成立时间较早，大部分为专业学校转变而来；余下的近 200 所是在美国高等教育从大众化到普及化过程中，于 20 世纪 50 年代左右新建的，其性质有些类似于我国的"新大学"。整个 19 世纪是美国高等教育发展的关键时期，在这个世纪前半期兴起的州立大学运动的基础上，又有了以赠地学院等为主要形式的美国公立高等教育的发展。经过一个多世纪的发展，美国各州都至少有了一所州立大学，办学经费主要是州政府拨款。每个州都成立有高等教育董事会，行使着对州立大学的管辖权。这些大学的办学水平、师资力量、科研成果已经达到了相当高的水准。有些州立大学甚至与哈佛、耶鲁、斯坦福等著名私立大学难分伯仲。如威斯康星、马里兰、明尼苏达、俄亥俄等州的州立大学，它们的办学水平完全可以与世界著名的私立大学媲美。美国的州立大学是颇具美国特色的高等学校，也可以说是世界高等教育史上的创举。

一、美国州立大学的产生

应该说，最能体现出美国高等教育特色而又影响巨大的是州立大学的兴起。阿什比把美国州立大学的兴起视为中世纪以来高等教育发展史上的"突然变异",称美国州立大学是"世界上最具民众基础的大学"。尽管州立大学不完全是在高等教育大众化的号角声中建立的,有的甚至得益于高等教育普及化的阳光雨露,但是,从高等教育摆脱传统的精英模式,走向服务社会的视界来看,美国州立大学与英国"新大学运动"、我国的"新大学"有着异曲同工之妙。

(一) 公立大学产生的背景

1636 年哈佛学院的建立,是美国高等教育史的开端。到美国独立前,又有耶鲁、新泽西、达特茅斯等 8 所学院建立。这一时期的美国高等教育受欧洲影响,它们培养的是具有高深学问的传教士、教会的工作者和虔诚于宗教的政府官员。此时的高等教育还是为少数特权阶层的子弟服务的,教学内容具有浓郁的宗教色彩,主要是宗教神学课程。17—18 世纪欧洲产业革命兴起,自然科学得到了长足发展,对这些学校产生了重大影响。在自由的博雅教育与科学教育中,科学教育一步步向大学的讲坛逼近。虽然,它们在不断地向大学的课程体系渗透,但依然举步维艰。

创办较早的州立大学的历史已接近三个世纪,现在的州立大学中独立战争前建立的有两所:威廉玛丽学院 (College of William and Mary,1693 年) 和查尔斯顿学院 (College of Charleston,1770 年),它们都是早期殖民地和自治区的产物①。美国独立后,以往的旧式学院再也不能适应独立后美国社会、经济形势发展的需要,要求创办由政府控制的公立大学的呼声日益高涨。

独立后的美国将高等教育的发展交由州一级管理而不是由联邦政府管理,在独立后的美国宪法中甚至没有出现"教育"一词。从此,各州在过去的两个世纪内均制定、颁布了一系列有关高等教育的法律与管理权限的规定。美国公民中不是没有希望创办国立大学的精英,如美国前六任总统均有过这样的政见。更有甚者,华盛顿总统为了创办一所国立大学,曾亲嘱捐赠

---

① 弗莱德·哈克勒罗德. 美国州立大学、学院的成长 [J]. 丁安宁,译. 江苏高教,1986 (3).

一大笔遗产作为筹建资金。与此同时，一些州政府将区域内的学院改组为州立大学。但是，所有的这些努力都因为强大的宗教势力，以及各州崇尚独立自由办学的区域保护意识，而均告失败。

17、18 两个世纪，美国西部和南部地区新成立的州府不断涌现。开发和建设整个大西南，需要很多应用型人才。传统的欧式大学只能培养传教士，而且只为极少数上层人士服务，办学规模小。社会越来越需要用公款创建一批收费低廉，为更多民众服务的新大学。像 1789 年建立的北卡罗来纳大学，1801 年建立的佐治亚大学都是在这样的背景下创办的。虽然这些学校收费较为低廉，但是办学水平也不能令人满意，还比不上真正的大学。尽管是公办，州政府的拨款却并不固定，时多时少，学校的正常运行还不得不依赖私人捐赠和学费收入。州政府也不直接控制学校，仅仅以派遣学监巡视的方式来实施管理，学校主要由校外董事会负责①。正因如此，早期的这些州立大学秉承了殖民地时期的一些高等教育特点，在办学性质上更像是一所私立学院，而非公立大学。

新罕布什尔州曾计划把州政府资助的私立达特茅斯学院改为州立，但 1819 年高等法院做出"达特茅斯裁决"（Dartmouth Case），阻止了州政府接管私立学院的企图，确保了私立学校的永久合法性。应该说，真正意义上的公立大学是在达特茅斯案件裁决后才创办起来的。

（二）公立与私立大学的分野

要从经费支持途径上很好地区分公立大学和私立大学，是不切合实际的。特别是从现今来看，在公立还是私立方面，美国大学没有分得非常清楚。"作为私立大学典型的哈佛大学却依靠马萨诸塞州总法庭获得公共资金来维持机构运行；而北卡罗来纳州立大学却以获得丰厚的私人赞助来促进发展，许多州立大学也渐渐获得可观的捐赠……最近私立大学和公立大学一

---

① 易红郡. 美国州立大学的产生及发展 [J]. 湘潭师范学院学报，1999（5）.

样，学生都能获得联邦和州政府的住房补贴。"① 但是，在达特茅斯案件裁决后的那些年份里，公立、私立大学还是泾渭分明的。

19 世纪初，随着美国工农业生产的迅速发展，公民接受高等教育的需求越来越多，政府也认识到公立高等教育资源的不足。鉴于当时不少州政府成员也同时在私立学院董事会兼职，而且这些私立学院偶尔也能从州政府得到一些小额拨款，不少人觉得州政府可以利用这些私立学院的资源，整合成州公立大学，为公民高等教育福利事业服务。然而，这一主张遭到了学院传统势力的强烈反对，也引发了州政府与私立学院之间的矛盾纠纷。纠纷首先在达特茅斯学院（Dartmouth College）上演。

1814 年，达特茅斯学院第二任院长约翰·惠洛克（John Wheelock）不受董事会限制独立管理学院事务。此举引起了董事会的不满，董事会辞退了惠洛克。但是，由于以杰弗逊为代表的州民主党人的操作和支持，惠洛克与学院董事会对簿公堂。达特茅斯学院所在的新罕布什尔州议会通过如下决议：授予政府改造学院的权力；州政府指派学监，成立新的监事会；改学院为大学。这样的改革显然不会被所有的人接受，原先的董事会元老们拒不承认这些修正的合法性，造成了达特茅斯"一校两院"的格局。最后法院裁决：学院属公共机构，州议会有权修改特许状；如学院董事会拒不接受，州政府将强行接管②。在这一场美国高等教育史上著名的诉讼战中，达特茅斯学院因为获得民主党的支持而最终获胜。

达特茅斯学院案件的裁决在美国高等教育发展史上具有深远影响，达特茅斯学院案之后，原殖民地学院的法人地位得到了联邦法律的认可，以"法人——董事会制度"奠定的美国私立学院和大学的自治地位，未曾再遭遇过严重的挑战。此案结束了一些州政府控制所有高等学校的尝试，导致了美国公、私立高等学校的分野。比尔德（Charles Beard）在《美国文化的勃兴》一书中指出，这项判决给私立院校和州立院校的前进都廓清了道路，它提醒

---

① John A. Perkins. Government Support of Public Universities and Colleges [J]. Annals of the American Academy of Political and Social Science, 1955 (9).

② 易红郡. 美国州立大学的产生及发展 [J]. 湘潭师范学院学报. 1999 (5).

州政府不能违反原有学院的意愿而把它们改为州立学府①。在 19 世纪中叶的美国，以州立大学为主体的公共高等教育体系开始形成，并在私立学院高度自治的示范下，州立大学也获得了相当程度的自治权。

二、美国州立大学的兴起

面对学术界的不断追问，德里克·博克在《超越象牙塔》（*Beyond the Ivory Tower*）一书中明确指出大学必须承担社会服务功能的三大理由：第一，大学具有某种资源的垄断性，如学位授予权等。第二，大学的教育与科研能力是独特的，不能被其他机构所取代。第三，大学必须通过服务回馈社会，因为它接受了大量的政府资助②。因此，他认为大学服务于社会是毋庸置疑的，从这个意义上说，美国州立大学的创办就是为了践行大学的这一职能。

达特茅斯学院案件的裁决限制了州政府对私立大学权利的侵犯，随着私立大学的广泛兴起，又进一步削弱了联邦政府对整个高等教育的控制。1819 年达特茅斯案件裁决后，各州便开始自行创办大学，而第一所真正的州立大学是在杰弗逊领导下创办的弗吉尼亚大学。伯顿（J. Carroll Bottum）说过："解决今天的农民问题，包括扩大州立大学的活动范围，这就要求对他们的计划、新科目的发展、新方法的使用进行重新定位，以解决问题。因此，州立大学将把更多的精力和资源投入到农民问题中。"③ 独立战争之后，美国西进运动导致美国耕地面积不断扩大，农业劳动力严重缺乏。因此，迫切需要有新的农业机械、农业技术和高素质的技术人员来提高美国农业的效益，推动美国经济大发展。建国后的美国高等教育普遍轻视农业技术教育，造成了美国农业经济长期发展缓慢，效益低下，也影响了美国工业化的进程。当时的美国高等教育，按康奈尔大学第一任校长怀特的说法，就"像西班牙女修道院一样刻板、沉闷，

---

① 滕大春. 美国教育史 [M]. 北京：人民教育出版社，1994：217.

② Derek Bok. Beyond the Ivory Tower [M]. Cambridge, Mass. : Harvard University Press, 1982：64.

③ J. C. Bottum. The Center for Agricultural and Economic Adjustment [J]. Journal of Farm Economics, 1960 (5).

像波旁王朝贵族一样自以为是，自命不凡"①。大学游离于社会现实，对社会需求和社会变化漠不关心。而以农业为主的产业结构决定了学校只有提供实际训练，才能适应农业发展的需要，学生和家长也要求通过职业训练以获得一技之长。于是，著名的《莫里尔法案》在这种历史背景下产生了。

将兴办大学从个人热心转为政府行为，应归功于 1785 年的《西北土地法令》和 1862 年的《莫里尔法案》。美国政府将土地资助作为创办州立大学的手段，这不仅直接促成了一批州立大学的诞生，而且还在实际上孕育了一种新的办学理念。这种新理念就是由政府建立以免费的、面向全体民众为特征的公立高等教育体系——这一体系从市镇学校一直延伸到州立大学。《西北土地法令》规定，俄亥俄河以北、密西西比河以西的土地要为所有区、乡留出办学用地，并规定拨给每一所公立学校一块土地。这是美国高等教育史上第一部高等学校赠地法令，这个法令为新领地的开发办学树立了典范。《莫里尔法案》则进一步把赠地与办学结合起来，明确规定州政府要向州立大学提供土地，州立大学办学的学科与专业建设则定位于有关农业和机械的科目，作为对政府的回报。

作为殖民地国家，美国的高等教育最初在很大程度上沿袭了英国的大学特征，只为少数特权阶层服务，无法满足 18、19 世纪美国农工经济时代的需要。琼斯（Lewis W. Jones）在《州立大学的责任》（*The Responsibility of the State University*）一文中指出："州立大学的责任主要表现在内部责任和外部责任两个方面。内部责任包括：虽然承认宗教，但不属于任何宗教管理；所有院校（无论是学术型还是职业型）都应该免费等。外部责任包括：通过农学院或与公共机构合并，关注公民福利；关注社会和经济状况。"② 1862年，莫里尔向议会提交议案，建议"开办农工学院"，被林肯总统批准，并拟定著名的《莫里尔法案》。在这部法案中，明确了按照各州议员的人数，从联邦政府那里得到赠与的土地。但是赠地收入必须用来建立州立大学，而

---

① 转引自金维才．近代英国城市学院和美国赠地学院发展障碍与对策的比较 [J]．安徽师范大学学报：人文社会科学版，1997（4）．

② Lewis Webster Jones. The Responsibility of the State University [J]. The Journal of Higher Education, 1947（8）.

且所建大学必须开办农业和工程技术专业。这项法案为州立大学社会服务的开展奠定了坚实的法律基础，后来赠地学院也纷纷改建为州立大学。

直到 1890 年，国会又颁发了《莫里尔法案Ⅱ》。《莫里尔法案Ⅱ》要求在赠地学院里必须消除种族歧视，还要进一步扩大学科设置。正如琼斯在《州立大学的责任》一文中所说的那样："《莫里尔法案》把几代人梦寐以求的大众教育设想付诸实施，这种新的教育形式有两个层面的内涵：一是大众日益增长的对新技术所带来的社会福利美好前景的兴趣；二是在农业、工业和商业方面提高人们普遍追求的民主愿望。"① 因此，赠地学院的创立大大地促进了美国工农业生产和经济的发展。

三、美国州立大学的发展

《莫里尔法案》之后，靠赠地发展起来的美国州立大学最初又习惯地被人们称作"赠地学院"（Land-Grant Colleges）。20 世纪 30 年代，由于《莫里尔法案Ⅱ》的作用，赠地学院扩大了学科领域，一般主要有艺术和科学类、教师教育类、农学类、建筑学类、商贸类、牙科学类和工程学类等七大学科领域②。到南北战争爆发之前，美国当时的 27 个州中已有 25 个州建立了州立大学。州立大学强调培养实用型人才，但也并不排斥普通科学文化知识的传授。前加州大学校长、卡耐基高等教育委员会主席克拉克·科尔（Clark Keer）认为，美国现代公立大学的体系至此才开始产生③，州立大学的出现标志着美国公立高等教育的开端。

由于高等教育显效慢，不能带来直接的效益，因此，用公共财政拨款帮助州立大学办学被许多人视为对公众利益的损害。许多州立大学在很长时间内都没有获得定期的大量的拨款，特别是早期州立大学由于经费短缺、规模较小，教学必备的各项资源捉襟见肘。《莫里尔法案》对州立大学的发展起

---

① Lewis Webster Jones. The Responsibility of the State University [J]. The Journal of Higher Education, 1947 (8).

② With the Technicians [J]. The Journal of Higher Education, 1937 (1).

③ 王廷芳. 美国高等教育史 [M]. 福州：福建教育出版社，1995：131.

了很大的推动作用，而《莫里尔法案Ⅱ》还决定向各州的赠地学院继续提供联邦资助。两部法令适应了美国工农业迅速发展和人口激增对高等教育的需求，促进了美国高等教育为社会经济发展提供直接服务。

州立大学完善了美国高等教育体系，促进了美国高等教育社会职能的形成。因此，州立大学的产生和发展刺激了美国经济社会的进步。蔡斯（Harry W. Chase）在《州立大学的社会的责任》（*The Social Responsibility of the State University*）一文中说道："大学已经由只为少数精英人物服务的机构，转变为可以让大多数人接受教育的场所，大学也因此承担了相应的社会责任。大学的社会责任首先是教育公众、传播知识；其次是科学研究；最后是利用自身资源，通过多种渠道直接回报公众。"[1] 普利亚姆（R. Pulliam）则认为："公立高等教育除了教育学生外，还有发现新知识和应用知识两种职能。"[2] 另外，州立高等教育接纳少数民族学生、非国教学生、经济弱势群体学生以及女性学生，使得受教育群体多样化，同时扩大了课程设置的理念[3]。作为一种教育实验的赠地学院在没有成功经验的基础上，只能靠自己去探索。没有学生，他们自己去群众中宣传报道；教师与学生以农业教育为基石，一起学习，共同摸索，服务区域。鲍曼（Mary J. Bowman）说，有趣的是，早期低效率运行的赠地学院，也许成了日后美国经济发展储备人力资源的最高效的方式[4]。

四、美国州立大学的启示

在州立大学没有产生之前，大学以传递和研究高深学问为主要职能，以

---

① Harry W. Chase. The Social Responsibility of the State University［J］. Journal of Social Forces, 1923（5）.

② Roscoe Pulliam. Why We Need More State Universities［J］. The Journal of Higher Education, 1944（3）.

③ William W. Brickman. American Higher Education in Historical Perspective［J］. Annals of the American Academy of Political and Social Science, 1972（9）.

④ Mary J. Bowman. The Land-Grant Colleges and Universities in Human-Resource Development［J］. The Journal of Economic History, 1962（4）.

培养精英人才为主要目标，进入高等教育是少数出身好或者天赋高的人的特权。但是，随着科学的进步、工商业的发展，越来越多的人希望接受高等教育。于是，美国政府决定建立面向世俗、谋求平等、服务平民的新型大学。相比于美国的私立大学，这些更具有大众性的州立大学的产生，直接促进了美国高等教育的职能向服务社会的方向延伸，并为美国高等教育类型的多样化发展奠定了基础。

应该说，作为一种全新的办学模式，美国州立大学在创立之初面临着很多的困难，存在着很多问题，那些办学的先驱者也做出了众多的改革和调整，才保证了州立大学的不断发展。沃克斯（Works）认为，相当一部分州建立了太多的高等教育机构，执行着没有必要的重复职能，也就是说高投入、低效率；倡导州际公共高等教育机构事务的统一管理①。在关于办学经费方面，拉塞尔（Russell）通过调查发现，美国高等教育的财力支持主要来自四个渠道：投资获利、捐赠、学费、政府拨款。而事实上，投资获利、捐赠、学费都无法满足高等教育发展的资金需要，只有加大政府资金投入，发展高等教育才有可能成为现实②。

在院校合并方面，贝克尔（Becker）在研究大学合并对教职工的影响时发现，在任何一次院校合并中，一旦某种程度的悲伤不可避免，对人力资源管理的忽视将有可能对合并后的新校的热情产生消极影响③。无独有偶，哈顿（Hatton）的一项个案研究得出：在合并的基础上创办一所有向心力的新大学，应该从联合模式（federated model）转变为去中心化整合模式（decentralised integration model）④。

在师资队伍建设方面，帕福德（Pafford）断言，新兴的公立大学在师资

① George A. Works. Co-Ordination of State-Supported Higher Education [J]. The Journal of Higher Education, 1944 (3).

② John Dale Russell. Problems and Prospects of Postwar Financial Support [J]. Annals of the American Academy of Political and Social Science, 1944 (1).

③ L. R. Becker. The Impact of University Incorporation on College Lecturers [J]. Higher Education, 2004 (2).

④ Elizabeth J. Hatton. Charles Sturt University: A Case Study of Institutional Amalgamation [J]. Higher Education, 2002 (1).

队伍建设中必须注意克服"近亲繁殖"（extensive inbreeding）和"接受不合格研究生"（accepting unqualified graduate students）的现象，否则将会影响公立高等教育的质量 ① 。

在新的大学的课程建设方面，学者判断：传统的课程内容和设置很明显不能适应公立大学最初的教学目标。伦尼（Renne）认为，公立大学的学习内容应该少一些专门化，多一些综合性的学习，这样就会打破传统的刻板的课程体系②。詹姆斯（James）也提出，多学科合作对有效的教学、科研和拓展是必要的。他认为，为了获取专业化的好处，将赠地学院机构划分为学院、系已经阻碍了跨学科合作。因此，他倡导在赠地学院内建立系或院层面之上的机构以确保跨学科的合作与协调③。

尽管在公立大学的发展过程中有着不少困难需要克服，但是，作为一种全新的办学类型，州立大学依旧生机勃勃。可以说，正是州立大学的出现，才创新了高等教育的社会服务职能，推动了美国在世界范围内率先实现了高等教育的大众化和普及化。

（一） 政府是高等教育发展的主要推动力量

政府是社会办学的主体，在国家整个教育系统中扮演着指挥者的角色。政府的方针政策直接影响着高等教育的发展。在某种程度上说，美国高等教育乃至社会经济的迅速发展都取决于美国联邦政府《西北土地法令》《莫里尔法案》等一系列法令的颁布。拨地兴学保证了高等教育的资金来源，联邦政府用于教育的大量拨款也极大地推动了美国高等教育的发展④。因此，在国家财政允许的范围内，应不断增加教育投入，改善高等教育办学经费不足

---

① William N. Pafford. University Status for State Colleges: Boon or Boondoggle? [J]. Peabody Journal of Education, 1969 (6).

② Roland R. Renne. Land-Grant Institutions, the Public, and the Public Interest [J]. Annals of the American Academy of Political and Social Science, 1960 (9).

③ H. B. James. Discussion: Adjusting Land-Grant College Programs and Organizations [J]. Journal of Farm Economics, 1964 (5).

④ 潘燕. 美国西部地区高等教育的发展对我国西部地区高等教育发展的启示 [J]. 文教资料, 2009 (4 下).

的状况。同时，继续完善教育立法体系，加大教育法令法规的执行力度。

（二）区域高校应面向区域经济发展和社会进步培养技术人才

赠地学院创立之初，正值美国农业现代化开始起步之际，农业技术、机械制造、维修人才非常缺乏。因此，赠地学院开设了相应的专业，服务地方，为农业发展培养所需人才。这个时期美国赠地学院的特征是直接地、实际地为地方经济发展服务。在教学方法上，注重理论的实践运用，采取理论与实践相结合的方式，培养学生实际工作能力。

（三）开展应用性科学研究

由于赠地学院面向地方，服务农业，这就迫使其要注重科学研究，特别是加强农业科学研究，解决区域经济社会发展面临的技术问题。赠地学院建立农业实验站，进行农业科学原理及应用方面的研究与实验。由于实验站是政府资助的，因此，其研究成果公开面向所有的农场主，免费向农场主提供最新的科技成果，这对促进美国科技进步起了重要作用。

第五章 "新大学"个案研究

第一节 合肥学院：地方性、应用型、国际化

安徽省教育厅厅长程艺教授在"安徽省应用型本科高校联盟"第二届年会上，对应用型本科人才的培养规格做了一个风趣而又恰如其分的比喻，他说："我常不恰当地引用电影《南征北战》上的一句台词：'大炮是不能上刺刀的，解决战斗还得靠我们步兵'。"各种类型的大学都有它不可替代的作用，各类人才也都有用武之地，应用型本科教育要锻造"步兵"。应用型本科院校怎样才能打造出更多的"步兵"，更多地服务地方经济发展呢？程艺教授指出：一是实用型人才再多些。建设高教强省，并不是学校排名能说明问题的，更重要的是用对地方经济的贡献度来衡量。因此，贴近基层的实用人才将是未来安徽"新大学"振兴的基础。二是学科调整力度再大些。安徽省"新大学"的学科调整要以安徽近期的经济发展的方向和布局为依托，以皖江城市带、合芜蚌自主创新试验区、自主创新试点省为契机，明确调整方向，注重培养更多适应新兴产业自主创新需要和企业急需的技能型人才，适应城镇化建设和新农村建设需要的各类实用型人才。三是选课方式再灵活些。"新大学"要加强学生的动手能力和社会实践能力的培养，通过实行更加灵活的选课方式、强化实践环节、开设辅修专业或第二学位，使整个培养过程更加富有灵活性。此外，程艺教授还指出，将来安徽省要加大开放办学的步伐，要探索引进企业和社会的实践场所和嵌入式的实验室或培训基地，在国际合作中创新办学模式。而从这个层面上说，合肥学院是安徽省"行知联盟"的一个典型。

一、合肥学院概况

(一) 地理位置

合肥学院位于包公故里、全国科教名城、国家创新型试点城市安徽省省会合肥市。

(二) 学校类别

合肥学院是安徽省属,省政府与合肥市共建共管的一所多科性、全日制普通本科院校。学校是学士学位授予单位,硕士研究生培养单位,是安徽省重点建设的 5 所示范应用型本科高校之一。

(三) 办学理念

"地方性""应用型""国际化"(见图 5.1)。

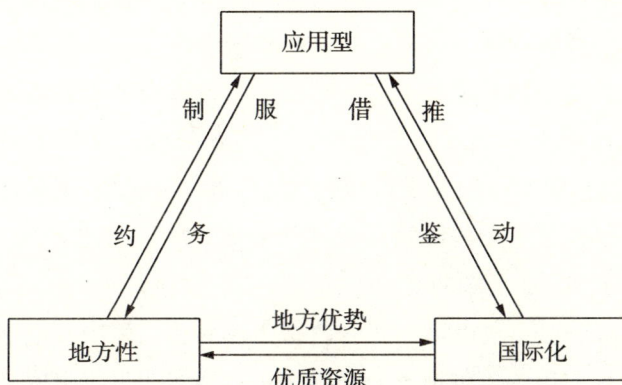

图 5.1 合肥学院办理理念

(四) 办学规模

学校占地 1500 多亩,校舍建筑面积达 36 万平方米,教学科研仪器设备总价值近 9000 万元;全日制在校生 14000 多人,留学生近 200 人。

（五）师资队伍

学校教职工近 900 人，专任教师接近 700 人，近 70% 以上的专任教师具有硕士、博士学位，90 余名教师曾赴德国应用科学大学进修学习；学校有教授 45 人，外籍教师 20 人。

二、合肥学院的发展

合肥学院是在原合肥联合大学的基础上，合并合肥教育学院、合肥师范学院而形成的，2002 年经教育部批准，成为一所省市共建共管的省属本科院校。

（一）学校筹建——"吃百家饭"

作为合肥学院主体的合肥联合大学创建于 1980 年 10 月 11 日。合肥联大是中国第一所自费走读大学，其一成立，就显示出独具特色的办学方式。为广泛动员各方办学力量，合肥联合大学实行董事会领导下的校长负责制，董事会由合肥地区高校领导、专家、教授和社会上知名人士组成，合肥市委书记郑锐任董事长，中国科学技术大学副校长、著名科学家杨承宗教授（约里奥·居里夫人的博士）出任第一任校长。筹办阶段，合肥市出资 16 万元、200 张自行车票；中国科技大学提供教室、实验室、图书馆；合肥地区的高等学校提供教师。学校创建伊始是秉承"开放办学"理念，靠"吃百家饭""摸着石头过河"发展起来的。

学校实行联办公助的办学形式，自费走读为主，适当收取学费；毕业不包分配，由学校向用人单位推荐，择优录用；在专业设置上紧密与社会需求结合，根据经济建设部门用人需求决定；学校没有庞杂的行政机构，打破了传统高校的条条框框，走后勤社会化之路。合肥学院办学的先驱们勇于创新，敢于实践，赋予了学校"开放""改革""创新"的文化内蕴。

（二）本科建设——地方性、应用型

合肥学院在探索应用型本科教育的实践中，瞄准地方经济社会发展的需

求，借鉴德国本科应用型人才培养体系，改造传统的专业，改革课程教学内容和教学模式，走出了一条富有特色的应用型本科教育之路。德国大众轮胎公司宣布，将于 2008 年在安徽合肥落户，整个投资折合人民币达数十亿元。这也成为合肥有史以来最大的一个外来工业投资。合肥何以能在众多候选城市中胜出？德方人员一语道破天机：合肥学院有我们需要的毕业生！①

作为一所城市大学，合肥学院在建校之初，就紧紧依托合肥市的汽车及工程机械、家用电器、化工及新型建材等 8 大支柱产业，将学科建设、专业设置、人才培养紧贴合肥产业发展的重点领域。目前，学校重点建设的 43 个本科专业定位基本做到了与合肥支柱产业发展接轨，建立了一个以经、工、管为主的专业发展结构模式（见表 5.1），有力地推动了应用型本科院校的建设。

表 5.1　合肥学院现有 43 个本科专业学科结构分布

本科专业数	工　学	经济学	管理学	文　学	理　学	教育学
43	16	3	8	9	5	2
100%	37%	7%	18%	21%	12%	5%

2008 年岁末，中共中央政治局委员、国务委员刘延东在看到新华通讯社刊载的关于安徽省合肥学院借鉴德国应用科技大学的办学模式，结合中国国情，创新我国应用型本科院校建设的报道后批示："各地许多高校（合肥学院）采取多种形式创新办学模式，一些做法很好，有的可以在省里推广。"时任教育部副部长吴启迪在考察合肥学院后指出："你们的办学思路、办学定位很有特色，很有创意，非常好！"原中国高等教育学会会长、原教育部副部长周远清在合肥学院现场调研后赞不绝口："合肥学院的办学很有特色，或者说正在走出一条很有特色的路子；合肥学院已经走出了一条开放的地方性的应用型高校发展道路，要继续走下去。"他还欣然题词：立足地方，办出特色，坚持开放，提高质量。

---

① 俞路石. 定位与需求对接：合肥学院专业建设瞄准产业发展［N］. 中国教育报, 2008 - 08 - 21.

合肥学院自建校伊始就把"地方性"作为学校的服务面向定位,把"应用型"作为人才培养规格的定位。立足地方,服务地方,做一所真正融入地方的大学,做服务地方社会、经济、文化发展的平台。据初步统计,合肥学院毕业生68%在合肥市工作,80%在安徽省内工作。与此同时,合肥学院已经成为安徽省与德国、韩国在社会、经济、文化交流合作上的平台,深得安徽省政府和合肥市政府的信任。真正实现了"以服务求支持,以贡献求发展"的良性互动。

以合肥学院为纽带,安徽省在与德国、韩国等国的交流和经济社会合作方面取得了很好的进展。以合肥学院合作办学作为平台,以教师与学生的交流作为基础,以科研和教学合作作为动力,不仅带动了合肥学院自身的发展,而且有力地推动了安徽省与德国、韩国等国的经济社会的合作与交流。目前,安徽省政府先后建立的"中国安徽-德国中心""中国安徽-韩国中心"都设在合肥学院。由合肥学院牵线搭桥,合肥市和德国的奥斯纳布吕克市结成友好城市,澳威德建材、大陆轮胎、柏林水务、汉洪物流、麦德龙等德国知名企业纷纷来安徽合肥投资兴业;合肥学院还促成了合肥市和韩国瑞山市结成友好城市,推进了合肥市中小学与韩国的交流合作,引进了韩国芯片企业在合肥建成投资7亿美元的外企。凡此种种,我们不难窥斑见豹,合肥学院在融入地方,以贡献求支持,以奉献求发展上取得了令人鼓舞的成绩。

(三)发展态势——国际化

安徽省政府与德国下萨克森州在1984年签署了一份友好合作协议,当时的合肥联合大学(合肥学院前身)与下萨克森州相关高校进行教育合作,为该协议的重要内容之一。学校借鉴德国部分高校先进的办学理念,探索出一条符合该校实际的应用型高校发展之路,得到中央、省部领导和主管部门的充分肯定,形成了较为鲜明的办学特色。在此基础上,合肥学院还先后与日本、韩国、美国、加拿大、瑞典等国的高校开展合作项目,进一步拓展国际交流。

应安徽省教育厅邀请,合肥学院友好学校德国汉诺威应用科技大学副校长霍恩教授受聘合肥学院,2008—2009年度,霍恩教授以副校长的身份在学院工作一学期。德国汉诺威应用科技大学多年来为德国诸多领域培养了大批应用型人才，霍恩教授长期担任汉诺威应用科技大学的副校长，对应用型人才的培养和教学有着丰富的经验，他多次来合肥学院进行讲学和交流，并曾亲自带德国学生与合肥学院学生开展 workshop 项目活动。中德高校之间开展合作培养学生的模式，受到教育部领导的充分肯定。

1998 年，合肥学院留学生赵诚惠女士毕业后留校任教，为中韩友好合作做出了突出的贡献。2002 年，她获得中国政府颁发的"国家友谊奖"，成为第一个获此殊荣的韩国人。

通过 20 多年的国际教育合作与交流，该校的办学理念进一步提升，培养应用型人才的办学内涵更加丰富，巩固了该校国际化的办学定位，大大提高了该校的办学水平。

在"国际化"办学定位的引领下，合肥学院充分发挥国际合作对应用型本科教学质量提升的"添加剂""催化剂"的作用，注意从四个方面促进国际合作：一是培养具有国际化视野的师资队伍。合肥学院从 1985 年开始，利用友好省州关系，先后派出 60 多名教师赴德进修或交流访问，同德国多所应用科技大学在生物、化工、建筑、机械、电子和管理等专业建立了联系，由此也推动了中德合作办学的快速发展。二是形成立体效应。与安徽省政府、合肥市政府合作在学校建立"欧盟亚洲链"等平台，促进了省州的经济文化交流；双方高校间的广泛交流，特别是双方教师、行政管理人员的互访，对教学实践和项目开展产生较大影响；与地方互动，从引智出发，让外国专家深入企业，服务地方，实现科技创新，并利用校企合作举办招商会，为扩大合作办学规模奠定了坚实的基础。三是促进相关学科与专业建设。合肥学院邀请外方专家研讨学科发展趋势，参与编写教学大纲和设置课程内容，把应用型和国际化融合起来。四是实行项目管理制。对所有合作项目采用项目管理制，项目组人员一般由院系组成，明确学校、院系（包括项目负责人）、项目协调部门的责权利，调动了各方的积极性，有效推动了项目的实施。

经济全球化必然带来高等教育的国际化，换句话说，高等教育国际化是在经济全球化背景下应运而生的，是世界经济一体化进程的必然产物。为实施开放办学战略，势必走"国际化"办学之路。那么，国际化与地方性是不是相互抵触，难以共生的呢？事实上，各国高等教育国际化的同时，试图在国际高等教育体系中彰显优势，赢得地位，就必须在本土化、地方性上下功夫。高等教育的国际化不等于一体化、趋同化。

近年，学校正在大力推进国际合作交流，并于 2009 年学校召开了国际合作交流工作会议，积极开展调查研究，吸取兄弟高校的经验，夯实国际合作办学与交流的基础。

（四）办学成效

合肥学院坚持以生为本，关注学生的能力培养，注重学生自主就业能力和创业能力的培养。在合肥学院的学生中，既有获得全国大学生电子设计竞赛一等奖的，也有获得全国大学生文艺展演二等奖的，更有十多名学生在全国大学生击剑比赛中夺魁。

在学科与专业建设上，合肥学院的国家特色专业建设取得较大进展：生物与环境工程系生物工程专业为国家级特色专业，2009 年 9 月电子信息工程、物流管理专业双双成为国家级特色专业建设点；计算机科学与技术（服务外包方向）也已通过国家级特色专业建设点审核；电工电子实验室为省级基础实验室；2009 年该校的"借鉴德国本科应用型人才培养体系的研究、创新与实践"项目获第六届高等教育国家级教学成果二等奖，另获省级教学成果奖一等奖 1 项、二等奖 2 项、三等奖 2 项；该校在 2008 年省级质量工程项目评选中获得可喜成绩，荣获高等学校省级教学成果奖特等奖 1 项、一等奖 3 项、三等奖 4 项；微生物学获批为第三批省级重点学科，电子信息工程专业和物流管理专业分别获批为第一批高等学校特色专业建设点；大学数学课程教学团队获批为第一批高等数学省级教学团队，基础实验与实践教学中心获批为第一批高等学校省级示范实验实训中心；获批高校重大教改计划立项 1 项。

合肥学院利用欧盟亚洲链等平台，以及国家开放实验室研究项目、国家863 计划研究子项目等积极开展学术交流和研究活动。学校充分利用对外交流上的优势，成功举办了中德韩"新时期青少年教育和体验学习国际研讨会""中韩新农村建设研讨会"及"中德应用型高等教育研究与发展论坛"等大型学术会议，学术交流日趋活跃。

三、合肥学院可持续发展的教学策略

合肥学院院长蔡敬民教授在针对人才培养规格的调整时打了一个这样的比方："市场需要的是包子，我们送出的就不能是面包。"目前，我国社会经济发展需要大量高级应用型人才，"新大学"想破解就业难题，培养适需人才，就不能按图索骥，"复制"老牌本科院校的教学模式，"克隆"它们的教学路径，而是必须走应用型之路。

（一）增加一门课

合肥学院曾经做过一次调查，发现农村来的学生一般都是由班主任帮他们选择专业，城里学生则很多由父母帮助选择专业。不少学生根本搞不清这个专业将来要干什么，学习目的不明确，学习兴趣提不起来，所以学习动力不足。这是一个不容忽视的问题，在我国大众化高等教育走过十几年的历程后，真正能够摆脱精英教育下的思维方式来考虑大众化阶段高等教育中出现的种种现象的学生并不多见。加上普通高中沉重的课业负担，迫使学生不可能有多余的精力去思考自己的喜好、个人的职业倾向和未来的职业，当然也就不会去思考即将在大学校园里所学的专业。因此，在大学新生入学教育时，为了增加学生对大众化高等教育下"大学生"的理解，对所学专业内涵的了解，增设"专业导论课"，以增强学生对所学专业的理解，提高认同感，这对每一位大学新生来说都十分必要。为此，合肥学院将给每一个专业学生开设20个学时的"专业导论课"，安排各系知名教授主讲，并聘请业界知名人士客串讲解这个专业将来主要学什么，要用什么方法来学，增加学生对专业的认知度和认同度，使他们更好地规划大学四年的学习生涯。

（二）增添一个学期

为了加强学生的感性认识，在理论学习过程中推进应用型人才培养工作，提升学生的实践能力，更好地适应未来工作，合肥学院将德国应用科技大学的认知实践学期引进教学改革，在本科生传统的四年制 8 学期的基础上，增加一个小学期，即"9 学期制"。在合肥学院这一小学期被称作"认知性实践学期"，它被安排在大学二年级之后，三年级之前。在这个暑期接近 3 个月的"小学期"里，学生通过在专业岗位上的认知实习，感受职业要求，提高专业认识，反思学习策略，激发学习热情。并可以根据"小学期"的学习体会，及时调整自己的学习计划，返校后对课程选修做出调整和补充。

（三）改变一种教学模式

合肥学院依据德国应用科技大学的办学经验，积极探索和开发模块化教学模式，增加"生成性"教学内容的权重，注重研究型学习。具体的调整思路是：基础课要适应，课时适当减少；专业基础课要管用，优化和整合课程内容，降低重复性；专业课要理论联系实际。

什么是模块化教学呢？模块描述的是围绕特定主题或内容的教学活动的组合，即一个模块是一个内容上及时间上自成一体的教学单位。它可以由不同的教学活动组合而成，人们可以对其进行定性（内容）和定量（学分）的描述，并且它还必须能够被评判（通过考试）。每一个模块都是一个总体的构成单位（如同一块建筑材料），在这个总体中的每一个模块都具有特定的功能。各单个模块均可以被其他模块替换，这样就使得整体组合的多样性成为可能。一个模块化体系是非常灵活的，因为在其组合过程中及在其组合完成后还能够进行改造和模块的重新组合。将大学学习内容模块化，首先意味着教学结构的重新组织，一个模块化的教学结构是由许多模块构成，每一模块又由若干教学活动组成。在此过程中，像授课、练习、实习、学术考察及研讨会等教学活动将被按照特定主题归纳成为独立的单元，即模块。

模块化的优点在于：可满足高校及学生日益增长的对个性化学习的需求；实现教学组织更高的透明化及有效性；灵活的教学安排更好地适应社会经济发展的变化；以问题为导向的课程内容提升了学生所学理论与实践的融合度。

（四）改革一种考核方式

我们首先来比较一下欧洲与我国大学的学分及其分配情况（见表5.2)①：

表5.2　欧盟与中国大学学分及其分配

	欧盟的大学	中国的大学
总学分	180 个学分	约 180 个学分
每学分折算学时	30 小时课内外学习时间	16—18 课时②
总学时	5400 小时	3200 课时
自主学习环节	2900 小时	800—1100 课时

从表5.2中，我们可以看到，欧盟大学生有55%的学时数被安排在学生自主学习和课程的实践性环节上。同时，欧盟大学生学分的计算是涵盖课内外学习时间的。而我们一直以来疏略了课外学习，在教育的总体设计中就只简单建立了学分与课时之间的对应关系，根本没有去考虑学生的自主学习。由于我们的学分基本上是按照课堂教学时数分配，因此，我们的学生实际上的学业负担要远远轻于欧洲大学生。

针对这一现象，合肥学院大胆改革了传统的学生考试方式，采用了"N+2"的考试方案。在这一方案设计中，"N"是指平时考核次数，权重为0.5，要求任何一门课程N应在3—5次之间；"2"是期末考试和平时学习笔记，权重分别是0.4和0.1。

---

① 蔡敬民，等. 基于过程监控的高校考试制度改革研究与实践 [J]. 教书育人·高教论坛，2008（7）.

② 在国内大学，目前的1课时标准时间从40分钟到50分钟不等。

这一考试方案的主要特点表现在两个方面：一方面，重视学生的学习过程（平时的测评和课堂笔记占有 0.6 的权重），关注学生的学习精力的投入程度和课堂教学的参与程度；另一方面，降低期末考试的权重，把学生的学习精力转移到过程学习之中，减少死记硬背，提高知识的迁移度。

四、合肥学院可持续发展的启示

合肥学院的成功来源于他们综合分析社会需求和我国高等教育系统中不同类型院校的办学实际，把握大众化高等教育发展的态势，结合自身优势，锐意改革，大胆创新，探索了一条特色鲜明的应用型本科教育实践之路。目前，合肥学院已经拥有了较好的社会认可度和美誉度，学生报考踊跃，高考录取分数线逐年攀升（见图 5.2）；同时，毕业生就业率高（见图 5.3），连续多年受到安徽省教育厅表彰，真正实现了"进口旺，出口畅"。合肥学院从 2002 年升格以来，其持续发展的动力来源于学校准确的定位和在应用型人才培养上的不断探索。

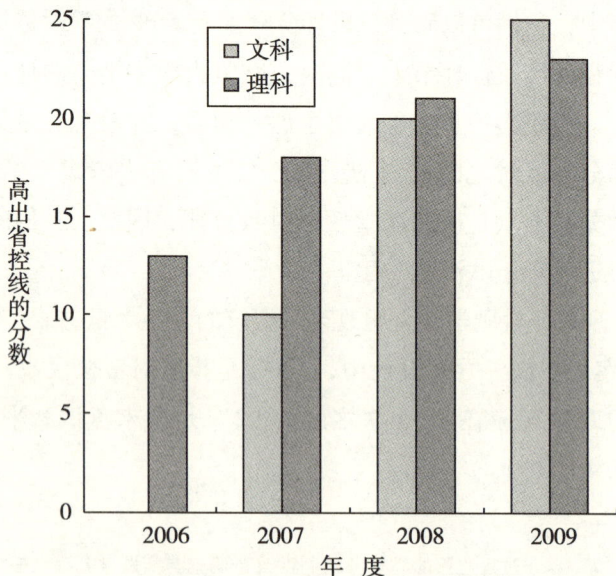

图 5.2　文科理科招生分数线比省控分数线逐年提高

（%）

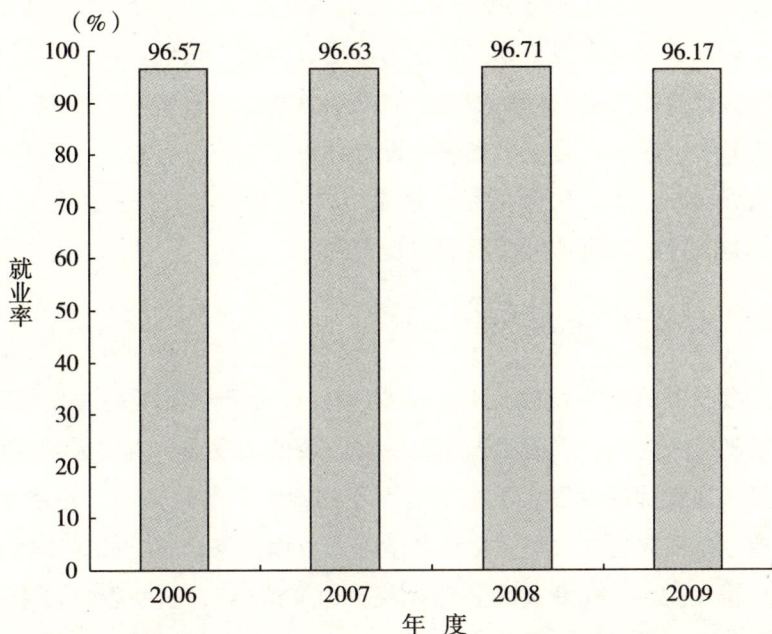

图5.3 合肥学院2006—2009年度学生就业率（2009年度为截至当年8月底数据）

（一）调整结构，准确定位

大众化让高等教育由原本的单一结构，变成了多元复杂结构，多样化是高等教育大众化的主要特征。在大众化高等教育的庞大体系之中，"新大学"从"外延式"的发展转变为"内涵式"的发展，必须要清除精英教育背景下的沉疴，从师资结构（包括教师的知识结构、能力结构等）和学科与专业结构上进行调整，加大"双能型"教师的比重，增设应用型的学科专业，准确定位，主动适应社会经济发展对人才规格的需求，实现可持续发展。

当然，要做到这一点，最重要的基础还应该是一所学校领导班子的先锋意识和前瞻性的理念。杜德斯达在《美国公立大学的未来》（*The Future of the Public University in American*）一书中写道："一个关键的人事变动是带来新领导所必要的……事实上，有些变化的步伐需要领导者们采取'立即执行'的措施,做出自上而下的决策,然后迅速执行。"① 合肥学院院长和分管科研的副院长都是有留学德国背景的博士、教授,谙熟德国应用科技大学的办学经验,具有先进的应用型大学的办学理念;分管教学的副院长是多年研究高等教育的教授,是安徽省院校设置评审专家,具有较高的理论水平和丰富的实践经验。尤其重要的是,这是一个团结向上、锐意改革的领导班子——这是支撑学校可持续发展的宝贵资源。

(二)以人为本,以用为先

可持续发展的根本出发点是以人为本。在合肥学院可持续发展的过程中,学校把以人为本、以用为先作为一切改革的出发点,主要表现在两个方面:一是关注教师的发展。学校不但在不到 600 余名教师中,外派 90 多人出国深造,感受先进的大学文化和办学理念,而且来合肥学院做工作访问和讲学的外籍教授达 200 多人次(三人获黄山友谊奖),这些教授带来了先进的大学文化,也直接影响了学校教师的成长。二是关注学生的个性化学习设计,无论是专业导论课的设置、"模块化"教学改革,还是"公共体育俱乐部"教学形式,都充分体现了以人为本、以用为先的办学理念,用个性化的课程设计为学生提供充满弹性的学习空间。

(三)瞄准市场,学以致用

系统论将认识论从单纯的"实物中心"向"系统中心"推进了一步,它使"基质—结构"的二维认识,进入到"要素—结构—功能"的三维认识。传统的精英教育是在"卖方市场"娇惯下的宠儿,是完全的"实物中心"的思维,它们在"高深学问"的昭示下按学科内在逻辑来培养人才。大众化让高等教育从"卖方垄断市场"转变为"买方市场",从只闭门"培养人才"转变到瞄准市场探寻"培养什么样的人才",从只畸视"基质—结构"到重视"功能"统摄下的"要素—结构",做到以市场为导向,在高等

---

① 杜德斯达,沃马克.美国公立大学的未来 [M].刘济良,译.北京:北京大学出版社,2006:150.

教育的大系统中找准不同类型高校的位置。"新大学"就是要转换视角,开阔思路,避免因体制的失调、行为的偏颇、价值观的混乱等人为因素而造成对高等教育生态系统的破坏,进而影响自身可持续发展战略的实施。

(四)理念先进,敢为人先

合肥学院的应用型本科教育有着一系列富有独创性的"概念","模块化教学"、"公共体育俱乐部"教学、"N+2"以及"三自选课"等等,这些都作为一个个符号表征着合肥学院敢为人先,全面推进应用型本科教育教学改革的历程。与此同时,作为一所"新大学",合肥学院在其办学定位中突出"国际化"着实让人耳目一新。"全球化已渗透到大学校园的每一个角落,对每个师生都发生着实际的影响。同样重要的是大学的经营策略也开始受到全球化导向的影响,须面对全球性教育市场的竞争,这种竞争至少包括三个层面:争人才、争研究资源、争学生。"① 为实施开放办学战略,学校坚持走"国际化"办学之路,积极主动推进国际合作交流,在"国际化"定位的推动下,学校各项工作在高起点、高标准的层面上取得了可喜的发展。

第二节 行知联盟

一、国内外的典型高校联盟

战略联盟实际上是一种"双赢"的合作战略,其概念首先由美国 DEC 公司总裁简·霍普罗德和管理学家罗杰·内格尔提出。它指两家或两家以上的公司为实现相互匹配的战略目标而形成的一种紧密的合作关系,这种合作关系涉及一个长期的承诺,而不仅仅是为一个问题提供短期解决办法。进入20世纪90年代,全球经济多极化的发展,进一步加剧了区域性全球经济一体化和区域集团的竞争,为了适应全球竞争和国际合作向更高层次和更新形态发展,提高资源优化配置、产业结构调整、科技创新和增强竞争的实力,

---

① 郭为藩. 转变中的大学:传统、议题与前景 [M]. 北京:北京大学出版社,2006:133.

国际间和企业间的相互依存性大大增强，这是战略联盟形成的基本动因。高校战略联盟指的是在两个或者两个以上的高校（或高校与其他特定组织）之间，为达到一定的战略目标，受共同认可的协议和合同制约而形成的合作关系①。

国内外基于资源共享的高校战略联盟已不鲜见，仅在美国就有"常青藤联盟"（Ivy League）、"克莱蒙特大学联盟"（Claremont Colleges）、"五校联盟"（Five colleges Consortium）等；我国自高等教育进入大众化阶段，也涌现出一些高校合作联盟，比如"长三角名校联盟""中国名校 C9 联盟"等。

（一）常青藤联盟

高校联盟最著名的是美国的常青藤联盟。在美国，常青藤联盟家喻户晓，无论是哈佛、耶鲁，还是这个高校联盟的其他成员，都是那些学习拔尖、特长突出学生梦寐以求的求学场所。常青藤盟校的说法来源于 20 世纪的 50 年代，早期的常青藤学院只有哈佛、耶鲁、哥伦比亚和普林斯顿 4 所大学，后来又扩展到 8 所，它们是哈佛大学（Harvard University）、耶鲁大学（Yale University）、哥伦比亚大学（Columbia University）、宾夕法尼亚大学（University of Pennsylvania）、普林斯顿大学（Princeton University）、康奈尔大学（Cornell University）、达特茅斯学院（Dartmouth College）、布朗大学（Brown University）。

几乎所有的常春藤盟校都以苛刻的入学标准著称，很多学校还在特别的领域内拥有很高的学术声誉，例如：哥伦比亚大学的法学院、商学院、医学院和新闻学院；康奈尔大学的酒店管理学院和工程学院；达特茅斯学院的塔克商学院；哈佛大学的商学院、法学院、医学院、教育学院和肯尼迪政府学院；宾夕法尼亚大学的沃顿商学院、医学院、护理学院、法学院和教育学院；普林斯顿大学的伍德鲁·威尔逊公共与国际事务学院；耶鲁大学的法学院、艺术学院、音乐学院和医学院；等等。这 8 所大学都是美国首屈一指的

---

① 金凤，朱洪镇. 基于资源共享的高校战略联盟研究 [J]. 沈阳航空工业学院学报，2008 (6).

大学，历史悠久，治学严谨，许多著名的科学家、政界要人、商贾巨子都毕业于此。这些名校都有严格的入学标准，能够入校就读的学生，自然是品学兼优的好学生。学校统一采取"只择优录取，不问家庭收入"的严格录取原则，保证了这些名校几百年长盛不衰。

由于其悠久的历史和培养出众多精英人才，常青藤盟校是全世界接受捐款最多的大学。8 所学校各自收到的捐款总值都超过 10 亿美元，而除了布朗大学之外，其他 7 所学校均收到几十亿美元的捐款。其中哈佛大学收到的捐款总额达到 193 亿美元，是全球最富有的大学；耶鲁大学列第二，收到的捐款总额达到 110 亿美元。哈佛大学在波士顿和剑桥市地区拥有总面积达 1.8 平方公里的土地，而哥伦比亚大学是纽约市第二大地主，它的土地价值可能是全世界大学中最高的[①]。

（二）克莱蒙特大学联盟

在洛杉矶以东的克莱蒙特小镇，有一所以高水平的本科生博雅教育和有特色的研究生教育而闻名美国乃至世界的私立大学，其正式名称为"克莱蒙特学院"，实际上是由 5 所独立的本科院校和 2 所研究生院组成的"独立学院联合体"。克莱蒙特大学联盟成立于 1925 年，其 5 所本科院校分别是波莫纳学院（Pomona College）、斯克瑞普斯学院（Scripps College）、哈维·穆德学院（Harvey Mudd College）和匹泽学院（Pizer College），2 所研究生院分别是克莱蒙特大学（Claremont Graduate College）和克柯研究所（Keck Graduate Institute），该联盟所有院校的文理学院均名列全美大学文理学院前 50 位。"克莱蒙特大学联盟"有一个独立于 7 所学校之外的中央协调机构，这个机构有一个监督理事会，并设立了 10 多个特别委员会，从而形成一个工作网络，负责联合体有效的管理并监察联合体的合作。各个学院之间在克莱蒙特大学联盟的协调下，开展了十分灵活的合作和协调活动。这些活动主要集中在教学和研究方面，包括跨学院注册、跨学院学习、跨学院项目、兼职教授、学生校外学习项目等。跨学院修课是克莱蒙特大学联盟最为骄傲的成

---

① http://www.gz-visa.cn/USA-study-visa/20090429/Ivy-League-schools/.

就，学生用在一所学院注册的成本，却同时能享有几所学院提供的课程①。克莱蒙特 7 所学院各有自己的价值、课程和研究追求的重点，但是 7 所学院在同一个校区协作发展，向我们展示了一个与众不同的、成就卓越的大学发展模式。

（三）五校联盟

美国的高校校际合作办学起源于 1925 年的克莱盟特大学联盟，在其高校校际合作史上，位于马萨诸塞州西部涅狄河谷的五校联盟是公认的最成功的校际合作办学的典型之一。它包括阿姆赫斯特学院（Amherst College）、曼特霍利尤克学院（Mount Holyoke College）、史密斯学院（Smith College）、汉普斯切学院（Hampshire College）和麻省大学阿姆赫斯特分校（University of Masssachuest Amhest）。联盟中前四所学校属于本科学院，后一所是广博型的研究型大学。

五校联盟的宗旨是资源共享，为广大学生提供一个更广阔的发展空间。目前的合作项目有学生跨校选修、教师互聘、讲座、图书资料共享、信息技术合作、社区合作服务等。五校开放的跨校注册为联盟体的学生提供了更多的选择机会，五校联盟为广大学生提供了近 6000 门课程，每年有近 4500 名学生跨校选课。通常新生在第一个学期是不能跨校选课的，而且每个学生在本校所选的课程不能少于两门。联盟成员教师在院长的许可下可以到联盟中其他学校去授课，目前有多种形式来进行教师互聘：一种是一对一的互聘（one-for-one-exchange），这主要是在系与系、部门与部门之间的互聘，这种互聘没有额外的补偿，同时他们的课程负担仍保持原来的状态；一种是加班时的互聘（overtime exchange），这种项目是在"五校联盟"教师合作相关部门的管理下进行的，同时这些部门要对这些教师进行适当的补偿；还有一种是闲暇时的互聘（released-time exchange），这种项目的聘方必须向受聘方提供补偿。每个学期，联盟还会相互邀请一些著名的人士、学术团体、艺术团体等来成员校进行讲座等等。

---

① 参见 http://www.cvae.com.cn.

在美国的高校校际合作办学的历史上，建立了不少联盟。但是，五校联盟被认为是最成功的。这是因为：第一，大学之间相互的文化认同。五校联盟之间有着悠久的、良好的合作传统，因此进行合作比较容易让人接受。第二，五校联盟的合作内容是丰富多彩的。第三，在合作上还注重与社会的联系。第四，良好的管理保障和资金保障也是五校联盟成功的一个原因。第五，学校间的互补性是五校联盟成功的一个重要因素。五校联盟由 4 所本科生学院和 1 所研究型大学组成，4 所本科生学院主要提供本科的课程，1 所研究型大学则提供除本科生课程之外的硕博士课程。这样一来，既有本科生的课程，也有研究生的课程，形成了一定的互补性①。

（四）澳大利亚"G8"高校联盟

澳大利亚"G8"高校联盟（Group of Eight，简称 G8）是 1994 年开始以非正式的校长组织的方式运作的。1999 年 9 月，为保持澳大利亚世界一流的教学水准，八校集团正式成立。这 8 所大学都属于研究型大学，每所大学都在不同的领域成果斐然。它们分别是阿德莱德大学（The University of Adelaide）、澳大利亚国立大学（The Australian National University）、墨尔本大学（The University of Melbourne）、莫纳什大学（Monash University）、新南威尔士大学（The University of New South Wales）、昆士兰大学（The University of Queensland）、悉尼大学（The University of Sydney）、西澳大学（The University of Western Australia）。联盟内的 8 所成员大学均具有强大的学术研究实力，同时注重全面综合的基础与专业教育。

（五）长三角名校联盟

"长三角名校联盟"的构想源于 2003 年，当时《钱江晚报》大胆畅想：在长三角区域经济走向一体化融合的过程中，代表科研和教育最高水平的高等教育也应加快融合，打破传统的学术壁垒，以新机制和新思路来加快优秀人才的培养，形成"学术常青藤"。尤其像复旦大学、上海交通大学、南京大

① 朱剑. 美国的五校联盟探析［J］. 现代教育科学，2006（2）.

学、浙江大学等名校如联手合作，其产生的人才核聚变的能量将可想而知。

这篇报道在当时的长三角名校中反应强烈。复旦大学率先响应，浙江大学、上海交大、南京大学紧随其后。由此，"长三角名校联盟"的称谓也开始为公众所知。长三角名校联盟在人才培养方面的实质性合作与交流主要体现在三个方面：促进四校学生联合培养、增加研究生互换保送名额、实行教师交叉任课①。四所学校可以通过网络，互相开放选课系统，扩大联盟学校之间的研究生免试直升名额；促进优质教育资源的互动与共享，提高教育质量，建设具有世界先进水平的大学，更好地为国家和地方服务。

（六）中国名校 C9 联盟

建立中国版"常青藤高校联盟"，一直是诸多国内顶尖大学的心愿，它既可以通过交流互补优势，又能够加强自主创新能力，早日让中国的高等教育赶超世界一流。北京大学、清华大学、浙江大学、哈尔滨工业大学、复旦大学、上海交通大学、南京大学、中国科技大学、西安交通大学等 9 所国内一流学府在 2003 年共同发起了"一流大学建设系列研讨会"，之后每年召开一次。在 2009 年 10 月召开的第七届年会上，这 9 所国内名校结盟，并签订《一流大学人才培养合作与交流协议书》，在人才培养、科学研究等领域加强合作与交流，优势互补。

中国版的"常青藤联盟"将联合推进本科生交流和研究生联合培养。在本科生层面，9 校将开展课程学分互认和学生第二校园学习交换，这意味着交换生可以在另一学校进行学习，获得的成绩和学分得到 9 校的互相承认；在研究生层面，他们将设立学科培养平台，申请面向 9 校研究生，获准者可进行半年以上的访学研究，获得的课程成绩与学分同样得到互认。

在学科建设上，9 校将联合开展教材建设，共同培训青年教师，建立和发布以精品课程为主的学分互认课程目录，建立共享的远程教育平台。此外，还将建设专门网站，建立博士学位论文网上相互评审系统，并增加以本科生为主参加的野外考察、生产实习等专业实践活动。不仅如此，初出茅庐

---

① 刘君. 长三角名校联盟：中国常春藤盟校雏形显现 [J]. 教育与职业，2007（1）.

的"C9"还将加强与美国常青藤联盟、澳大利亚"G8"等国际著名大学组织的交流与合作,扩大"C9"的国际影响。

二、行知联盟——安徽省"新大学"联盟

高等教育资源是一种社会资源,是人力资源、物力资源、财力资源以及科技资源、信息资源、管理资源等非自然资源的综合。自 20 世纪末,我国的高等教育进入大众化阶段,高等教育的人力资源、物力资源、财力资源都成为一种稀缺资源。特别是我国高等教育资源的现状:一方面是资源的严重不足,影响高校快速发展;另一方面又是资源的严重浪费,结构不合理,使用率低下。这些都要求在市场经济条件下,必须提高高等教育资源的利用率,合理配置资源,把高等教育纳入市场机制中,开放高等教育,从而达到资源的优化和高效配置。高校战略联盟是高校资源优化配置的一种较好的尝试,它使高校与企业、科研机构、政府、社会加强了联系,互通有无、共同进步,达到双赢的局面。

(一)行知联盟的成立

本科教育基础相对薄弱,教学资源比较匮乏,是"新大学"普遍面临的问题。在积极争取政府投入、社会支持的同时,同层次、同类型高校之间的优势互补和资源共享,无疑是提升办学水平、提高人才培养质量的有效途径。为了共同探讨升格之后,在本科办学道路上如何赢得自身发展,提升社会认可度,从 2004 年开始,安徽省新升格的本科院校就以每年一次书记、校长例会的形式,共同交流和研讨升格之后的办学定位、学科专业建设以及人才培养等方面的问题。在 2008 年 12 月 26 日的第五次协作会议上,会议承办单位铜陵学院提议,安徽省教育厅大力支持,与会的 14 所新建本科院校达成共识,成立"安徽省'新大学'联盟",包括安徽科技学院、安徽新华学院、安徽三联学院、蚌埠学院、巢湖学院、滁州学院、池州学院、合肥学院、合肥师范学院、淮南师范学院、黄山学院、宿州学院、铜陵学院、皖西

学院等 14 所高校，占了全省本科院校的 40%。安徽省教育厅长程艺教授取安徽籍著名教育家陶行知之名，给联盟冠称"行知联盟"。

行知联盟以促进安徽省应用型本科院校校际交流与合作，增强办学实力，提升办学水平为己任。这 14 所"新大学"将在安徽省内首次实现教师互聘、学生互派、学分互认、实验室开放、图书资源共建共享等方面全方位合作。联盟将促进应用型本科院校校际交流与合作，优化资源配置，提升办学竞争能力，提高人才培养质量，实现"优势互补、资源共享、互惠互利、共同发展"。行知联盟各高校共同签署了合作协议书，讨论起草了《行知章程》，发布了《行知宣言》。

（二）行知联盟的发展

安徽省"新大学"联盟（行知联盟）自成立之初，就得到了教育主管部门（安徽省教育厅）的积极引导和大力支持，不仅出台文件在"教学质量工程"上给予新大学"结构性指标"，扶持行知联盟高校的质量工程建设，更重要的举措是安徽省教育厅在"科学规划，分类指导，特色发展"的高等教育发展理念统领下，2009 年 6 月，在"教学质量工程"项目中单独立项建设 5 所"省级示范应用型本科院校"，由省教育厅、财政厅给予经费资助。示范应用型本科院校建设的具体任务是：发展先进的应用型本科院校建设理念；创新应用型人才培养模式、课程设置、教材、教法等；建设应用型学科专业和教师队伍；改善办学条件和环境。

为了使行知联盟的合作向纵深层次发展，联盟组织召开了一系列主题协作研讨会，深入研讨包括本科生交流培养、图书文献信息资源建设、人才培养方案、科研工作等合作事宜，通过 2009 年 4 月 15 日在安徽黄山召开的安徽省联盟高校图书文献信息资源协作会、4 月 23 日在滁州召开的应用型本科人才培养方案研讨会、6 月 15 日在铜陵召开的联盟高校科技工作协作会等，安徽省行知联盟拟定并颁布了《安徽省联盟高校图书文献信息资源共建共享实施办法（试行）》《安徽省高校联盟教师跨校互聘实施办法》《安徽省高校联盟开放实验室实施办法》《安徽省高校联盟学生修读辅修专业、双专业和双学位实施办法（试行）》《安徽省高校联盟学生互派与学分互认实施办法》等一系列规章制度，大力推进安徽应用型本科院校建设进程。联盟成员在制度建设的基础上，不断拓展合作空间，加强校际合作交流。各校以建设国家、省、校三级精品课程和重点课程为抓手，建立 14 所学校共同的网络课程平台，使学生能够共享 14 所学校的优质课程资源；组织力量编写以问题为出发点，适合于应用型本科院校使用的模块化教学教材；共同研究受益面较广的公共基础课程试题库；互派教师进行访学、学术交流、开展合作研究，联合申报科研项目和质量工程项目；选派一定数量的学生到对方院校接受相近专业的学习，互认学分和学业成绩。

　　与此同时，根据安徽省教育厅《关于同意合肥学院与德国奥斯纳布吕克应用科技大学合作培养物流管理本科专业学生的批复》（皖教秘高〔2009〕49 号）文件精神，联盟高校之一合肥学院将从 14 所联盟高校的 2009 年秋季录取新生中采取征集志愿的方式，招收自愿参加本专业学习的学生，共享合肥学院国际合作办学的资源。

　　2010 年 1 月 20 日，安徽省新建应用型本科高校联盟第二届年会在合肥学院召开。全国高等学校教学研究中心常务副主任杨祥，中共安徽省委教育工委书记、教育厅厅长程艺，省教育厅副厅长李和平及相关处室负责人，安徽省应用型本科高校联盟各高校党委书记、院长、分管教学的副院长、教务处长共 60 余人参加会议。安徽省教育厅厅长程艺教授在会上说道，正在制定的《国家中长期教育改革和发展规划纲要》即将出台，提出了"学术型、应用型、复合型"的高等教育分类方式，安徽省教育厅也确定了"科学定位、分类指导、特色发展"的指导思想，并在质量工程建设中已经有所体现；各种类型的大学都有它不可替代的作用，指出高技能人才的培养是"新大学"人才培养的必然目标定位①。

　　通过研讨，"行知联盟"院校在创新合作模式，发挥群体优势上又有了新的认识。通过联盟的合作交流，先进的思想观念和改革举措迅速在联盟高校甚至安徽省内高校间有效传播和推广，"新大学"负责人的领导能

---

　　①　根据安徽省新建应用型本科高校联盟第二届年会会议资料整理。

力、顶层设计能力显著提高，人才培养方案、"双能型"教师队伍建设、实践教学体系建设水平显著提高。以联盟院校为单位集体申报并获得的国家级、省级质量工程项目、科研项目和产学研合作项目，也比2009年大幅增加。

尽管行知联盟已经产生了可喜的合作成果，但是联盟还存在着合作机制不牢靠、可持续性仍待加强、资源的共享度仍没有较大的突破、理论研究薄弱尚不能起到引领作用、资源共享保障机制乏力等问题，还需要我们在理论与实践两个方面继续探索，完善应用型本科人才培养机制，不断推进联盟的发展。

三、行知联盟可持续发展的理性思考

面对教学资源相对短缺、建设负担比较沉重、社会支持相对不足等诸多问题，安徽省14所"新大学"组成行知联盟不失为一种有效的战略。它整合了办学资源，以"不求所有，但求所用"的态度缓解办学压力，从而争取政府更多的投入和社会更大的支持。在全球高等教育发展的视野里，院校联盟不是什么新鲜事，它既有理论研究基础，也有不少的实践探索。但是，作为一种战略联盟，联盟合作的可持续发展是需要有一定的保障条件的，没有一些基础性的保障，联盟不可能取得实效，将会名存实亡。

（一）充分认识联盟是竞争与合作的共同体，建立联盟的制度保障体系

各高校应摒弃门户之见，树立开放办学的理念，在制订本校的发展规划时，要把建立联盟列入其发展战略。在结盟的过程中，有的联盟成员可能会出于保护自己的目的，而设置一定的制度障碍阻止核心知识、核心资源的流失。如果这种保护主义被演绎得过度，势必影响整个联盟的合作关系。实际上，大多数高校现有的制度体系并不利于高校结盟。理由很简单，原有的制度体系基本上源自独立办学时期的办学目标和既有条件，其制度设计多数与高校战略联盟的理念相悖或相去甚远，这往往会成为高校战略联盟正常运作

的制度性障碍①。因此，停留在表面上的高校联盟基本都是无疾而终。高校联盟的可持续发展要求必须对已有的制度进行深入的检视，对一些不合时宜的制度进行适用于联盟的改造及优化。

（二）政府要制定相关政策，从宏观上给予扶持和推动，扩大大学的办学自主权，消除大学合作的体制性障碍

常青藤联盟是美国私立大学的联盟，而中国大学的联盟实质上基本都是公立大学联盟，良好的管理保障和资金保障是联盟成功的一个重要原因。所以，应该注意发挥政府的政策导向作用，既要在项目上予以策略性帮助，也要在联盟的运行上注入适当的扶持经费，再利用政府的协调作用，用交纳联盟会费、取得捐赠等方式解决联盟的运作经费。

（三）设置联盟常设管理机构，为联盟事务提供组织保障

由联盟各方的相关部门组建一个服务意识强、精干高效、具有权威性的工作机构，各方最高领导是该机构委员，并设轮值主席职位，同时设专、兼职人员。该机构主要负责联盟的协调、运作、管理和监督，具体职责为：定期召开联盟工作会议，研讨合作战略、范围、方式、重点，统一思想，达成共识；确定联盟事项，下达联盟机构工作计划；制定联盟的政策和制度；协调各方关系，保障各方利益，增强凝聚力，推进联盟有效运作②。

（四）遴选联盟伙伴，拓宽合作空间

学校间的互补性是美国五校联盟成功的一个重要因素。五校联盟由 4 所本科生学院和 1 所研究型大学组成，5 校学科发展各有不同的侧重，"特色"成了合作的基础；4 所本科生学院主要提供本科的课程，1 所研究型大学则提供除本科生课程之外的硕博士课程，形成了一定的互补性。美国五校联盟的合作内容是丰富多彩的，它们还在合作上注重与社会的联系。这一合作的

---

① 夏东民. 实现我国高校战略联盟的价值判断与路径设计 [J]. 黑龙江高教研究，2009（11）.
② 刘锐. 教育联盟：21 世纪中国高等教育发展战略 [J]. 理界界，2005（9）.

经验对加强我国类似行知联盟这样的应用型本科院校的联盟建设是相当有必要的。

高校之间建立联盟与合作，在一些欧美国家有迅速发展的态势。当高校缺乏足够的资源和条件去独力开展相关的功能活动或采取拓展行动时，在不影响各自独立自主地位的前提下，通过与其他高校的交往，通过共同投入、共同享有和共同拓展，办学能力、办学水平均能得到相应的保障或提高。

四、行知联盟的纵深推进

安徽省高等教育界建立行知联盟，是一种基于我国的国情，探索应用型本科院校人才培养，践行陶行知先生知行教育思想，培养适应社会需求、知行统一的高素质人才的新途径。但是，探索的道路总是充满荆棘和坎坷的，应用型本科院校无论是理念的建立，还是培养方案的设计，都面临着诸多困难。安徽行知联盟为取得联盟合作的实效，将联盟合作不断从宏观设计向专业、课程等微观合作延伸，力求实效，将联盟合作引向纵深层次。

行知联盟经过充分论证，得出了合作要想取得实效，必须向下延伸到专业、课程。应用型本科院校不仅是一种意向，更重要的是一种新型的办学类型。不同办学类型的具体实现是靠不同教学内容和模式决定的。我国高等教育传统的教材编写，充分体现了学术型人才培养的需求，对应用型人才的培养少有问津。因此，无论是教材内容的选择，还是教材知识的难度，都不完全适合“新大学”的学生。因此，从 2009 年 8 月开始，联盟启动了适合“应用型”高校培养目标的教材编写工作。到 2010 年 9 月，一本为应用型本科院校量身定制的《高等数学》教材正式交付学生使用。这本教材最大的特点，就是既区别于传统的学术型大学，又不同于高职院校的内容选择和教材编排，这一行动也得到了潘懋元先生的充分肯定。

在 2010 年 1 月召开的联盟第二届年会上，14 所新建本科院校对合作计划进行了充分讨论，最后确定合肥学院、黄山学院、安徽科技学院、铜陵学院、皖西学院、宿州学院 6 所高校拿出 10 个国家级特色专业，进行全方位的专业合作,建立对全联盟学生开放的专业课程体系,联盟学生既可以在自己的学校利用网络享受盟校国家级特色专业的教学,也可以申请交流学习。盟校还通过开放教学资源、共建实践教学基地等形式,促进学科的深度融合和综合化、特色化发展。

像许多其他国家的高等教育改革一样,行知联盟的发展离不开政策层面上的支持。安徽省教育厅在探索应用型本科院校发展时,非常注意在配套政策上的支持。2010年,安徽省教学质量工程项目申报对联盟实行倾斜政策,鼓励联盟作为独立单位联合申报,联盟申报计划不占用各成员单位申报计划。

安徽14所新建本科院校联盟成立以来,得到了社会各界的广泛关注。教育部高教司有关负责人认为,联盟高校的对口专业交流工作是一项重要的体制机制创新,可以有效解决高等教育大众化阶段教育资源相对不足的问题①。

---

① http://www.cnr.cn/jy/yw/201010/t20101012_ 507160696. html.

第六章 "新大学"可持续发展的实证研究

第一节 问卷的编制与检验

一、研究目的

《国家中长期教育改革和发展规划纲要》中对高等教育有这样一段描述："提高质量是高等教育发展的核心任务，是建设高等教育强国的基本要求。到2020年，高等教育结构更加合理，特色更加鲜明，人才培养、科学研究和社会服务整体水平全面提升。"[①] 实现这样的目标，我们不仅仅要加大对研究型大学的规划和发展的研究，也必须刻不容缓地强化应用型本科院校，特别是对"新大学"的可持续发展研究。

我国"新大学"办学历史并不长，尽管以这一类院校为研究对象的相关文献涉及的办学实践领域在逐渐扩大，但是由于"新大学"是一新生事物，相关研究的资料还不十分充足，研究深度较浅，少有系统性的相关研究，尤其缺乏对"新大学"发展现状的系统分析和策略研究。

为了加深我们对高等教育大众化理论的理解，弥补对我国"新大学"发展研究的不足，进一步引导、规范"新大学"的办学行为，促进"新大学"理性办学、科学办学，保证和提升大众化高等教育背景下"新大学"的教学质量，推进我国建设高等教育强国的步伐，建设人力资源强国，当务之急是

---

① 国家中长期教育改革和发展规划纲要（公开征求意见稿）［N］．中国教育报，2010 – 03 – 01.

为我国高等教育大众化背景下应运而生的"新大学"突破对传统高等教育发展方式的沿袭和依赖，选择可持续发展的路径，找到在高等教育系统中的适切位置。本研究针对影响我国"新大学"持续发展的主要因素，设计和编制问卷，用定性和定量相结合的方法构建、修正"新大学"可持续发展的战略结构，以了解高等教育大众化背景下"新大学"真实的办学状况和可持续发展中存在的困难，为指导"新大学"的发展提供重要的事实依据和参考，为研究"新大学"的可持续发展提供可靠的定量研究工具。

二、研究方法

（一）被试

随机抽取出席2009年全国"新大学"教学工作会议的120所院校的负责人（包括校级领导、院校中层干部），进行问卷实测，收回问卷116份，回收率96.7%，其中有效问卷105份，有效率87.5%。选取院校领导作为被试主要出于三个方面的考虑：其一，大学校长比一般人更多地思考大学的发展与面临的问题，"大学校长的职责包括要协调大学及其为之所服务的社会之间的复杂关系。他们能比大多数人更能意识到这个世界迅速而深刻的变化对大学具有多么大的挑战"[1]。其二，从实际情况来看，"新大学"的中层干部都是这类院校的学术与教学骨干，他们几乎都具备高级职称，是学校的主要办学力量。其三，选择校级领导、院校中层干部作为调查对象，也是考虑到他们是这一类院校的中坚和领导者，他们的办学思想，及其关于"新大学"的理念直接影响我国"新大学"的办学水平和办学状态。

（二）调查工具

调查所采用的问卷是"'新大学'办学状况调查问卷"，该调查问卷系

---

① James J. Dudersdadt. A University for the 21st Century ［M］. Ann Arbor: The University of Michigan Press, 2000: 261.

自编问卷，由通过者运用文献法、访谈法以及问卷调查法收集相关资料编制而成。

问卷由 3 个"个人基本情况"、15 个"学校基本情况"、35 个"办学理念与状态"项目构成。问卷采用无记名的方式随机发放，以减少被试因不必要的顾虑而影响问卷的表面效度。为了控制被试的自我防御倾向，减少被试对项目选项的猜疑性和回答时的倾向性，问卷 7 个维度的项目错综排列，同时设置了反向测试题（13 项）。对项目的回答按 2 级计分：是 = 1，否 =0（13 项反向题计分形式相反），每个题项要求被调查对象必须选择一个答案。

（三）统计处理

本研究使用 SPSS15.0 软件对数据进行分析处理。

三、研究步骤

本研究主要是在文献分析的基础上，结合开放式访谈和结构式访谈的结果形成问卷基本维度，再结合理论构想编制了"'新大学'办学状况调查问卷"，之后使用问卷进行实测，对结果进行分析，并检验问卷的信效度，验证"新大学"可持续发展战略的结构。

本研究提出了关于"新大学"可持续发展的理论构想，初步确定从办学理念、办学条件、人才培养、学科与专业、管理机制与体制、师资队伍、社会支持等 7 个维度来建构"新大学"可持续发展战略框架。然后再由专业人员依照 7 个维度，每个维度编制 5 个题项，共 35 个题项。本研究还选取了升格时间、现有学生数等 18 个影响因素作为相关因素（影响因素或者预测因素）进行调查研究，以分析 7 个维度在这些因素上的差异状况。

（一）问卷编制

1. 文献研究

通过对本研究检索到的我国"新大学"研究文献的分析，归纳影响"新大学"发展的主要因素，并在此基础上进行访谈。

2. 开放式访谈、结构式访谈与集体访谈

本研究的开放式访谈主要是通过电话访谈了《中国高教研究》的栏目编辑、合肥学院的院长等，听取他们对我国"新大学"可持续发展的看法，并为确立结构式访谈内容做铺垫。

本研究的结构式访谈设计了 5 个问题对多位"新大学"的校长、教授（访谈对象主要是合肥学院、铜陵学院、宿州学院、合肥师范学院的主要负责人）做了访谈。问题设计如下：

（1）您同意人们习惯于把 1998 年扩招后建立（升格）的"新大学"称为应用型本科院校吗？（若不同意，理由是什么？）

（2）您认为应用型本科院校的主要标志是什么？

（3）"新大学"可持续发展面临的主要困难有哪些？

（4）走出"新大学"发展困境需要哪些内部改革和外部支持？

（5）"新大学"是否应该分类发展、区别对待？能说明一下您的判断依据吗？

本研究在合肥师范学院（2007 年由安徽教育学院改制的"新大学"）组织 7 位教育学专家和研究人员进行了集体访谈。集体访谈是为了解读个别访谈内容，更好地探索评价"新大学"可持续发展的维度，以便建立完善"新大学"可持续发展的理论构想。

在分析开放式访谈、结构式访谈和集体访谈结果的基础上讨论并确定了"新大学"可持续发展战略的理论框架（见图 6.1）。

3. 正式问卷的编制

本研究在文献研究、访谈的基础上，参考国内外相关测量工具，并结合理论构想和多位专家、教授的意见，编制了 35 个项目的"新大学"办

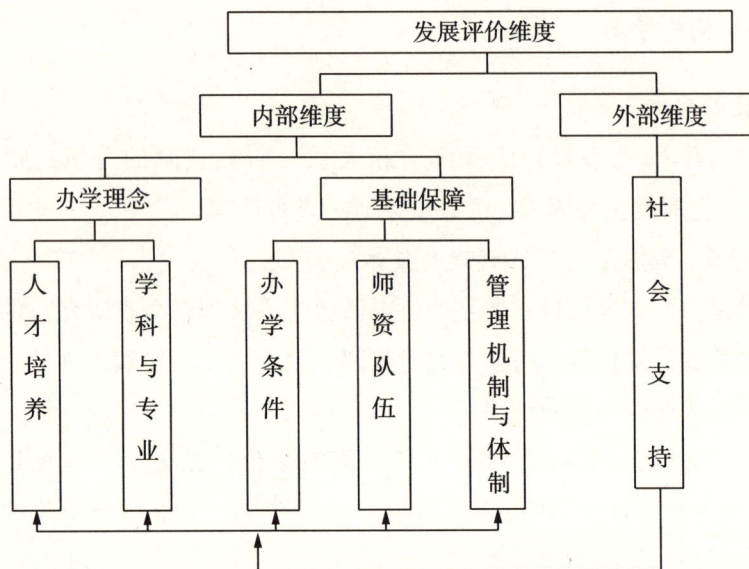

图 6.1 "新大学"可持续发展评价维度图解

学状况调查题项（初稿），针对调查问卷初稿再次寻求了多位专家的意见，对项目内容和表述方式做了进一步的修整，形成了最终的由三部分（被试个人基本情况、被试所在学校办学基本情况、被试所在学校办学理念和状态）组成的包含 18 个影响因素、35 个项目的"'新大学'办学状况调查问卷"（正式稿），并于 2009 年 11 月在全国"新大学"教学工作会议期间进行实测，运用 SPSS15.0 软件对实测数据进行统计处理以检验问卷的信效度。

（二）信效度检验

1. 信度检验

问卷或量表的信度检验一般采用内部一致性系数（克龙巴赫 α 系数）和分半信度检验内在信度，采用重测信度检验外在信度。其中内部一致性系数适用于项目多重记分的测验数据或问卷数据，而且 α 信度系数和分半信度系数都与量表题目数量的多少有关，原则上项目个数少于 10 的因子不适宜进行分半信度检验。本研究使用的是 2 级记分，而且七个维度都只设计了 5 个项目，故未做内在信度检验。为了保证自编问卷的可靠性，本研究对 6 名"新大学"的校长进行访谈调研，对 7 位教育学专家和研究人员进行了集体访谈，由 4 位高等教育硕士以上人员参与了指标确定和问卷编制。而且本研究还会将重测信度检验作为本研究后续研究的一部分。

2. 效度检验

根据评估效度方法的不同，效度可以分为三类：内容效度、构想效度和效标效度。本研究从内容效度和构想效度两个方面检验自编的"'新大学'办学状况调查问卷"的效度。

（1）内容效度。内容效度也称内容关联效度，是检查测验内容是否为所要测量的行为领域的代表性取样的维度。内容效度主要通过经验判断来进行，较好的内容效度依赖于两个条件：测验内容范围明确；测验的取样有代表性。本研究对"'新大学'办学状况调查问卷"的编制遵循以下几点：第一，前文述及的"新大学"可持续发展的理论构想；第二，参考、借鉴国内外研究文献中较为成熟的理论和维度划分；第三，请相关专家对问卷项目进行审查，删除或修订不理想项目；第四，针对项目表述方式及所测内容，由 7 位教育学专家和研究人员、4 位高等教育硕士以上人员参与讨论指标确定和问卷编制，最后形成正式问卷。另外，本研究在取样时充分考虑了多个影响因素，取样在全国范围内的"新大学"进行，且样本较大。因此，可以认为自编的"'新大学'办学状况调查问卷"具有较好的内容效度。

（2）构想效度。构想效度也称结构效度，是指测验能够测量到理论上的构想或特质的程度。构想效度是量表效度研究的极为重要的组成部分，反映了某个测验在多大程度上正确验证了编制测验的理论构想[1]。本研究应用内部一致性作为维度验证自编"'新大学'办学状况调查问卷"的构想效度，内部一致性是通过测验内部的方法确定构想效度的常用维度。根据因子分析的理论，各个因子之间应该有中等程度的相关。根据图克（Tuker）理论，构造健全的项目所需要的项目和测验的相关在 0.30—0.80 之间，项目间的

---

① Mohammadreza Hojat. Psychometric Characteristics of the UCLA Loneliness Scale：A Study with Iranian College Students ［J］. Educational and Psychological Measurement, 1982, 42 （3）.

相关在 0.10—0.60 之间①。本研究的项目分析结果（见表 6.1）各项目与所属维度之间的相关明显高于与其他维度的相关，而且基本上都达到了中等偏高的相关并达到显著性水平，说明各个维度较好地反映了问卷所要测查的内容。

表 6.1　问卷项目与维度之间的相关矩阵

项　目		维度 1	维度 2	维度 3	维度 4	维度 5	维度 6	维度 7
维度 1	L1	0.41**	0.03	0.14	0.19	0.19*	−0.12	0.12
	L8	0.66**	−0.05	0.07	0.15	0.13	0.11	−0.02
	L15	0.62**	−0.02	0.21*	0.14	0.09	0.03	0.15
	L22	0.33**	−0.02	−0.01	−0.14	0.08	−0.04	0.09
	L29	0.15	−0.02	0.02	−0.07	−0.06	−0.17	−0.14
维度 2	L2	0.01	0.60**	0.22*	0.18	0.29**	0.22*	0.21*
	L9	0.04	0.49**	0.02	0.12	0.13	−0.03	0.28**
	L16	−0.08	0.51**	−0.01	0.32**	0.14	0.41**	0.22*
	L23	−0.07	0.15	−0.17	−0.12	−0.30**	−0.09	−0.20*
	L30	−0.01	0.50**	0.09	−0.05	0.12	−0.05	0.06
维度 3	L3	0.26**	0.11	0.21*	0.12	0.12	−0.12	0.09
	L10	0.10	0.03	0.37**	−0.15	−0.05	−0.09	0.07
	L17	0.00	−0.01	0.39**	0.28**	0.12	−0.06	0.10
	L24	0.05	−0.01	0.57**	0.24*	0.20*	0.29**	0.22*
	L31	0.12	0.07	0.57**	0.01	0.22*	0.06	0.07
维度 4	L4	0.17	0.27**	0.28**	0.68**	0.36**	0.23*	0.12
	L11	0.13	0.12	0.13	0.73**	0.42**	0.39**	0.15
	L18	−0.04	−0.09	0.18	0.53**	0.19	0.15	−0.05
	L25	0.12	−0.01	0.18	0.51**	0.21*	0.21*	0.11
	L32	0.07	0.19*	−0.12	0.38**	0.06	0.18	0.25**

① Russell, D. UCLA Loneliness Scale (Version 3): Reliability, Validity, and Factor Structure [J]. Journal of Personality Assessment, 1996, 66 (1).

续表

项 目		维度 1	维度 2	维度 3	维度 4	维度 5	维度 6	维度 7
维度5	L5	0.17	0.25*	0.21*	0.37**	0.62**	0.21*	0.17
	L12	0.15	0.00	0.16	0.35**	0.60**	0.39**	0.18
	L19	0.04	-0.03	0.11	0.07	0.49**	-0.01	0.19
	L26	0.26**	0.05	0.14	-0.15	0.18	-0.02	0.07
	L33	0.04	0.14	0.24*	0.27**	0.61**	0.27**	0.16
维度6	L6	-0.04	0.27**	-0.07	0.28**	0.13	0.62**	0.22*
	L13	0.04	0.02	0.15	0.40**	0.25**	0.70**	0.24*
	L20	0.01	0.09	0.29**	0.27**	0.34**	0.69**	0.25*
	L27	-0.18	-0.03	-0.14	0.08	0.15	0.47**	0.15
	L34	0.07	0.05	0.00	0.11	0.20*	0.46**	0.08
维度7	L7	-0.02	0.25*	0.15	0.19*	0.29**	0.35**	0.79**
	L14	0.04	-0.11	0.13	0.03	0.08	0.18	0.57**
	L21	0.17	0.35**	0.13	0.13	0.25*	0.28**	0.57**
	L28	0.18	-0.07	0.11	0.08	-0.09	-0.25*	0.19
	L35	-0.08	-0.02	0.17	0.03	0.03	-0.22*	0.06

注：L1—L35 是问卷第三部分的 35 个项目，$* \ p < 0.05$，$** \ p < 0.01$，下同。

第二节　问卷实测与结果分析

本研究于 2009 年 11 月进行问卷实测，共获得有效问卷 105 份。问卷包括三个部分。第一部分调查被试的基本情况（职务、任职年限和专业）；第二部分调查被试所在院校的基本办学情况的五个方面：升格因素、经济环境、发展状态、规模结构、区域关系等，共 15 个题目，调查了各"新大学"升格前性质、升格时间、所在经济区域、所在地市性质、所在地市经济状况、近两年本科招生录取分数线水平、近两年第一志愿填报率、现有学生数、专业结构、本科专业的学科覆盖面、获所在地市的支持、对所在地市经济社会发展的贡献、与所在地市经济社会的融合程度、总体发展态势等方面的情况;第三部分是"'新大学'办学状况调查问卷"的主体部分,调查了各"新大学"的办学理念和状态,分7个维度(办学理念、办学条件、人才培养、学科与专业、管理机制与体制、师资队伍、社会支持),共35个项目,该部分采用2级计分,回答"是"记1分,回答"否"记0分(13个反向题计分形式相反)。本研究采用SPSS15.0软件对数据进行统计处理,分析了各"新大学"发展的总体特点和在各影响因素上的差异状况等。

一、"新大学"可持续发展的总体特点分析

本研究主要通过初步探索性分析的方法,研究"新大学"可持续发展的总体特点。"'新大学'办学状况调查问卷"采用2级记分,每个项目得分范围为0—1分,每个维度包含5个题项(L),得分范围为0—5分。如表6.2所示,维度2(办学条件)、维度4(学科与专业)和维度6(师资队伍)得分的最小值均为0分,维度1(办学理念)、维度5(管理机制与体制)和维度7(社会支持)得分的最小值均为1分,维度3(人才培养)得分的最小值为2分,除维度2(办学条件)外,其他6个维度得分的最大值都是5分,说明各"新大学"办学状态存在较大差异,又有一定的一致性。

表6.2 "新大学"的各维度得分

	维度1	维度2	维度3	维度4	维度5	维度6	维度7
平均值(M)	3.99	1.54	4.10	3.19	3.22	1.71	2.65
标准差(SD)	0.75	0.98	0.79	1.19	1.19	1.28	0.85
最小值	1	0	2	0	1	0	1
最大值	5	4	5	5	5	5	5

维度1(办学理念)的得分均值较高,标准差最小(0.75),说明各

"新大学"在办学理念上有较大的一致性,基本都倾向于应用型、地方性、国际化的办学理念。

维度2(办学条件)得分的均值最小,标准差较大(0.98)。在L2、L9、L16、L23和L30上,被试选择"是"的比例分别为75.0%、68.6%、88.6%、41.0%和58.1%,说明各个"新大学"虽然在办学条件方面的差异较大,但在办学条件未能完全满足办学要求的问题上具有一定的一致性。

维度3(人才培养)的得分均值最高,为4.10分,标准差最小(0.79),说明大部分"新大学"在人才培养方面具有很高的一致性。在L31上选择"是"和"否"的比例分别为57.1%和42.9%,说明在是否采用"工学结合"的人才培养模式上各"新大学"有不同的判断;在L3、L10、L17和L24上选择"是"和"否"的比例相差悬殊,说明在人才培养定位、课程的结构制定和内容方面较为一致。

维度4(学科与专业)得分的最大值和最小值分别为5分和0分,标准差很大,达到1.19,说明各"新大学"在这个维度上也存在较多不一致的意见。在L4、L11、L18、L25、L32上选择"是"的比例分别为83.8%、68.2%、70.5%、78.1%和81.9%,说明各"新大学"在对学科与专业设置方面的认识存在较大差异,这可能与院校性质有关,同时也意味着学科与专业建设是"新大学"比较棘手的问题。

维度5(管理机制与体制)的标准差很大,为1.19。在L5、L12、L19、L33上选择"是"的比例分别为45.7%、53.3%、53.3%和70.0%,说明各"新大学"在管理队伍水平、管理体制与机制方面存在较大差异;在L26上,选择"是"的比例达到99.0%,这说明各"新大学"的办学自主权不够大,这可能成为制约"新大学"可持续发展的重要因素。

维度6(师资队伍)的标准差最大,达到1.28。在L27上,选择"是"的比例达到95.2%,说明师资队伍结构不合理的现象在各"新大学"普遍存在,急需进行"双师型"师资队伍建设;在L6、L13、L20、L34上,选择"否"的比例分别为 63.8%、41.9%、48.6%、21.0%，这说明各"新大学"的师资队伍水平存在较大差异，还有相当一部分"新大学"在师资队伍结构和建设方面存在较多问题。

维度 7（社会支持）的得分均值较高，标准差较小。在 L7、L14 和 L21 上选择"是"的比例分别为 70.0%、86.0% 和 86.0%，说明大部分"新大学"获得的社会支持未能满足学校发展需要；在 L28 上选择"否"的比例为 2.0%，说明加强区域合作是很多"新大学"可持续发展的重要内容和方向；L35 上选择"否"的比例是 3%，说明我国"新大学"的发展还处于探索和摸索阶段，需要有关方面的引导和规范。

二、"新大学"可持续发展的相关因素分析

本研究调查了包括职务、任职年限、专业等 3 个被试基本情况和包括升格前性质、升格时间等 15 个办学基本情况方面的可能与"新大学"可持续发展相关的因素。统计结果显示，被试的基本情况对"新大学"的可持续发展没有显著性影响，故本研究只分析了"新大学"可持续发展与办学基本情况 5 个方面共 15 个因素的关系（第 1 和第 9 题项正向计分，其他 13 个题项反向计分），而未对被试基本信息方面的 3 个因素进行进一步的分析，相关关系矩阵如表 6.3 所示。院校升格前性质、所在经济区域、所在地市性质、所在地市经济状况、近两年本科招生录取分数线水平、近两年第一志愿填报率、现有学生数、专业结构、获得所在地市的支持、与所在地市经济社会的融合程度和总体发展态势等 12 个因素至少与 1 个维度的相关达到显著性水平。从表 6.3 可知，近两年本科招生录取分数线水平与 7 个维度的相关均达到显著甚至非常显著的水平，近两年第一志愿填报率与 3 个维度的相关达到显著性水平，说明社会接受和认可程度很好地反映了"新大学"的建设水平。院校目前总体发展态势与办学条件、学科与专业 2 个维度的相关没有达到显著性，与其他 5 个维度的相关都显著或者非常显著。近两年，本科招生录取分数线水平和总体发展态势与 7 个维度都有不同显著水平的相关关系，

说明这两个因素是评估新建本科院校发展状况和水平的重要参考。升格因素与新建本科院校的发展关系密切,但是对院校升格后的发展速度和发展水平影响相对较小。

表 6.3(1) 办学基本情况与"新大学"各维度间的相关系数矩阵

	影响因素	维度 1	维度 2	维度 3	维度 4	维度 5	维度 6	维度 7
升格因素	升格前性质	0.16	0.16	0.17	0.05	0.21*	0.03	0.14
	升格时间	-0.06	0.01	0.09	-0.02	0.02	0.13	0.11
经济环境	所在经济区域	-0.01	0.25**	0.20*	0.14	0.16	0.27**	0.22*
	所在地市性质	0.34**	0.07	0.14	0.17	0.20*	0.08	0.24*
	所在地市经济状况	0.19	0.14	0.25*	0.26**	0.26**	0.33**	0.36**
办学状态	录取分数线水平	0.36**	0.30**	0.25*	0.23*	0.32**	0.24*	0.27**
	第一志愿填报率	0.34**	0.00	0.28**	0.07	0.15	0.17	0.20*
	总体发展态势	0.19*	0.18	0.31**	0.18	0.40**	0.34**	0.35**
规模结构	现有学生数	0.05	0.06	0.21*	0.12	0.16	0.27**	0.11
	专业结构	-0.14	-0.18	-0.04	-0.18	-0.29**	-0.09	0.08
	本科专业数	-0.05	-0.15	0.03	-0.07	-0.05	0.05	-0.16
	学科覆盖面	0.00	-0.08	-0.03	-0.05	-0.11	0.15	-0.02
区域关系	地市支持	0.26**	0.25*	0.05	0.12	0.27**	0.17	0.15
	社会贡献	0.12	0.13	0.06	0.03	0.12	0.18	0.12
	融合程度	0.14	0.16	0.11	0.11	0.15	0.25*	0.14

注:升格前性质和专业结构两个影响因素正向计分,其他 13 个影响因素反向计分。

表6.3（2）"新大学"发展各维度与影响因素的相关系数矩阵

维度、项目	升格前性质	升格时间	所在经济区域	所在地地市性质	所在地市经济状况	录取分数线水平	第一志愿填报率	现有学生数	专业结构	本科专业数	学科覆盖面	地市支持	社会贡献	融合程度	总体发展态势
维度1	0.16	-0.16	0.01	-0.34**	-0.19	-0.36**	-0.34**	-0.05	-0.14	0.05	0.00	-0.26**	-0.12	-0.14	-0.19*
L1	0.12	0.02	0.07	-0.17	-0.03	-0.09	-0.03	0.13	-0.15	0.22*	0.13	-0.11	-0.04	-0.10	-0.08
L8	0.08	-0.02	0.05	-0.21*	-0.08	-0.36**	-0.36**	0.04	-0.08	-0.06	-0.02	-0.10	-0.14	-0.16	-0.16
L15	0.13	-0.15	-0.07	-0.15	-0.17	-0.10	-0.16	-0.27**	-0.18	0.02	-0.04	-0.24*	0.07	0.02	-0.15
L22	0.00	-0.22*	-0.11	-0.14	-0.14	-0.14	-0.06	-0.02	0.05	0.03	-0.04	-0.11	-0.10	-0.08	-0.04
L29	0.03	0.04	0.18	-0.13	0.06	-0.04	0.01	0.14	0.14	0.04	0.05	-0.04	-0.11	0.00	0.11
维度2	0.16	0.14	-0.25**	-0.07	-0.14	-0.30**	0.00	-0.06	-0.18	0.15	0.08	-0.25*	-0.13	-0.16	-0.18
L2	0.08	0.05	-0.24*	-0.05	-0.28**	-0.27**	-0.10	-0.19*	-0.32**	0.05	0.07	-0.23**	-0.14	-0.12	-0.25**
L9	0.22*	0.15	-0.24*	-0.08	-0.04	-0.13	0.00	0.09	-0.02	0.26**	0.16	-0.11	0.01	-0.15	-0.14
L16	0.09	0.31**	-0.23*	-0.12	-0.26**	-0.08	-0.03	-0.18	-0.20*	0.22*	0.05	-0.19	-0.13	-0.06	-0.12
L23	-0.15	-0.02	0.26**	0.03	0.20*	0.10	0.14	0.09	0.20*	-0.10	-0.10	-0.01	0.08	0.04	0.30**
L30	0.13	-0.08	-0.16	0.04	-0.01	-0.27*	-0.02	0.01	-0.12	-0.03	0.00	-0.05	-0.13	-0.07	-0.21*
维度3	0.17	-0.17	-0.20*	-0.14	-0.25*	-0.25*	-0.28**	-0.21*	-0.04	-0.03	0.03	-0.05	-0.06	-0.11	-0.31**
L3	0.11	0.08	-0.04	-0.05	-0.02	-0.07	0.02	0.03	-0.13	0.09	0.14	-0.05	0.10	-0.05	0.09
L10	0.07	0.01	-0.01	-0.12	-0.06	-0.04	-0.20*	0.05	0.16	0.10	0.07	0.09	-0.06	-0.04	-0.26**

续表

维度、项目	升格前性质	升格时间	所在经济区域	所在地市性质	所在地市经济状况	录取分数线水平	第一志愿填报率	现有学生数	专业结构	本科专业数	学科覆盖面	地市支持	社会贡献	融合程度	总体发展态势
L17	-0.09	0.14	-0.08	0.00	-0.10	-0.05	-0.04	0.00	0.13	0.03	-0.10	0.03	-0.07	0.01	-0.09
L24	0.09	-0.35**	-0.13	-0.11	-0.26**	-0.19	-0.28**	-0.29**	-0.09	-0.25*	-0.09	0.03	0.00	-0.03	-0.26**
L31	0.17	-0.09	-0.14	-0.04	-0.06	-0.15	-0.07	-0.12	-0.11	0.07	0.10	-0.15	-0.06	-0.11	-0.10
维度 4	0.05	0.04	-0.14	-0.17	-0.26**	-0.23*	-0.07	-0.12	-0.18	0.07	0.05	-0.12	0.03	-0.11	-0.18
L4	0.16	0.09	-0.10	-0.22*	-0.22*	-0.18	-0.09	-0.08	-0.18	0.13	0.12	-0.24*	-0.04	-0.09	-0.12
L11	0.07	0.04	-0.07	-0.18	-0.16	-0.28**	-0.09	-0.05	-0.15	0.06	0.15	-0.18	-0.08	-0.23*	-0.19*
L18	-0.09	0.01	0.10	-0.01	-0.10	0.00	0.05	-0.10	-0.05	-0.08	-0.14	0.06	0.01	0.09	0.00
L25	-0.10	-0.15	-0.14	0.02	-0.07	-0.07	-0.01	-0.14	-0.06	-0.07	-0.05	0.05	0.03	0.00	-0.16
L32	0.14	0.15	-0.21*	-0.11	-0.21*	-0.12	-0.06	0.02	-0.09	0.19	0.08	-0.05	0.02	-0.06	-0.05
维度 5	0.21*	-0.08	-0.16	-0.20*	-0.26**	-0.32**	-0.15	-0.16	-0.29**	0.05	0.11	-0.27**	-0.12	-0.15	-0.40**
L5	0.07	-0.06	-0.18	-0.07	-0.11	-0.21*	-0.02	-0.11	-0.26**	0.00	-0.07	-0.29**	-0.02	0.03	-0.13
L12	0.23*	-0.23*	-0.09	-0.11	-0.21*	-0.22*	-0.16	-0.17	-0.02	-0.06	-0.02	-0.05	-0.10	-0.09	-0.24*
L19	0.06	0.13	-0.04	-0.17	-0.10	-0.04	-0.07	0.07	-0.12	0.25*	0.29**	-0.05	-0.15	-0.09	-0.15
L26	0.05	-0.10	-0.15	-0.07	-0.04	-0.06	-0.22*	0.02	-0.06	0.02	0.03	-0.15	0.05	0.06	-0.24*
L33	0.11	0.00	-0.05	-0.11	-0.17	-0.28**	-0.06	-0.16	-0.29**	-0.08	0.06	-0.22*	-0.02	-0.20*	-0.38**

续表

维度、项目	升格前性质	升格时间	所在经济区域	所在地市性质	所在地市经济状况	录取分数线水平	第一志愿填报率	现有学生数	专业结构	本科专业数	学科覆盖面	地市支持	社会贡献	融合程度	总体发展态势
维度6	0.03	-0.06	-0.27**	-0.08	-0.33**	-0.24*	-0.17	-0.27**	-0.09	-0.05	-0.15	-0.17	-0.18	-0.25*	-0.34**
L6	0.09	0.13	-0.14	-0.09	-0.20*	-0.28**	-0.20*	-0.21*	-0.14	0.10	-0.01	-0.08	-0.14	-0.23*	-0.15
L13	-0.05	-0.18	-0.11	-0.04	-0.27**	-0.13	-0.09	-0.24*	0.06	-0.22*	-0.22*	0.00	-0.10	-0.03	-0.17
L20	0.00	-0.20*	-0.28**	-0.08	-0.25**	-0.15	-0.06	-0.29**	-0.11	-0.11	-0.15	-0.32**	-0.10	-0.30**	-0.23*
L27	0.02	0.06	-0.24*	0.03	-0.21*	0.09	-0.12	-0.22*	-0.15	-0.01	-0.06	-0.01	0.04	-0.05	-0.18
L34	0.02	0.08	-0.07	-0.01	-0.04	-0.10	-0.07	0.15	0.03	0.14	0.02	-0.03	-0.18	-0.06	-0.33**
维度7	0.14	0.00	-0.22*	-0.24*	-0.36**	-0.27**	-0.20*	-0.11	0.08	0.16	0.02	-0.15	-0.12	-0.14	-0.35**
L7	0.09	0.00	-0.18	-0.05	-0.16	-0.24*	-0.15	-0.20*	-0.03	0.01	-0.02	-0.04	-0.05	-0.07	-0.27**
L14	0.06	-0.03	-0.02	-0.07	-0.18	0.10	-0.04	0.07	0.31**	0.14	-0.09	0.08	0.02	0.10	-0.19
L21	0.19	0.06	-0.24*	-0.38**	-0.45**	-0.40**	-0.29**	-0.08	-0.18	0.21*	0.08	-0.30**	-0.11	-0.23*	-0.28**
L28	0.00	-0.01	0.06	-0.03	0.10	-0.09	0.01	0.16	0.06	-0.03	0.15	-0.03	-0.05	-0.04	0.06
L35	-0.09	-0.07	-0.04	-0.01	0.00	0.08	0.15	-0.08	0.14	-0.01	0.05	-0.11	-0.21*	-0.19	0.04

如表 6.3 所示，院校升格时间与 7 个维度均无显著性相关，但与 L22、L16、L24、L12 和 L20 均有显著负相关；升格前性质与新建本科院校的管理机制与体制的相关显著，与其他维度的相关均不显著，这说明各新建本科院校在发展方面面临的问题、所处的环境有很大的相似性。新建本科院校的规模结构是新建本科院校发展状况的重要体现，也是院校后期发展的重要影响因素。本科专业数与 7 个维度的相关没有达到显著性水平，但与 L1、L9、L16、L24、L19、L13 和 L21 有显著正相关或者负相关；本科专业的学科覆盖面与 7 个维度的相关均不显著，但是与 L19 有非常显著的负相关，而与 L13 有显著的正相关。新建本科院校作为地方院校，其发展与地方发展互动性很强，和谐的合作关系是促进地方经济和新建本科院校共同发展的重要保障。如表 6.3 所示，地市支持与新建本科院校的办学理念、办学条件和管理体制与机制等三个维度显著相关。

三、"新大学"的差异状况分析

(一)多因素方差分析

本研究认为 15 个相关因素对"新大学"的可持续发展有重要影响，本研究以问卷第二部分的 15 个影响因素为自变量，以"新大学"发展的 7 个维度和 35 个项目为因变量，进行多因素方差分析，以考查各控制变量的主效应和"新大学"在这些因素上的差异状况。

如表 6.4 所示，院校升格时间、所在地市性质、获得所在地市的支持在维度 1（办学理念）上有显著的主效应；院校所在地市性质在维度 2（办学条件）上有显著的主效应；15 个影响因素在维度 3（人才培养）上的主效应均未达到显著性水平；15 个影响因素中只有院校所在经济区域和院校与所在地市经济社会的融合程度两个因素在维度 4（学科与专业）上的主效应达到显著性水平；院校所在经济区域、近两年本科招生录取分数线水平、现有学生数、本科专业数和与所在地市经济社会的融合程度等 5 个影响因素在维度 5（管理机制与体制）上有显著的主效应；院校所在经济区域和现有学生数等2个因素在维度6(师资队伍)上有显著的主效应;院校所在经济区域、近两年本科招生录取分数线水平和总体发展态势等3个因素在维度7(社会支持)上有显著的主效应。

表6.4(1) "新大学"发展各维度的多因素方差分析(F值)

	影响因素	维度1	维度2	维度3	维度4	维度5	维度6	维度7
升格因素	升格前性质	0.46	0.96	1.28	1.59	0.95	0.97	0.85
	升格时间	4.57*	1.75	1.81	0.82	0.72	0.97	0.45
经济环境	所在经济区域	0.87	1.59	1.76	6.89**	2.62*	4.66*	6.32**
	所在地市性质	2.93*	2.44*	1.75	0.65	0.35	0.08	1.62
	所在地市经济状况	0.85	0.78	1.02	0.75	0.39	2.06	0.47
办学状态	录取分数线水平	0.84	1.96	0.95	0.54	2.47*	0.36	4.17*
	第一志愿填报率	1.31	0.68	1.37	0.64	0.25	1.05	2.14
	总体发展态势	0.19	0.64	0.46	1.03	2.00	1.37	3.10*
规模结构	现有学生数	0.34	0.48	0.85	1.59	1.72	1.19	2.03
	专业结构	0.38	0.08	1.99	1.86	3.36*	5.09*	2.01
	本科专业数	0.46	0.08	2.13	0.94	3.24*	1.50	0.05
	学科覆盖面	1.41	0.74	1.32	0.78	0.71	2.35	0.60
区域关系	地市支持	3.10*	0.96	0.83	0.71	1.60	0.53	1.30
	社会贡献	1.62	0.34	0.35	0.10	1.08	0.32	2.19
	融合程度	0.17	0.09	1.01	2.51*	3.74*	0.46	1.68

表6.4 (2) "新大学"发展各维度的多因素方差分析（F值）

维度、项目	升格前性质	升格时间	所在经济区域	所在地市性质	所在地市经济状况	录取分数线水平	第一志愿填报率	现有学生数	专业结构	本科专业数	学科覆盖面	地市支持	社会贡献	融合程度	总体发展态势
维度1	0.46	4.57*	0.87	2.93*	0.85	0.84	1.31	0.38	0.34	0.46	1.41	3.10*	1.62	0.17	0.19
L1	0.08	3.34*	2.04	0.16	0.96	0.05	0.06	1.88	0.75	0.20	0.06	1.46	0.93	0.04	1.53
L8	0.26	1.85	1.46	1.54	0.67	3.54*	1.28	0.16	0.43	0.23	1.69	4.08*	3.03	0.28	0.23
L15	0.71	2.05	0.10	1.49	1.59	1.16	0.84	2.04	0.81	2.70	1.49	2.77	0.87	0.41	0.58
L22	0.09	3.32*	0.22	0.26	0.67	0.36	0.47	0.76	0.20	0.52	0.13	0.12	0.10	0.45	0.13
L29	0.15	0.19	0.75	0.37	0.20	0.07	0.24	0.61	0.36	0.26	0.44	0.91	0.24	0.84	0.25
维度2	0.96	1.75	1.59	2.44*	0.78	1.96	0.68	0.08	0.48	0.08	0.74	0.96	0.34	0.09	0.64
L2	0.26	0.55	1.80	0.92	0.25	1.07	0.16	0.04	1.12	0.15	0.09	0.81	0.56	0.21	1.22
L9	5.64**	0.51	1.88	2.43	0.37	2.57	1.43	2.22	3.59*	1.15	0.95	0.71	4.89*	3.19*	1.22
L16	2.35**	8.12**	1.66	4.13**	0.44	0.14	0.08	0.35	2.13	0.97	0.20	0.23	0.54	0.15	0.22
L23	0.82	0.15	3.34*	0.55	0.37	1.12	2.08	0.15	1.35	1.49	0.40	0.16	1.55	0.35	1.74
L30	1.77	0.23	1.53	1.55	0.72	1.89	0.39	0.54	0.96	0.45	0.02	0.06	2.02	1.81	0.70
维度3	1.28	1.81	1.76	1.75	1.02	0.95	1.37	1.99	0.85	2.13	1.32	0.83	0.35	1.01	0.46
L3	0.16	0.01	0.14	1.18	0.69	0.83	0.17	1.98	0.31	0.70	0.42	0.16	0.45	0.12	1.04
L10	0.97	3.50*	3.77*	3.00*	0.67	0.73	2.08	2.83	0.25	0.43	1.49	1.30	0.01	0.32	3.08*

续表

维度、项目	升格前性质	升格时间	所在经济区域	所在地市性质	所在地市经济状况	录取分数线水平	第一志愿填报率	现有学生数	专业结构	本科专业数	学科覆盖面	地市支持	社会贡献	融合程度	总体发展态势
L17	0.39	3.51*	0.58	0.83	1.30	0.66	1.58	0.25	1.21	1.99	0.81	1.38	1.05	1.07	2.78*
L24	0.24	5.68**	1.51	0.48	3.22	5.23**	1.96	2.91	1.56	2.86*	0.50	0.95	1.48	4.96*	1.71
L31	1.20	1.47	0.56	1.43	2.42	0.47	1.63	0.60	0.23	0.62	0.60	0.97	1.88	0.18	0.22
维度4	1.59	0.82	6.89*	0.65	0.75	0.54	0.64	1.86	1.59	0.94	0.78	0.71	0.10	2.51*	1.03
L4	0.45	0.74	7.20**	1.22	0.70	0.81	1.73	2.38	1.40	1.07	0.40	1.75	0.00	2.40	0.43
L11	1.41	1.81	4.46*	0.90	1.27	0.64	0.26	3.53*	0.94	2.59	0.41	0.99	0.25	1.19	2.55
L18	1.26	2.25	4.27*	0.22	0.84	2.41	0.45	3.16*	0.39	0.46	1.21	0.09	0.71	0.17	2.58
L25	1.38	1.95	1.83	0.71	0.51	0.27	0.79	1.52	0.65	0.38	0.66	1.78	0.36	5.33**	0.38
L32	0.62	1.67	2.99	0.21	0.97	1.44	2.37	4.50*	1.07	1.16	1.68	0.69	0.18	0.51	0.17
维度5	0.95	0.72	2.62*	0.35	0.39	2.47*	0.25	3.36*	1.72	3.24*	0.71	1.60	1.08	3.74*	2.00
L5	1.07	1.05	5.62**	0.24	1.30	2.68	0.64	4.48**	3.31*	0.34	0.16	5.73**	0.63	7.49**	1.51
L12	0.66	0.48	0.20	1.14	1.64	1.41	0.29	1.80	1.38	1.07	0.34	0.44	0.42	0.44	0.39
L19	1.98	0.27	0.42	0.42	0.54	1.40	1.04	0.60	1.53	2.21	1.21	0.36	2.67	1.44	0.61
L26	0.47	3.34*	1.17	0.48	7.43	3.00*	13.50**	0.26	0.51	1.67	0.63	3.45*	1.77	0.75**	6.74**
L33	0.12	0.47	0.27	0.06	0.44	1.63	0.42	0.40	0.25	2.61	0.53	0.49	1.44	0.62	2.07

续表

维度、项目	升格前性质	升格时间	所在经济区域	所在地市性质	所在地市经济状况	录取分数线水平	第一志愿填报率	现有学生数	专业结构	本科专业数	学科覆盖面	地市支持	社会贡献	融合程度	总体发展态势
维度6	0.97	0.97	4.66*	0.08	2.06	0.36	1.05	5.09*	1.19	1.50	2.35	0.53	0.32	0.46	1.37
L6	3.89*	4.33*	2.93	0.15	0.89	1.33	2.33	2.62	1.13	2.27	2.73	5.11**	0.43	6.21**	1.11
L13	0.30	1.55	1.36	0.64	2.25	0.55	0.28	2.09	1.27	1.19	2.93	0.26	1.02	0.16	1.22
L20	1.27	1.19	3.94*	0.26	2.68	1.83	0.66	7.99**	1.48	1.11	1.07	1.98	0.37	1.76	0.27
L27	0.42	0.07	1.18	0.29	1.25	2.07	0.14	0.26	0.22	0.45	0.05	0.46	3.17*	0.52	1.33
L34	1.19	1.72	0.63	0.06	0.32	0.14	0.23	1.48	0.75	0.33	0.20	1.16	0.78	0.92	2.91*
维度7	0.85	0.45	6.32*	1.62	0.47	4.17*	2.14	2.01	2.03	0.05	0.60	1.30	2.19	1.68	3.10*
L7	0.71	2.17	3.43*	0.46	0.72	1.85	1.93	1.91	0.93	0.50	0.03	0.68	2.32	0.96	3.30
L14	0.24	0.72	0.49	0.42	1.67	2.46	0.33	0.15	2.56*	0.46	1.61	2.12	1.41	0.15	1.39
L21	1.28	0.20	5.35**	4.12*	0.99	2.01	1.61	1.07	1.15	0.34	3.49*	2.30	1.06	0.33	0.58
L28	0.12	0.44	0.62	0.41	0.81	0.78	1.14	1.12	0.39	0.17	1.07	2.22	0.61	0.28	0.18
L35	0.43	0.95	0.00	0.67	0.41	1.38	0.04	1.40	0.68	1.37	2.82	0.29	1.23	1.58	0.72

(二) 差异状况分析

1. 升格因素

从专科升格成为本科是"新大学"发展的重要转折点，何时升格也受到很多因素和条件的限定，升格前的性质对于新建本科院校升格后的发展定位和发展战略有重要影响，升格的时间对新建本科院校升格后所处的发展环境、占有的发展资源等有重要影响，所以分析升格前性质和升格时间对探讨新建本科院校的可持续发展具有重要意义。

（1）升格前性质的差异分析。本研究考察了升格前性质对"新大学"可持续发展的影响。获得的 105 份有效问卷中，升格前是师范类的"新大学"有 74 所，占 70.5%，技术应用类院校有 18 所，占 17.1%，财经类院校有 3 所，占 2.9%，其他类院校有 10 所，占 9.5%。本研究的结果表明，"新大学"升格前的性质与维度 5（管理机制与体制）显著正相关，在 L9、L18 和 L19 上有显著甚至非常显著的主效应，表明升格前性质不仅影响"新大学"的办学条件，对学科与专业设置以及现代大学制度的建立与执行有重要影响。方差分析的结果如表 6.5 所示，升格前性质在维度 2（办学条件）、维度 4（学科与专业）、维度 5（管理机制与体制）等项目上的差异均达到显著甚至非常显著的水平。事后多重比较的结果显示，在办学条件方面（维度 2）、学科与专业设置方面（维度 4）、院校管理机制与体制方面（维度 5）、师资队伍方面（维度 6）和社会支持方面（维度 7），升格前性质对"新大学"具有重要影响。

（2）升格时间的差异分析。本研究考察了升格时间对"新大学"可持续发展的影响。获得的 105 份有效问卷中，2003 年之前升格的院校有 59 所，占 56.2%，2003 年之后升格的有 46 所，占 43.8%。升格时间与 L22、L16、L24 和 L20 均有显著负相关，在维度 1（办学理念）和 L1 等 7 个项目上的主效应都达到显著或者非常显著的水平。独立样本 t 检验的结果如表 6.5 所示，院校升格时间在 7 个维度上的差异均不显著，但在 L24、L32、L19、L20 上的差异均达到显著，甚至非常显著的水平。升格时间较早的"新大学"在办学理念、人才培养、学科与专业、管理机制与体制以及师资队伍等方面会有较好的发展。

2. 经济环境

新建本科院校所处经济环境对院校的发展战略、人才培养定位、获得的社会支持等发展因素有非常重要的影响，本研究从新建本科院校所处经济区域、所在地市性质、所在地市经济状况三个方面调查分析了不同经济环境下新建本科院校发展的特点和差异。

（1）所处经济区域的差异分析。本研究考察了所处经济区域对"新大学"可持续发展的影响。获得的 105 份有效问卷中，处于东部地区的院校有43 所，占41.0%，处于中部地区的有37 所，占35.2%，处于西部地区的有25 所，占23.8%。院校所处经济区域与维度 2（办学条件）、维度 3（人才培养）、维度 6（师资队伍）和维度 7（社会支持）和 L2 等 9 个项目呈显著正相关或负相关。院校所在经济区域在维度 4（学科与专业）、维度 5（管理机制与体制）、维度 6（师资队伍）和维度 7（社会支持）及 L4 等 6 个项目上都有显著的主效应。方差分析和事后多重比较的结果表明（见表6.5），维度 2（办学条件）、维度 4（学科与专业）、维度 6（师资队伍）和维度 7（社会支持）及 L2 等 10 个项目在所处经济区域上的差异均达到显著甚至非常显著的水平。所处的经济区域不同，人们的经济和文化理念也会不同，处于不同经济区域的"新大学"在办学条件、人才培养定位和获得的社会支持方面也会有较大差异。

（2）所在地市性质的差异分析。本研究考察了所在地市性质对"新大学"可持续发展的影响。获得的 105 份有效问卷中，处于直辖市的院校有 9 所，占8.6%，处于省会城市的院校有 17 所，占16.2%，处于一般发达城市的院校有 18 所，占17.1%，处于一般城市的院校有 61 所，占58.1%。"新大学"所在地市性质与维度 1（办学理念）、维度 5（管理机制与体制）和维度 7（社会支持）及 L8 和 L21 有显著正相关，与 L4 有显著负相关。"新大学"所在地市性质在维度 1（办学理念）、维度 2（办学条件）及 L16、

L10 和 L21 上的主效应都达到了显著性水平。方差分析和事后多重比较的结果如表 6.5 所示,"新大学"所在地市性质在维度 1(办学理念)和维度 2(办学条件)及 L8 等 5 个项目上的差异都达到了显著性水平。不同性质的城市拥有不同的人文、社会、经济和自然资源,对"新大学"所提供的社会支持也就不同。

(3)所在地市经济状况差异分析。本研究考察了院校所在地市经济状况对"新大学"可持续发展的影响。获得的 105 份有效问卷中,所在地市经济状况很好的院校有 13 所,占 12.4%,经济状况良好的院校有 28 所,占 26.7%,经济状况一般的院校有 45 所,占 42.9%,经济状况较差的院校有 19 所,占 18.1%。院校所在地市经济状况与维度 3(人才培养)、维度 4(学科与专业)、维度 5(管理机制与体制)、维度 6(师资队伍)和维度 7(社会支持)均有显著正相关,与 L2 等 11 个项目的相关也达到显著甚至非常显著的水平;院校所在地市经济状况在 7 个维度上的主效应均不显著,但在 L24、L26 上有显著的主效应。方差分析和事后多重比较的结果表明(见表 6.5),院校所在地市经济状况在维度 3(人才培养)、维度 4(学科与专业)、维度 6(师资队伍)和维度 7(社会支持)及 L2 等 15 个项目上的差异均达到显著或非常显著的水平。"新大学"所在地市的经济状况直接影响到其办学条件、人才培养和获得社会支持的大小,对师资队伍引进和建设也具有重要影响。

3. 办学状态

办学状态是新建本科院校发展水平的重要体现,其中录取分数线和第一志愿填报率是新建本科院校社会认可度的良好表征,总体发展态势是新建本科院校领导对本校发展的一种客观评价。

(1)本科招生录取分数线水平上的差异分析。本研究考察了各"新大学"近两年本科招生录取分数线与本省(市)本科录取控制线的差异水平。获得的 105 份有效问卷中,高出控制线 10 分的院校有 20 所,占 19.0%,高出 10 分以内的院校有 28 所,占 26.7%,与控制线持平的院校有 47 所,占 44.8%,降分录取的院校有 10 所,占 9.5%。本科招生录取分数线水平与 7

个维度均有显著甚至非常显著的正相关，与 L8 等 9 个项目的相关也达到显著性水平。本科招生录取分数线水平在维度 5（管理机制与体制）和维度 7（社会支持）及 L9 等 5 个项目上都有显著的主效应。方差分析和事后多重比较的结果如表 6.5 所示，本科招生录取分数线水平在维度 3（人才培养）、维度 4（学科与专业）、维度 6（师资队伍）和维度 7（社会支持）及 17 个项目上的差异达到显著甚至非常显著的水平。"新大学"的本科招生录取分数线是其发展情况的一个重要体现，院校的办学条件、人才培养定位、学科与专业设置、师资力量以及社会认可度与获得的社会支持都是影响考生报考的重要因素，也是影响"新大学"录取分数线的重要因素。

（2）本科录取考生第一志愿填报率的差异分析。本研究考察了各"新大学"近两年本科录取考生的第一志愿填报率与其可持续发展的关系。获得的 105 份有效问卷中，第一志愿填报率在 90% 以上的院校有 31 所，占 29.5%，填报率在 60%—90% 的院校有 41 所，占 39.0%，填报率在 30%—59% 的院校有 28 所，占 26.7%，填报率在 29% 以下的院校有 5 所，占 4.8%。第一志愿填报率与维度 1（办学理念）、维度 3（人才培养）和维度 7（社会支持）有显著正相关，与 L8 等 6 个项目的相关也达到显著甚至非常显著的水平。第一志愿填报率在 7 个维度上的主效应均未达到显著性水平，但在 L26 上有非常显著的主效应。方差分析和事后多重比较的结果表明（见表 6.5），第一志愿填报率在维度 1（办学理念）和维度 3（人才培养）及 L8 等 7 个项目上的差异达到显著性水平。本科录取考生的第一志愿填报率是"新大学"发展情况的一个重要反映，受诸多因素的影响，院校的办学条件、人才培养定位和社会认可度等直接影响了学生的报考。

（3）总体发展态势的差异分析。本研究考察了各"新大学"目前总体发展态势与其可持续发展的关系。获得的 105 份有效问卷中，发展快速的院校有 38 所，占 36.2%，发展匀速的院校有 50 所，占 47.6%，发展滞缓的院校有 9 所，占 8.6%，发展困难的院校有 8 所，占 7.6%。各"新大学"的总体发展态势与维度 1（办学理念）、维度 3（人才培养）、维度 5（管理机制与体制）、维度 6（师资队伍）和维度 7（社会支持）及 L2、L23 等 12 个项目有显著的正相关。各"新大学"的总体发展态势在维度 7 和 L1 等 4 个项目上有显著的主效应。方差分析和事后多重比较的结果如表 6.5 所示，各"新大学"的总体发展态势在维度 3（人才培养）、维度 5（管理机制与体制）、维度 6（师资队伍）和维度 7（社会支持）及 L2、L23 等 17 个项目上的差异达到显著甚至非常显著的水平。办学条件直接影响院校的发展态势，社会支持和人才培养也与院校发展态势相互影响和制约，院校获得的社会支持越多就发展得越好，院校有了良好的发展就能吸引到更多的社会支持，办学条件和人才培养也能获得更大的提升和发展空间。

4. 规模结构

新建本科院校的规模结构既反映了院校现有办学状况，也对院校后期发展有重要的直接或间接影响。现有学生数、专业结构、本科专业数、本科专业的学科覆盖面等都是新建本科院校办学规模结构的主要表现。

（1）现有学生数的差异分析。本研究考察了各"新大学"现有学生数与其可持续发展的关系。获得的 105 份有效问卷中，没有院校学生数超过 3 万，有 2 万—3 万学生的院校有 9 所，占 8.6%，有 1 万—2 万学生的院校有 78 所，占 74.3%，学生数在 1 万人以下的院校有 18 所，占 17.1%。"新大学"的现有学生数与维度 3（人才培养）和维度 6（师资队伍）有显著正相关，与 L15 等 9 个项目的相关也达到显著性水平。"新大学"的现有学生数在维度 5（管理机制与体制）和维度 6（师资队伍）及 L29 等 5 个项目上有显著的主效应。方差分析和事后多重比较的结果表明（见表 6.5），"新大学"的现有学生数在维度 6（师资队伍）及 L15 等 10 个项目上有显著性差异。"新大学"的现有学生数是衡量其发展的一个重要指标，人才培养、师资力量、学科与专业设置和管理机制与体制都是高考生选择学校时权衡的重要方面，也就成为影响"新大学"学生人数的重要因素。

（2）专业结构的差异分析。本研究考察了各"新大学"目前的专业结构与其可持续发展的关系。获得的 105 份有效问卷中，专业结构以工科类为主的院校有 29 所，占 27.6%，以财经类为主的院校有 3 所，占 2.9%，以文理基础学科为主的院校有 63 所，占 60.0%，专业结构为其他类型的院校有

10 所，占 9.5%。"新大学"的专业结构与维度 5（管理机制与体制）有非常显著的负相关，与 L1 等 6 个项目的相关都达到非常显著的水平。"新大学"的专业结构在 7 个维度上均无显著主效应，但在 L1 等 6 个项目上都有显著的主效应。方差分析和事后多重比较的结果如表 6.5 所示，"新大学"的专业结构在维度 5（管理机制与体制）和 L15 等 16 个项目上的差异达到显著性水平。不同的专业结构需要不同的办学条件，"新大学"的专业结构是影响办学条件的重要因素，不同的专业结构设置对地方经济社会的贡献和服务不同，这也直接影响了院校发展中所获得的社会支持。

（3）本科专业数的差异分析。本研究考察了各"新大学"本科专业数与其可持续发展的关系。获得的 105 份有效问卷中，有 40 个以上本科专业的院校有 32 所，占 30.5%，本科专业有 30—39 个的院校有 34 所，占 32.4%，有 20—29 个本科专业的院校有 20 所，占 19.0%，有 19 个以下本科专业的院校有 19 所，占 18.1%。"新大学"的本科专业数与 7 个维度的相关都没有达到显著性水平，但与 L1 等 7 个项目的相关显著。"新大学"的本科专业数仅在维度 5（管理机制与体制）和 L24 上的主效应达到显著性水平。方差分析和事后多重比较的结果显示（见表 6.5），7 个维度在本科专业数上无显著差异，L1 等 10 个项目在"新大学"的本科专业数上有显著性差异。"新大学"的办学条件与本科专业数是相互影响和制约的关系，良好的办学条件是申请和开设本科专业的前提条件，拥有较多的较有实力的本科专业是院校发展良好的反映和继续发展的重要基础，院校的管理机制与体制是保证本科教学和管理质量，开设新的本科专业的重要保障。

（4）本科专业的学科覆盖面的差异分析。本研究考察了各"新大学"本科专业的学科覆盖面与其可持续发展的关系。获得的 105 份有效问卷中，本科专业覆盖 10 个以上学科的院校有 12 所，占 11.4%，覆盖 7—9 个学科的院校有 64 所，占 61.0%，覆盖 4—6 个学科的院校有 29 所，占 27.6%，没有覆盖 3 个以下学科的院校。"新大学"本科专业的学科覆盖面与维度 6（师资队伍）正相关，与其他 6 个维度有不同程度的负相关，但均未达到显著性水平；与 L19 和 L23 有显著的负相关，在 L18 和 L19 上有显著的主效应；在 L11、L19 和 L13 上的差异达到显著性水平。"新大学"的本科专业的学科覆盖面受学校性质、已有专业和现有师资力量等多种因素的影响，也受院校发展定位、管理机制与体制等因素的制约。

5. 区域关系

学校的发展离不开地方政府和机构全方位的支持及资源供给，而大多"新大学"的办学定位为应用型、地方性，人才培养主要为区域经济社会发展服务。新建本科院校与所在区域的积极互动和良好合作是双方共赢共同发展的有力保障。新建本科院校与所在区域的关系主要表现在从所在地市获得的支持、对所在地市的贡献以及与所在地市的融合程度。

（1）获得所在地市的支持的差异分析。本研究考察了各"新大学"获得所在地市的支持与其可持续发展的关系。获得的 105 份有效问卷中，获得所在地市支持很大的院校有 4 所，占 3.8%，获得较大支持的院校有 31 所，占 29.5%，获得一般支持的院校有 50 所，占 47.6%，获支持较小的院校有 20 所，占 19.0%。"新大学"获得所在地市支持与维度 1（办学理念）、维度 2（办学条件）和维度 5（管理机制与体制）及 L15 等 7 个项目的正相关达到显著性水平，在维度 1（办学理念）和 L8 等 5 个项目上有显著的主效应；维度 1（办学理念）、维度 2（办学条件）和 L8 等 12 个项目在"新大学"获得所在地市支持上的差异达到显著甚至非常显著的水平。是否为服务地方经济社会发展培养人才是"新大学"办学理念的重要内容，"新大学"与所在地市的关系是院校发展的一个重要影响因素，获得所在地市支持越多，院校在办学条件、引进师资等方面就拥有更多的机会和资源。

（2）对所在地市经济社会发展贡献的差异分析。本研究考察了各"新大学"对所在地市经济社会发展的贡献与其可持续发展的关系。获得的 105 份有效问卷中，对所在地市经济社会发展贡献很大的院校有 7 所，占 6.7%，贡献较大的院校有 60 所，占 57.1%，贡献一般的院校有 38 所，占 36.2%，贡献较小的没有。"新大学"对所在地市经济社会发展的贡献与 7 个维度有不同水平的正相关，但未达到显著性水平；与 L35 显著负相关，在 L9 和 L18 上有显著的主效应，在 L30、L31 和 L35 上的差异达到显著性水平。各"新大学"能否为当地经济社会发展做出重大贡献既是院校发展好坏状况的一个反应，也是院校与当地关系的重要影响因素，对所在地市经济社会发展的贡献越大，获得所在地市各方面支持的机会就越多，办学条件等方面改善和提高的空间就越大。

（3）与所在地市经济社会的融合程度的差异分析。本研究考察了各"新大学"与所在地市经济社会的融合程度与其可持续发展的关系。获得的 105份有效问卷中，融合程度很好的院校有 7 所，占 6.7%，融合良好的院校有55 所，占 52.4%，融合程度一般的有 43 所，占 41.0%，融合较差的没有。"新大学"与所在地市经济社会的融合程度与维度 6（师资队伍）有显著的正相关，与 L33 等 4 个项目的相关也达到显著水平。"新大学"与所在地市经济社会的融合程度在 7 个维度上没有显著的主效应，在 L24 等 4 个项目上的主效应达到显著甚至非常显著的水平。方差分析和事后多重比较的结果如表 6.5 所示，"新大学"与所在地市经济社会的融合程度在维度 6（师资队伍）和 L9 等 8 个项目上的差异达到显著性水平。"新大学"一般会以地方经济社会发展为依托，以服务地方发展为人才培养定位，所以与所在地市经济社会的融合程度会直接影响"新大学"的学科与专业设置，间接影响各院校师资队伍等方面的发展。

表6.5 "新大学"发展的影响因素差异分析表

影响因素			维度1 M	维度1 F/t	维度2 M	维度2 F/t	维度3 M	维度3 F/t	维度4 M	维度4 F/t	维度5 M	维度5 F/t	维度6 M	维度6 F/t	维度7 M	维度7 F/t
升格因素	升格前性质	1 师范类	3.91		1.38		4.01		3.05		2.99		1.61		2.55	
		2 技术应用类	4.17	1.11	2.11	2.97*	4.22	1.00	3.78	3.25*	4.00	4.25**	2.22	1.57	2.89	1.07
		3 财经类	4.33		1.67		4.33		4.33		3.00		2.33		2.67	
		4 其他	4.20		1.70		4.40		2.80		3.60		1.40		2.90	
	升格时间	1 2003年前	4.05	0.53	1.46	−0.70	4.20	1.44	3.15	−0.31	3.29	0.54	1.81	1.04	2.68	0.65
		2 2003年后	3.98		1.59		3.98		3.23		3.16		1.55		2.57	
经济环境	所在经济区域	1 东部地区	3.95		1.86		4.26		3.53		3.51		2.19		2.93	
		2 中部地区	4.05	0.20	1.35	4.09*	4.08	2.25	2.76	4.54*	2.97	2.31	1.38	5.33**	2.41	4.38*
		3 西部地区	3.96		1.28		3.84		3.24		3.08		1.40		2.52	
	所在地市性质	1 直辖市	4.22		1.22		4.22		3.56		3.89		2.00		3.00	
		2 省会城市	4.53	5.77**	1.71	3.27*	4.18	1.52	3.35	1.58	3.29	1.94	1.65	0.60	2.94	2.22
		3 一般发达城市	4.11		2.11		4.39		3.56		3.50		2.00		2.78	
		4 一般城市	3.77		1.38		3.97		2.98		3.02		1.61		2.48	
	所在地市经济状况	1 很好	4.31		1.69		4.54		3.77		3.85		2.31		3.23	
		2 良好	4.04	1.30	1.79	1.09	4.07	3.39*	3.21	3.73*	3.39	2.44	2.04	4.51**	2.89	5.13**
		3 一般	3.96		1.40		4.16		3.31		3.11		1.69		2.49	
		4 较差	3.79		1.42		3.68		2.47		2.79		0.89		2.26	

续表

影响因素		维度 1 M	维度 1 F/t	维度 2 M	维度 2 F/t	维度 3 M	维度 3 F/t	维度 4 M	维度 4 F/t	维度 5 M	维度 5 F/t	维度 6 M	维度 6 F/t	维度 7 M	维度 7 F/t
录取分数线水平	1 高出10分	4.35		2.10		4.30		3.45		3.45		2.10		3.25	
	2 10分以内	4.21	5.24**	1.54	3.66*	4.36	2.90*	3.43	2.71*	3.71	7.15**	1.96	2.10	2.57	4.97**
	3 持平	3.81		1.43		3.91		3.13		3.11		1.53		2.43	
	4 降分	3.50		1.00		3.80		2.30		1.90		1.10		2.70	
第一志愿填报率	1 90%以上	4.32		1.65		4.32		3.29		3.39		1.97		3.00	
	2 60%—99%	4.00	4.47**	1.39	0.54	4.20	3.29*	3.24	0.48	3.29	0.92	1.73	1.10	2.49	2.64
	3 30%—59%	3.68		1.64		3.75		2.96		3.04		1.54		2.50	
	4 29%以下	3.60		1.60		3.80		3.40		2.60		1.00		2.60	
办学状态 总体发展态势	1 很好	4.29		1.57		4.14		2.71		3.14		2.57		2.86	
	2 良好	4.04	1.07	1.71	1.88	4.18	0.82	3.45	3.04	3.44	2.03	1.85	3.36**	2.73	0.99
	3 一般	3.88		1.33		3.98		2.93		2.95		1.40		2.51	

续表

影响因素		维度 1 M	维度 1 F/t	维度 2 M	维度 2 F/t	维度 3 M	维度 3 F/t	维度 4 M	维度 4 F/t	维度 5 M	维度 5 F/t	维度 6 M	维度 6 F/t	维度 7 M	维度 7 F/t
现有学生数	2 2万—3万人	4.00		1.56		4.44		3.56		4.00		2.89		2.78	
	3 1万—2万人	4.01	0.20	1.58	0.27	4.13	2.46	3.21	0.81	3.17	2.22	1.68	5.23**	2.68	0.66
	4 1万人以下	3.89		1.39		3.78		2.94		3.06		1.28		2.44	
专业结构	1 工科类	4.14		1.83		4.10		3.52		3.76		1.93		2.59	
	2 财经类	4.33		2.33		4.67		3.67		3.00		2.00		3.00	
	3 其他社会学科类	4.17	1.02	0.83	2.13	4.50	1.29	3.50	1.65	4.00	3.78**	1.67	1.20	2.33	2.14
	4 文理类	3.87		1.44		4.00		2.95		2.89		1.54		2.62	
	5 其他	4.25		1.50		4.50		3.75		3.50		2.75		3.75	
本科专业数	1 40个以上	4.00		1.34		4.13		3.00		3.03		1.72		2.47	
	2 30—39个	3.91	0.27	1.50	1.05	4.03	0.76	3.26	0.52	3.29	0.94	1.88	0.47	2.65	0.89
	3 20—29个	4.00		1.80		4.30		3.40		3.55		1.45		2.75	
	4 19个以下	4.11		1.68		3.95		3.16		3.05		1.68		2.84	
学科覆盖面	1 10个以上	4.00		1.25		4.25		2.83		3.08		1.92		2.75	
	2 7—9个	3.98	0.01	1.58	0.60	4.02	0.84	3.27	0.66	3.14	0.75	1.83	1.40	2.59	0.33
	3 4—6个	4.00		1.59		4.21		3.17		3.45		1.38		2.72	

规模结构

续表

影响因素		维度 1 M	维度 1 F/t	维度 2 M	维度 2 F/t	维度 3 M	维度 3 F/t	维度 4 M	维度 4 F/t	维度 5 M	维度 5 F/t	维度 6 M	维度 6 F/t	维度 7 M	维度 7 F/t
地市支持	1 很大	4.75		1.25		4.25		3.25		3.75		2.75		2.75	
	2 较大	4.23	3.50*	2.00	3.92*	4.10		3.45		3.61		1.94		2.81	
	3 一般	3.84		1.44		4.12	0.16	3.08	0.73	3.12	2.66	1.54	1.56	2.64	0.94
	4 较小	3.85		1.15		4.00		3.05		2.75		1.60		2.40	
区域关系 社会贡献	1 很大	4.14		1.29		4.00		3.14		3.29		2.29		3.00	
	2 较大	4.05	0.83	1.73	2.73	4.17	0.57	3.23	0.09	3.35	1.01	1.82	1.73	2.67	0.84
	3 一般	3.87		1.29		4.00		3.13		3.00		1.45		2.55	
融合程度	1 发展快速	4.08		1.79		4.26		3.29		3.63		2.32		2.95	
	2 发展匀速	4.06	2.00	1.44	1.37	4.18	4.77**	3.30	1.70	3.24	6.81**	1.44	5.80**	2.62	4.75**
	3 发展滞缓	3.56		1.33		3.44		2.89		2.56		1.56		2.11	
	4 发展困难	3.63		1.25		3.50		2.38		1.88		0.75		2.00	

第七章 发展良好的"新大学"实证分析

第一节 发展良好的"新大学"的特点

一、发展良好的"新大学"

"新大学"虽然仅仅是 1998 年启动高等教育大众化进程之后产生的一类本科院校,其阵营中升格最长的也不过十余年。但是,在这占本科院校近 1/4 的高等学校中已经涌现出不少办学成效显著、社会认可度高、学科和专业与地方融合度高、特色明显的成功者。它们不仅用短短的十余年时间在本科教育上取得了社会的信任和学生的满意,而且有的已经开始与老牌本科院校齐头比肩、难分伯仲,甚至完成了超越。如北京联合大学、南京工程学院、临沂师范学院、合肥学院等。

发展良好的"新大学"在本研究中既是一种状态,又被认定为一个概念。何为"发展良好的'新大学'"呢?本研究以社会认同程度来度量"新大学"的发展态势,并且以近两年本科招生录取分数线、本科录取考生的第一志愿填报率为指标,"发展良好的'新大学'"的操作定义为:1998 年以后开始本科教育,近两年本科招生录取分数线高于本省(市)本科录取控制线,且第一志愿填报率在 60% 以上的院校。

二、"新大学"发展状况分类

经过对问卷实测数据的分析,本研究发现可以以本科招生录取分数线水平和第一志愿填报率作为"新大学"发展状况的评价指标。我们根据各

"新大学"本科招生录取分数线水平，将其分为录取分数线较高［包括本科招生录取分数线高于本省（市）本科录取控制线的所有学校］和录取分数线较低［包括本科招生录取分数线与本省（市）本科录取控制线持平和降分录取的所有学校］两类；根据近两年本科录取考生的第一志愿填报率，将各"新大学"分为第一志愿填报率较高（包括第一志愿填报率在60%以上的所有院校）和第一志愿填报率较低（包括第一志愿填报率低于59%的所有院校）两类。本研究获得的105份有效问卷中，本科招生录取分数线高于录取控制线的院校有48所，占45.7%，第一志愿填报率高于60%的院校有72所，占68.6%。本研究根据本科招生录取分数线水平和第一志愿填报率两个指标将105所"新大学"分为两类：发展良好的院校（本科招生录取分数线高于录取控制线、第一志愿填报率高于60%）和发展一般的院校，具体细分为四类：A类（也就是发展良好的院校）、B类（录取分数线水平较高、第一志愿填报率较低的院校）、C类（录取分数线水平较低、第一志愿填报率较高的院校）和D类（录取分数线水平较低、第一志愿填报率较低的院校）。本研究获得的有效问卷中，发展良好的"新大学"，也就是A类院校有39所，占37.1%，发展一般的"新大学"有66所，占62.9%，其中B类院校有33所，占31.4%，C类院校有9所，占8.6%，D类院校有24所，占22.9%。

三、发展良好的"新大学"的总体特点

本研究主要通过初步探索性分析的方法研究发展良好的"新大学"发展状况的总体特点（如表7.1所示）。

表7.1 发展良好的"新大学"各维度的得分

	维度1	维度2	维度3	维度4	维度5	维度6	维度7
平均值（M）	4.33	1.97	3.38	3.54	3.49	2.18	2.82
标准差（SD）	0.62	0.96	0.67	1.12	1.14	1.23	1.00
最小值	3	0	2	0	1	0	1
最大值	5	4	5	5	5	5	5

维度 1（办学理念）得分的最小值和最大值分别为 3 分和 5 分，标准差最小，均值最高，达到 4.33 分，说明在办学理念上各"新大学"具有较为一致的观点和立场。有 94.9% 的发展良好的"新大学"的目标定位是应用型本科院校，所有发展良好的"新大学"都认为"新大学"必须与地方经济社会发展互为依托。

维度 2（办学条件）的得分均值最低，标准差较小，最小值和最大值分别为 0 分和 4 分，可见各发展良好的"新大学"在办学条件方面存在一定差异，但办学条件不能与院校发展完全配套。教学资源紧张，实验实训教学建设和教学场馆建设等与教学需求存在较大差异，潜在财务风险较大等是各发展良好的"新大学"共同面临的问题。

维度 3（人才培养）得分的均值较高，标准差较小，最小值为 2 分，说明发展良好的"新大学"在人才培养方面具有较高的一致性。在 L3、L10、L17 和 L24 上，分别有 97.4%、97.4%、92.3% 和 89.7% 的被试选择了"是"，说明各发展良好的"新大学"在人才培养定位和方案、课程结构和内容等方面具有相同的判断和立场。L31 上选择"是"和"否"的比例分别为 56.4% 和 43.6%，说明"工学结合"并不是所有发展良好"新大学"选择的人才培养模式，这与院校的性质有关。

维度 4（学科与专业）得分的均值较高，标准差较大，最小值和最大值分别为 0 分和 5 分，说明各"新大学"在学科与专业方面存在较大差异，这主要受各院校专业结构性质差异的影响较大。从总体上看，各"新大学"的本科专业数、学科覆盖面等方面有一定的一致性，即本科专业数越来越多，学科覆盖面越来越广，在专业设置上大多向综合性院校发展。

维度 5（管理机制与体制）得分的均值较高，标准差很大，最小值和最大值分别是 1 分和 5 分，说明发展良好的各"新大学"在管理机制与体制方面大多优于发展状况一般的院校。但是它们也都存在不同程度的问题，在管理体制创新和管理机制改革方面还面临诸多困难。

维度 6（师资队伍）得分的均值较低，标准差最大，最小值和最大值分别为 0 分和 5 分，说明各"新大学"在师资队伍方面虽然存在较大差异，但从总体上看，师资队伍结构不合理，双师型教师（本研究的提法是"双能型"，以区别于高等职业教育的师资队伍建设，但在问卷中，为了保证被试不产生理解上的歧误，用了"双师型"这个已经普及程度较高的概念）比例偏低等问题是比较普遍的现象。

维度7（社会支持）得分的均值较低，标准差为1。发展良好的"新大学"大多有较好的经济环境，与所在区域的关系较为和谐，院校发展与区域发展互动性良好。

发展良好的"新大学"在维度1（办学理念）、维度3（办学条件）、维度4（学科与专业）、维度5（管理机制与体制）、维度6（师资队伍）和维度7（社会支持）上的得分高于总体均值得分，说明发展良好的"新大学"的办学理念更为一致和先进，办学条件方面相对较好，获得了较多的社会支持，在学科与专业设置上有良好的基础，具备了较为完善的管理机制与体制和较为配套的师资队伍。

概括地说，发展良好的"新大学"具有的总体特点是：学校规模定位一般为1万—2万人；目标定位是应用型本科院校；专业数一般保持在20—40个；以地方经济社会发展为依托；人才培养定位和方案、课程结构和内容应充分体现"应用型"这一类型上的差异等。研究还显示，发展良好的"新大学"需要扩大办学自主权和获得更多的社会支持，存在着潜在财务风险等问题。

四、发展良好的"新大学"的相关因素

研究发现，发展良好的"新大学"不但都有较好的可持续发展状态，在发展条件方面也具有很多相似性。本研究分析了发展良好的"新大学"的7个维度与15个影响因素之间的相关关系（第1和第9题正向记分，其他13道题反向记分），结果如表7.2所示。院校升格时间、本科录取考生的第一志愿填报率、现有学生数、专业结构、本科专业的学科覆盖面、对所在地市经济社会发展的贡献等6个因素与发展良好的"新大学"的7个维度有不同水平的相关关系，但均未达到显著性水平。由此可以看出，"新大学"的发

展与办学时间的长短、学生的志愿填报没有显著相关性，或者说，"新大学"的整体发展水平还不是非常高，社会还只是从其办学位置、校园环境等外部因素去认识；学生数、专业结构、学科覆盖面与院校发展的差异也不显著，这与前文中麦可思公司的研究结论相悖——这可能说明，我们的"新大学"校长们还没有清楚地认识到追求规模、数量并不等于发展，这一点是值得我们注意的。但考虑到下文"新大学"的发展与专业数呈显著负相关，我们是否可以这么理解："新大学"负责人沿袭着专科办学的习惯，还没有明晰的学科建设意识和思路。

表 7.2　发展良好的"新大学"各维度与影响因素间的相关系数矩阵

影响因素		维度 1	维度 2	维度 3	维度 4	维度 5	维度 6	维度 7
升格因素	升格前性质	0.17	0.38*	0.19	-0.02	-0.07	0.09	0.32*
	升格时间	-0.21	-0.22	0.30	-0.22	-0.07	-0.07	-0.22
经济环境	所在经济区域	-0.17	0.19	0.29	0.16	0.11	0.36*	0.24
	所在地市性质	0.19	-0.02	-0.10	0.14	0.22	-0.03	0.42**
	所在地市经济状况	0.09	-0.01	0.01	0.17	0.21	0.05	0.32*
办学状态	录取分数线水平	0.06	0.35*	-0.18	-0.06	-0.10	-0.06	0.39*
	第一志愿填报率	0.22	0.25	-0.04	-0.18	-0.12	0.04	0.26
	总体发展态势	0.27	-0.11	0.04	0.58**	0.49**	0.56**	0.34*
规模结构	现有学生数	-0.04	-0.07	0.17	0.22	0.29	0.23	0.09
	专业结构	0.17	0.09	0.31	0.28	0.22	0.16	0.02
	本科专业数	-0.41*	-0.28	0.21	-0.15	-0.17	-0.15	-0.43**
	学科覆盖面	-0.02	-0.28	0.20	-0.18	-0.19	0.22	-0.23
区域关系	地市支持	0.07	0.04	0.07	0.10	0.36*	0.22	0.33*
	社会贡献	-0.00	-0.05	0.01	-0.17	0.13	0.26	0.27
	融合程度	0.17	0.09	0.04	0.05	0.11	0.35*	0.32*

注：升格前性质和专业结构 2 个影响因素正向计分，其他 13 个影响因素反向计分。

研究还发现升格前的性质等 9 个因素与院校发展呈显著相关。发展良好的"新大学"的办学理念维度与本科专业数显著负相关；办学条件维度与院校升格前性质有显著的负相关，与本科招生录取分数线水平有非常显著的正相关，办学条件越好的院校录取分数线水平也越高；学科与专业设置和发展是院校发展的体现之一，与"新大学"目前的总体发展态势有非常显著的正相关；院校的管理机制和体制与获得地市支持和目前发展态势两个因素显著正相关；师资队伍维度与"新大学"所处经济区域、与所在地市经济社会发展的融合程度及院校目前的发展态势显著正相关。发展良好的"新大学"在发展过程中可能受到了广泛的、强有力的来自各方面的社会支持，这些支持使"新大学"的招生情况和办学情况等方面越来越好；反之，随着"新大学"的良好发展，也会吸引更多的社会支持。所以，发展良好的"新大学"在社会支持方面与院校升格前性质、所在地市性质、所在地市经济状况、录取分数线水平、获得所在地市的支持、与所在地市经济社会的融合程度及总体发展态势等7个影响因素显著正相关，与本科专业数显著负相关。

第二节　不同发展水平"新大学"的比较

一、发展水平比较

为了研究发展良好的"新大学"成功发展的原因，本研究比较了发展良好的"新大学"与发展一般的"新大学"在各维度和项目上的差异。独立样本 *t* 检验的结果如表7.3所示，发展良好的院校与发展一般的院校在维度1（办学理念）、维度3（人才培养）、维度4（学科与专业）、维度5（管理机制与体制）和维度6（师资队伍）及L8等8个项目上有显著或者非常显著的差异。发展良好的"新大学"有更为先进的办学理念，人才培养方案和课程设置更多地参考了行业专家的意见和建议，在专业设置上也更能充分依据地方经济社会的发展，院校的管理机制和体制也更民主合理，拥有较强的师资力量和师资结构，院校的经济状况良好，办学经费较为充裕。

发展良好的"新大学"虽具有一定的发展优势，但并不是在所有可持续发展条件上都具有优势，也不是在所有方面都优于其他院校。本研究分析了四类"新大学"在各维度和项目上的差异，以研究不同类型院校在发展上的具体差异。方差分析的结果如表 7.3 所示，维度 1（办学理念）、维度 3（人才培养）、维度 5（管理机制与体制）和维度 6（师资队伍）上的差异达到显著性水平，L8、L2 等 9 个项目上的差异也达到显著甚至非常显著的水平。事后多重比较的结果显示，在 L8 上，发展良好的"新大学"（A 类）得分显著低于其他三类院校，说明发展良好的"新大学"有较先进的办学理念。在 L15 上，A 类院校得分显著高于 D 类院校，说明发展良好的"新大学"在区域合作，尤其是国际合作方面做得更好。在 L2 上，录取分数线水平较高的两类院校（A 类和 C 类）的得分都显著低于 D 类院校，说明录取分数线水平较高的院校拥有较充裕的教学资源，能更好地满足教学需要。在 L23 上，D 类院校得分显著高于其他三类院校，说明录取分数线水平较低、第一志愿填报率也较低的"新大学"在图书馆和网络建设等硬件资源方面较为欠缺，不能很好地满足本科教学的需要。在教学场馆建设与教学需求的满足上（L30），B 类院校与 A 类和 C 类院校，D 类院校与 C 类院校的差异都达到了显著性水平。在院校的管理机制与体制、师资力量和师资结构、经济状况和办学经费方面，发展良好的"新大学"也显著好于其他三类院校。

表 7.3（1）　不同发展水平"新大学"的差异分析

维度	良好（A 类）$N = 39$		一般 $N = 66$		t	B 类 $N = 33$		C 类 $N = 9$		D 类 $N = 24$		F
	M	SD	M	SD		M	SD	M	SD	M	SD	
维度 1	4.33	0.62	3.79	0.75	3.81**	3.91	0.72	4.00	0.71	3.54	0.78	6.57**
维度 2	1.74	1.14	1.42	0.86	1.62	1.21	0.86	1.89	0.78	1.54	0.83	2.25
维度 3	4.33	0.62	3.95	0.85	2.43*	4.15	0.83	4.33	0.71	3.54	0.78	6.25**
维度 4	3.54	1.12	2.98	1.20	2.35*	2.94	1.12	3.00	1.32	3.04	1.30	1.84
维度 5	3.54	1.17	3.03	1.18	2.15*	3.09	1.07	3.89	0.93	2.63	1.24	4.38**
维度 6	2.18	1.23	1.44	1.24	2.96**	1.42	1.44	1.33	1.00	1.50	1.06	2.91*
维度 7	2.82	1.00	2.55	0.75	1.61	2.58	0.71	3.00	0.71	2.33	0.76	2.28

表 7.3 (2)　不同发展水平"新大学"的差异分析

维度与项目	良好（A类）N=39		一般		t	B类 N=33		C类 N=9		D类 N=24		F
	M	SD	M	SD		M	SD	M	SD	M	SD	
维度1	4.33	0.62	3.79	0.75	3.81**	3.91	0.72	4.00	0.71	3.54	0.78	6.57**
L1	0.95	0.22	0.95	0.21	-0.13	0.97	0.17	1.00	0.00	0.92	0.28	0.44
L8	0.59	0.50	0.17	0.38	4.93**	0.24	0.44	0.22	0.44	0.04	0.20	9.31**
L15	0.87	0.34	0.79	0.41	1.07	0.85	0.36	0.89	0.33	0.67	0.48	1.68
L22	0.92	0.27	0.92	0.27	-0.02	0.91	0.29	1.00	0.00	0.92	0.28	0.28
L29	1.00	0.00	0.95	0.21	1.35	0.94	0.24	0.89	0.33	1.00	0.00	1.78
维度2	1.74	1.14	1.42	0.86	1.62	1.21	0.86	1.89	0.78	1.54	0.83	2.25
L2	0.38	0.49	0.23	0.42	1.73	0.24	0.44	0.56	0.53	0.08	0.28	3.62*
L9	0.31	0.47	0.32	0.47	-0.11	0.33	0.48	0.33	0.50	0.29	0.46	0.04
L16	0.15	0.37	0.09	0.29	0.97	0.09	0.29	0.00	0.00	0.13	0.34	0.64
L23	0.38	0.49	0.42	0.50	-0.40	0.30	0.47	0.22	0.44	0.67	0.48	3.36*
L30	0.51	0.51	0.36	0.48	1.50	0.24	0.44	0.78	0.44	0.38	0.49	3.77*
维度3	4.33	0.62	3.95	0.85	2.43*	4.15	0.83	4.33	0.71	3.54	0.78	6.25**
L3	0.97	0.16	0.95	0.21	0.51	0.94	0.24	1.00	0.00	0.96	0.20	0.32
L10	0.97	0.16	0.91	0.29	1.29	0.97	0.17	0.89	0.33	0.83	0.38	2.00

续表

维度与项目	良好（A类）N=39		一般		t	B类 N=33		C类 N=9		D类 N=24		F
	M	SD	M	SD		M	SD	M	SD	M	SD	
L17	0.92	0.27	0.86	0.35	0.92	0.91	0.29	0.89	0.33	0.79	0.41	0.93
L24	0.90	0.31	0.65	0.48	2.87**	0.70	0.47	0.78	0.44	0.54	0.51	3.70*
L31	0.56	0.50	0.58	0.50	-0.12	0.64	0.49	0.78	0.44	0.42	0.50	1.50
维度4	3.54	1.12	2.98	1.20	2.35*	2.94	1.12	3.00	1.32	3.04	1.30	1.84
L4	0.90	0.31	0.80	0.40	1.27	0.82	0.39	0.78	0.44	0.79	0.41	0.56
L11	0.87	0.34	0.58	0.50	3.29**	0.52	0.51	0.56	0.53	0.67	0.48	4.13**
L18	0.74	0.44	0.68	0.47	0.67	0.64	0.49	0.78	0.44	0.71	0.46	0.41
L25	0.79	0.41	0.77	0.42	0.26	0.79	0.42	0.89	0.33	0.71	0.46	0.46
L32	0.23	0.43	0.15	0.36	1.01	0.18	0.39	0.00	0.00	0.17	0.38	0.88
维度5	3.54	1.17	3.03	1.18	2.15*	3.09	1.07	3.89	0.93	2.63	1.24	4.38**
L5	0.62	0.49	0.48	0.50	1.29	0.45	0.51	0.78	0.44	0.42	0.50	1.81
L12	0.72	0.60	0.47	0.50	2.26*	0.48	0.51	0.56	0.53	0.42	0.50	1.84
L19	0.41	0.50	0.50	0.50	-0.89	0.58	0.50	0.56	0.53	0.38	0.49	1.05
L26	1.00	0.00	0.98	0.12	0.77	1.00	0.00	1.00	0.00	0.96	0.20	1.13
L33	0.79	0.41	0.59	0.50	2.17*	0.58	0.50	1.00	0.00	0.46	0.51	4.88**

续表

维度与项目	良好（A类）N=39		一般		t	B类 N=33		C类 N=9		D类 N=24		F
	M	SD	M	SD		M	SD	M	SD	M	SD	
维度6	2.18	1.23	1.44	1.24	2.96**	1.42	1.44	1.33	1.00	1.50	1.06	2.91*
L6	0.56	0.50	0.24	0.43	3.47**	0.18	0.39	0.11	0.33	0.38	0.49	5.18**
L13	0.72	0.46	0.50	0.50	2.22*	0.48	0.51	0.44	0.53	0.54	0.51	1.72
L20	0.59	0.50	0.47	0.50	1.19	0.45	0.51	0.67	0.50	0.42	0.50	1.03
L27	0.03	0.16	0.06	0.24	-0.81	0.12	0.33	0.00	0.00	0.00	0.00	2.04
L34	0.28	0.46	0.17	0.38	1.40	0.18	0.39	0.11	0.33	0.17	0.38	0.72
维度7	2.82	1.00	2.55	0.75	1.61	2.58	0.71	3.00	0.71	2.33	0.76	2.28
L7	0.41	0.50	0.29	0.46	1.28	0.30	0.47	0.56	0.53	0.17	0.38	2.10
L14	0.13	0.34	0.21	0.41	-1.07	0.24	0.44	0.33	0.50	0.13	0.34	1.16
L21	0.33	0.48	0.09	0.29	3.24**	0.12	0.33	0.11	0.33	0.04	0.20	3.68*
L28	1.00	0.00	0.97	0.17	1.09	0.94	0.24	1.00	0.00	1.00	0.00	1.49
L35	0.95	0.22	0.98	0.12	-1.07	0.97	0.17	1.00	0.00	1.00	0.00	0.55

本研究简单考察了录取分数线水平较高和较低的"新大学"在各维度和项目上的差异，独立样本 t 检验的结果表明：两者在办学理念维度、人才培养维度和管理机制与体制维度上有非常显著的差异，在办学条件维度、师资队伍维度和社会支持维度上的差异达到显著性水平；两者在 L8、L2、L30、L24、L5、L33、L6、L7 和 L21 上的差异达到显著甚至非常显著的水平；虽然在维度 4 的得分上两者没有显著性差异，但录取分数线水平较高的"新大学"的得分也高于录取分数线水平较低的院校。本研究也简单分析了第一志愿填报率较高和较低的"新大学"在各维度和项目上的差异，独立样本 t 检验的结果表明，两者在办学理念维度和人才培养维度上的差异非常显著，在 L8、L10、L24 和 L21 上的差异也达到显著或者非常显著的水平。

如果我们以第一志愿填报率 30% 划分高低，独立样本 t 检验的结果表明，7 个维度上的差异都不显著。但是，第一志愿填报率较高（高于 30%）与第一志愿填报率较低（低于 29%）的"新大学"在 L23、L24、L26 上的差异达到显著性水平。第一志愿填报率较低的"新大学"升格前都是师范类院校；有 40% 是 2003 年之前完成升格；有 20% 处于中部经济区，80% 处于西部经济区域；都地处一般城市；有 20% 的院校所在地市经济状况一般，80% 院校所在地市经济状况较差；本科招生录取分数线高出控制线 10 分以内的占 20%，持平的占 20%，降分录取的占 60%；现有学生人数在 1 万—2 万人的占 60%，1 万人以下的占 40%；专业结构都是以文理科为主；有 30—39 个本科专业的占 60%，有 20—29 个的占 40%；覆盖学科门类在 10 个以上的占 20%，7—9 个的占 80%；获所在地市支持较大的占 10%，获一般支持的占 40%，获得支持较小的占 50%；对所在地市经济社会发展的贡献较大的占 20%，贡献一般的占 80%；与所在地市经济社会的融合程度良好的占 20%，融合程度一般的占 80%；在目前总体发展态势上，发展快速、发展滞缓和发展困难的各占 20%，发展匀速的占 40%。

二、影响因素的差异比较

"新大学"的发展状况受多种因素的影响和制约，改变或者改善这些因素可以促进"新大学"的发展，本研究通过分析发展良好的"新大学"与其他发展水平院校在多种影响因素上的差异，来研究促进"新大学"可持续发展的有利因素。从表 7.4 可知，各种影响因素对不同发展状况的"新大学"有不同的影响。

1. 升格因素

研究结果显示，升格因素对"新大学"的发展有较大影响，发展良好的"新大学"大多是升格较早的院校。升格前的性质直接影响了"新大学"的办学定位和人才培养方向，以及与地方合作的内容和方式，所以不同性质的"新大学"其发展也呈现不同的状态。

（1）升格前性质上的差异。从表 7.2 可知，院校升格前的性质与发展良好的"新大学"的办学条件维度和社会支持维度显著正相关，财经类和技术应用类的"新大学"比师范类院校获得了更多的各方面的社会支持，学校性质往往通过影响所培养人才的专业方向等从而影响获得的社会支持。本研究获得的有效问卷中，升格前性质为师范类的院校有 74 所，发展良好的有 25 所，占 33.8%，但是占全部发展良好院校的 64.1%，这一方面是因为升格为"新大学"的师范类院校基数比较大，另一方面可能与我们的取样有关。另外，有 29.7%（22 所）属于 B 类院校，8.1%（6 所）属于 C 类院校，28.4%（21 所）属于 D 类院校。

（2）升格时间的差异分析。从表 7.2 可知，院校的升格时间与发展良好的"新大学"的人才培养维度负相关，与办学理念维度、办学条件维度等 6 个维度正相关，但均未达到显著性水平。我国现有的"新大学"是分批次进行升格的，办学条件、师资队伍、所获社会支持的多少等对"新大学"的升格早晚具有重要影响；升格较早的"新大学"获得了较为充裕的发展时间，在院校发展的各个方面也显示出一定的成熟优势。如表 7.4 所示，2003 年之前升格的"新大学"中 45.8% 属于发展良好的"新大学"，2003 年之后升格的院校中 26.7% 属于发展良好的"新大学"。发展良好的"新大学"中有 69.2% 是 2003 年之前升格的院校。

表7.4 不同发展水平"新大学"的分布

影响因素		A类 行比例(%)	B类 行比例(%)	C类 行比例(%)	D类 行比例(%)	发展良好 数量	发展良好 行比例(%)	发展良好 列比例(%)	发展一般 数量	发展一般 行比例(%)	发展一般 列比例(%)
升格因素 升格前性质	1 师范类	33.8	29.7	8.1	28.4	25	33.8	64.1	49	66.2	74.2
	2 技术应用类	50.0	38.9	5.6	5.6	9	50.0	23.1	9	50.0	13.6
	3 财经类	66.7	0.0	0.0	33.3	2	66.7	5.1	1	33.3	1.5
	4 其他	30.0	40.0	20.0	10.0	3	30.0	7.7	7	70.0	10.6
升格时间	1 2003年前	45.8	20.3	13.6	20.3	27	45.8	69.2	32	54.2	48.5
	2 2003年后	26.7	47.7	2.2	24.4	12	26.7	30.8	34	73.3	51.5
经济环境 所在经济区域	1 东部地区	37.2	30.2	14.0	18.6	16	37.2	41.0	27	62.8	40.9
	2 中部地区	43.2	37.8	5.4	13.5	16	43.2	41.0	21	56.8	31.8
	3 西部地区	28.0	24.0	4.0	44.0	7	28.0	17.9	18	72.0	27.3
所在地市性质	1 直辖市	44.4	11.1	22.2	22.2	4	44.4	10.3	5	55.6	7.6
	2 省会城市	70.6	23.5	0.0	5.9	12	70.6	30.8	5	29.4	7.6
	3 一般发达城市	55.6	22.2	11.1	11.1	10	55.6	25.6	8	44.4	12.1
	4 一般城市	21.3	39.3	8.2	31.1	13	21.3	33.3	48	78.7	72.7
所在地市经济状况	1 很好	61.5	15.4	15.4	7.7	8	61.5	20.5	5	38.5	7.6
	2 良好	46.4	32.1	7.1	14.3	13	46.4	33.3	15	53.6	22.7
	3 一般	37.8	37.8	8.9	15.6	17	37.8	43.6	28	62.2	42.4
	4 较差	5.3	26.3	5.3	63.2	1	5.3	2.6	18	94.7	27.3

续表

影响因素		A类 行比例(%)	B类 行比例(%)	C类 行比例(%)	D类 行比例(%)	发展良好 数量	发展良好 行比例(%)	发展良好 列比例(%)	发展一般 数量	发展一般 行比例(%)	发展一般 列比例(%)
录取分数线水平	1 高出10分	95.0	0.0	5.0	0.0	19	95.0	48.7	1	5.0	1.5
	2 10分以内	71.4	0.0	28.6	0.0	20	71.4	51.3	8	28.6	12.1
	3 持平	0.0	63.8	0.0	36.2	0	0.0	0.0	47	100.0	71.2
	4 降分	0.0	30.0	0.0	70.0	0	0.0	0.0	10	100.0	15.2
第一志愿填报率	1 90%以上	71.0	29.0	0.0	0.0	22	71.0	56.4	9	29.0	13.6
	2 60%—89%	41.5	58.5	0.0	0.0	17	41.5	43.6	24	58.5	36.4
	3 30%—59%	0.0	0.0	28.6	71.4	0	0.0	0.0	28	100.0	42.4
	4 29%以下	0.0	0.0	20.0	80.0	0	0.0	0.0	5	100.0	7.6
办学状态 总体发展态势	1 发展快速	44.7	31.6	13.2	10.5	17	44.7	43.6	2	55.3	31.8
	2 发展匀速	40.0	32.0	8.0	20.0	20	40.0	51.3	3	60.0	45.5
	3 发展滞缓	11.1	22.2	0.0	66.7	1	11.1	2.6	8	88.9	12.1
	4 发展困难	12.5	37.5	0.0	50.0	1	12.5	2.6	7	87.5	10.6

续表

影响因素		A类 行比例(%)	B类 行比例(%)	C类 行比例(%)	D类 行比例(%)	发展良好 数量	发展良好 行比例(%)	发展良好 列比例(%)	发展一般 数量	发展一般 行比例(%)	发展一般 列比例(%)
现有学生数	2 2万—3万人	33.3	55.6	0.0	11.1	3	33.3	7.7	6	66.7	9.1
	3 1万—2万人	43.6	28.2	10.3	17.9	34	43.6	87.2	44	56.4	66.7
	4 1万人以下	11.1	33.3	5.6	50.0	2	11.1	5.1	16	88.9	24.2
专业结构	1 工科类	41.4	34.5	10.3	13.8	12	41.4	30.8	17	58.6	25.8
	2 财经类	66.7	0.0	33.3	0.0	2	66.7	5.1	1	33.3	1.5
	3 其他社会科学类	33.3	50.0	0.0	16.7	2	33.3	5.1	4	66.7	6.1
	4 文理类	33.3	30.2	7.9	28.6	21	33.3	53.8	42	66.7	63.6
	5 其他	50.0	25.0	0.0	25.0	2	50.0	5.1	2	50.0	3.0
规模结构 本科专业数	1 40个以上	50.0	25.0	9.4	15.6	16	50.0	41.0	16	50.0	24.2
	2 30—39个	29.4	35.3	11.8	23.5	10	29.4	25.6	24	70.6	36.4
	3 20—29个	40.0	30.0	0.0	30.0	8	40.0	20.5	12	60.0	18.2
	4 19个以下	26.3	36.8	10.5	26.3	5	26.3	12.8	14	73.7	21.2
学科覆盖面	1 10个以上	33.3	33.3	16.7	16.7	4	33.3	10.3	8	66.7	12.1
	2 7—9个	35.9	29.7	7.8	26.6	23	35.9	59.0	41	64.1	62.1
	3 4—6个	41.4	34.5	6.9	17.2	12	41.4	30.8	17	58.6	25.8

续表

影响因素		A类 行比例(%)	B类 行比例(%)	C类 行比例(%)	D类 行比例(%)	发展良好 数量	发展良好 行比例(%)	发展良好 列比例(%)	发展一般 数量	发展一般 行比例(%)	发展一般 列比例(%)
地市支持	1 很大	75.0	25.0	0.0	0.0	3	75.0	7.7	1	25.0	1.5
	2 较大	45.2	16.1	16.1	22.6	14	45.2	35.9	17	54.8	25.8
	3 一般	32.0	46.0	6.0	16.0	16	32.0	41.0	34	68.0	51.5
	4 较小	30.0	20.0	5.0	45.0	6	30.0	15.4	14	70.0	21.2
社会贡献	1 很大	85.7	14.3	0.0	0.0	6	85.7	15.4	1	14.3	1.5
	2 较大	40.0	23.3	11.7	25.0	24	40.0	61.5	36	60.0	54.5
	3 一般	23.7	47.4	5.3	23.7	9	23.7	23.1	29	76.3	43.9
融合程度	1 很好	71.4	0.0	0.0	28.6	5	71.4	12.8	2	28.6	3.0
	2 良好	45.5	25.5	10.9	18.2	25	45.5	64.1	30	54.5	45.5
	3 一般	20.9	44.2	7.0	27.9	9	20.9	23.1	34	79.1	51.5

区域关系

2. 经济环境

"新大学"往往需要与所在地区开展各种合作，获得各种支持和资源，所处经济环境会直接影响"新大学"获得的社会支持的数量和性质。地区经济环境由所处经济区域、所在地市性质等多种经济要素共同构成。

（1）所在经济区域的差异分析。从表7.2可知，院校所在经济区域与发展良好的"新大学"的管理机制与体制维度显著正相关。"新大学"所在的经济区域对院校的管理机制与体制有重要影响，各"新大学"的毕业生很多是在当地或周边区域就业，所以"新大学"所处经济区域的经济状况和社会观念等对院校管理者的管理理念和院校的管理机制等产生重要影响。如表7.4所示，地处东部和中部经济地区的大部分"新大学"属于A类和B类院校，而地处西部经济区域的"新大学"有44.0%属于D类院校。发展良好的"新大学"中分别有41.0%属于东部和中部经济区域。

（2）所在地市性质的差异分析。从表7.2可知，院校所在地市的性质与发展良好的"新大学"的社会支持维度显著正相关。"新大学"大多是地方院校，其发展受所在地市政策、经济和文化水平等的影响和制约，在省会城市、直辖市等发达城市的"新大学"受到社会各方面支持的机会也较多。如表7.4所示，处于直辖市的"新大学"中有44.4%属于A类院校，地处省会城市和一般发达城市的"新大学"有超过一半的比例属于A类院校，而地处一般城市的"新大学"分别有39.3%和31.1%的院校属于B类和D类院校。发展良好的"新大学"中地处直辖市的有10.3%，地处省会城市的有30.8%，地处一般发达城市的有25.6%，地处一般城市的有33.3%，这与各性质地市的"新大学"数量有关，也与我们的取样有关。

（3）所在地市经济状况差异分析。从表7.2可知，院校所在地市经济状况与发展良好的"新大学"的社会支持维度显著正相关。地区经济状况越好，越容易找到与高校互动发展的契合点，高校从所在地区获得的社会支持也越多。从表7.4可知，所在地市经济状况很好的"新大学"中有61.5%属于A类院校，而所在地经济状况较差的"新大学"中有63.2%属于D类院校。发展良好的"新大学"中，所在地市经济状况很好的占20.5%，经济状况良好的占 33.3%，经济状况一般的占 43.6%，经济状况较差的占 2.6%。

3. 办学状态

本科招生录取分数线水平、第一志愿填报率等反映了社会对"新大学"的认可和接受程度。当前的办学状态是"新大学"发展状况的重要体现，也是社会对"新大学"做出评价的重要考量因素。

（1）本科招生录取分数线水平上的差异分析。从表7.2可知，院校的近两年本科招生录取分数线水平与发展良好的"新大学"的办学条件维度和社会支持维度显著正相关。院校的办学条件和社会认可度及受到的社会支持是影响考生选择和报考院校的主要因素，从而影响"新大学"的录取分数线水平和发展状况。从表7.4可知，本科招生录取分数线高出控制线10分以上的院校有95.0%属于发展良好的"新大学"，高出10分以内的有71.4%属于发展良好的"新大学"，录取分数线与控制线持平的"新大学"有63.8%属于B类院校，而降分录取的"新大学"中70.0%属于D类院校。发展良好的"新大学"中录取分数线高出控制线10分的院校占48.7%。

（2）本科录取考生第一志愿填报率的差异分析。从表7.2可知，院校近两年本科录取考生的第一志愿填报率与发展良好的"新大学"的办学理念、办学条件、师资队伍和社会支持等4个维度正相关，与人才培养、专业设置、管理体制与机制等3个维度负相关，但相关均不显著。发展良好的"新大学"的本科录取考生的第一志愿填报率一般都较高，所以无显著差异。从表7.4可知，第一志愿填报率在90%以上的"新大学"中，71.0%属于A类院校，第一志愿填报率在60%—89%的"新大学"中有41.5%属于A类院校，第一志愿填报率在30%—59%的"新大学"中有71.4%属于D类院校，而第一志愿填报率在29%以下的"新大学"中属于D类院校的占到了80.0%。发展良好的"新大学"中，第一志愿填报率在90%以上的占56.4%。

（3）总体发展态势的差异分析。从表7.2可知，院校的总体发展态势与发展良好的"新大学"的学科与专业维度、管理机制与体制维度、师资队伍维度和社会支持维度显著正相关。院校目前的发展态势是前期和当前发展的反映，是一种比较稳定的状态，所以与"新大学"比较稳定的学科与专业、管理机制与体制、师资队伍等发展因素关系密切，"新大学"的发展状况越好越容易获得更多的社会支持，同时，为地方经济社会发展等做出的贡献也更大。从表7.4可知，发展良好的"新大学"中发展快速的院校有17所，占43.6%，发展匀速的院校有20所，占51.3%，发展滞缓和发展困难的院校各有1所，各占2.6%。发展快速的"新大学"中发展良好和发展一般的比例分别是44.7%和55.3%；发展良好的"新大学"中发展良好和发展一般的比例分别是40.0%和60.0%；发展滞缓和发展困难的"新大学"中分别有11.1%和12.5%属于发展良好的"新大学"。

4. 规模结构

办学规模迅速扩大、专业结构调整和优化是"新大学"在升格之后的重要变化，也是"新大学"可持续发展的必要条件，但是办学规模的扩大需要与办学资源的增长有机统一，专业结构的调整和优化需要与师资队伍建设和人才培养定位有机统一。

（1）现有学生数的差异分析。从表7.2可知，院校现有学生数与发展良好的"新大学"的7个维度无显著相关。从表7.4可知，现有学生数在1万人以上的"新大学"大多属于A类或B类院校，1万人以下的"新大学"中50.0%属于D类院校。发展良好的"新大学"中现有学生数在1万—2万人的占87.2%。

（2）专业结构的差异分析。从表7.2可知，院校的专业结构与发展良好的"新大学"的7个维度无显著相关，这是因为发展良好的"新大学"一般都有适合自己发展的较为合理的专业结构，所以在这个维度上各院校之间无显著差异。如表7.4所示，工科类"新大学"有41.4%属于A类院校，34.5%属于B类院校。财经类"新大学"中66.7%属于A类院校，文理类院校属于A类、B类和D类的比例基本持平。其他应用社会学科类"新大学"有33.3%属于A类院校，50.0%属于B类院校。另外还有个别学校

（属农林医学科为主院校）从专业结构上不属于以上四类，但其中有 50% 属于 A 类院校，还有各 25.0% 属于 B 类和 D 类院校。发展良好的"新大学"中工科类院校占 30.8%，文理类院校占 53.8%，财经类院校因为数量较少，占的比例也较低。

（3）本科专业数的差异分析。从表 7.2 可知，院校的本科专业数与发展良好的"新大学"的办学理念维度和社会支持维度显著负相关，本科专业数越少的院校办学经费越充裕，办学理念方面更倾向于与地方合作，这是因为本科专业数量较少而又发展良好的"新大学"的办学质量往往较高，更能有针对性地与地方合作。从表 7.4 可知，发展良好的"新大学"中 41.0% 的院校有 40 个以上的本科专业，本科专业在 19 个以下的只有 12.8%。

（4）本科专业的学科覆盖面的差异分析。从表 7.2 可知，院校本科专业的学科覆盖面与发展良好的"新大学"的 7 个维度无显著相关，发展良好的"新大学"基本上都有较为科学合理的管理机制与体制，所以各院校在此维度上无显著差异。从表 7.4 可知，本科专业的学科覆盖面较广的院校属于 A 类和 B 类院校的比例也较高。

5. 区域关系

"新大学"与所在区域关系良好和谐是其实现可持续发展的重要保障。和谐的区域关系需要有良好的互动作为前提，"新大学"所在区域要为院校的发展积极提供有力的社会支持和资源，"新大学"要为区域经济社会发展培养必备的人才，提供必需的社会服务，"新大学"发展与所在区域发展的有效融合是双方共赢的必要条件。

（1）获得所在地市的支持的差异分析。从表 7.2 可知，院校获得所在地市的支持与发展良好的"新大学"的管理机制与体制维度和社会支持维度显著正相关，所在地市的政策支持是"新大学"进行管理机制与体制改革和创新方面的良好保障，获得所在地市支持越多，"新大学"越能进行科学的现代化管理。所在地市的支持是"新大学"获得的社会支持中最重要的部分之一，获得所在地市支持越多的院校发展越好，越容易与所在地市形成良性互

动，从而获得更多的支持。从表 7.4 可知，获得地市支持很大的院校有
75.0% 属于发展良好的"新大学"，其他 25.0% 属于 B 类院校。获得地市支
持较大的院校中有 45.2% 属于发展良好的"新大学"，获得地市支持一般的
院校有 46.0% 属于 B 类院校，32.0% 属于 A 类院校。获得地市支持较小的
院校中 45.0% 属于 D 类院校。发展良好的"新大学"中获得地市支持很大
的院校占 7.7%，获较大支持的占 35.9%。获得所在地市各方面的支持是
"新大学"快速发展的有利条件之一，也是反映"新大学"发展水平与区域
互动水平高低的重要因素。

（2）对所在地市经济社会发展的贡献的差异分析。从表 7.2 可知，院校
对所在地市经济社会发展的贡献与发展良好的"新大学"的 7 个维度无显著
相关，这是因为发展良好的"新大学"对所在地市经济社会发展贡献都较
大。如表 7.4 所示，对所在地市经济社会贡献很大的"新大学"有 85.7% 属
于发展良好的 A 类院校，其他 14.3% 的院校属于 B 类院校。对所在地市经
济社会发展贡献较大的"新大学"中，有 40.0% 属于发展良好的院校，属
于 B 类、C 类和 D 类的比例分别是 23.3%、11.7% 和 25.0%。对所在地市
经济社会发展贡献一般的院校只有 23.7% 属于 A 类院校，有 47.4% 属于 B
类院校。发展良好的"新大学"中 15.4% 是对所在地市经济社会发展贡献
很大的院校，61.5% 是对所在地市经济社会发展贡献较大的院校。对地方经
济的贡献程度是衡量"新大学"发展状况的标准之一，而且，"新大学"对
所在地经济社会发展贡献越大，获得的社会认可和支持也会越大，也就越有
利于"新大学"的发展。

（3）与所在地市经济社会的融合程度的差异分析。从表 7.2 可知，院校
与所在地市经济社会的融合程度与发展良好的"新大学"的师资队伍维度和
社会支持维度显著正相关，"新大学"与所在地市经济社会的融合程度越好，
教师选择地区经济发展作为自己教学、科研课题的机会就越大，越有利于培
养为地方经济服务的人才。从另一个角度来讲，优化师资队伍结构，进行师
资队伍建设，提高"新大学"教师的教学和科研水平对促进院校所在地市经
济发展，强化院校与所在地市的融合程度至关重要。如表 7.4 所示，与所在

地市经济社会融合程度很好的"新大学"中71.4%的院校属于发展良好的"新大学",其他的28.6%属于D类院校;融合程度良好的院校中有45.5%属于发展良好的"新大学"。39所发展良好的"新大学"中12.8%是与所在地市经济社会融合程度很好的院校,64.1%是与所在地市经济社会融合程度良好的院校,由此可见院校与所在地市经济社会的融合程度既是"新大学"发展状况的一种体现,也是一个重要的影响和制约因素。

第八章 影响"新大学"发展的因素分析

大众化阶段的高等教育呈现办学层次和学校类型多样化与人才培养目标多元化的发展趋势,"新大学"的兴起是适应我国高等教育大众化需要的结果,它仅仅用了十余年时间就已经成为我国高等教育的生力军,是大众化高等教育的主要承担者。"新大学"当务之急是要根据大众化阶段高等教育发展特点,抓住机遇,准确定位,因"地"制宜、因"校"制宜、因"时"制宜做好院校发展战略规划,实现院校科学地、可持续地发展。当然,这类院校在从专科教育向本科教育转变的过程中,面临很多困境和发展瓶颈,受到诸多内部和外部因素的影响和制约,要实现可持续发展既要调整自身、整合资源,又要面向区域、借助外力。影响"新大学"发展的因素有很多,有些是不可控的、不容易改变的,如升格时间、升格前性质等,我们不再深入讨论。本研究分析了影响"新大学"发展的可控的、可以改变或完善的内部和外部因素,以资"新大学"理性、科学地制订可持续发展战略。

第一节 影响"新大学"发展的内部因素

建应用型本科院校在发展本科教育过程中会遇到许多问题,不少学者就这个问题做了大量的研究。叶优丹归纳出影响"新大学"可持续发展的 12 个因素:学校定位、战略管理、人才培养质量、资源、学科建设、师资建设、办学自主权、与政府互动、与市场互动、社会服务、内部管理、校园文化[①]。魏百军认为,"新大学"面临的困难主要集中在办学理念、人才培养

---

① 叶优丹. 新办本科高等院校可持续发展研究 [D]. 杭州:浙江大学,2006:37.

模式、教学与科研的关系、学科建设与专业建设的关系和师资队伍建设等方面①。谢冰松提出，发展定位、办学理念、学科建设、师资水平、管理机制等是影响"新大学"发展的关键性制约因素②。不难看出，不同研究者从自身角度出发，对"新大学"发展困境的理解和分类方式有所区别。从数据分析的结果来看，本研究调查分析的"新大学"的升格时间等 15 个影响因素对"新大学"可持续发展都具有重要影响。本研究建构的"新大学"发展的 7 个评价维度与院校发展也具有互动关系，也就是说，这 7 个维度既是评价"新大学"发展状况的重要指标，也是"新大学"发展重要影响因素。本研究根据"新大学"产生的背景和高等教育的时代特点，把影响"新大学"可持续发展的因素结构分成内部因素、外部因素两部分，认为制约"新大学"可持续发展的内部因素很多，主要集中在办学状态、办学规模结构两大方面。

一、办学状态

本科招生录取分数线水平、第一志愿填报率、总体发展态势等可以很好地反映"新大学"的办学状态。录取分数线水平和第一志愿填报率反映了社会对"新大学"的认可和接受程度，总体发展态势是"新大学"内部管理者对院校发展的综合评价。办学状态是"新大学"可持续发展的重要影响因素，也是其现有发展状况的具体体现，办学状态好坏受到多种因素和条件的影响制约③。

1. 办学理念和定位

所谓办学理念，是指对学校发展的定性、定位及职能和特色的认识，也就是要把这所学校办成怎样的学校和怎样办成这样的学校。办学理念犹如办

① 魏百军. 影响"新建本科院校"发展的主要问题分析 [J]. 宁波大学学报：教育科学版，2007 (1).

② 谢冰松. 制约"新建本科院校"发展的关键性因素 [J]. 南阳师范学院学报：社会科学版，2004 (7).

③ 柳友荣. 百校调查：中国"新大学"发展研究 [J]. 现代大学教育，2012 (1).

学的灵魂，是一个学校持续健康发展的根本，对一个学校来说至关重要。在办学理念上，发展良好的"新大学"与发展一般的三类"新大学"之间都有非常显著的差异（见表 7.3）。本研究调查的 105 所"新大学"中有67.6%认为办学理念滞后、观念落伍是制约"新大学"可持续发展的瓶颈，92.3%的发展良好的"新大学"认为"新大学"应分类发展、区别对待。

学校定位问题是关涉学校顶层设计的大问题，是既回答学校"发展什么"，又解决学校"怎么发展"的方向性问题。它是合理配置办学资源的基础，是培育办学特色的前提，更是制订学校总体规划的依据。"新大学"在初建期，学校定位是关键问题①。本研究调查的 105 所"新大学"中有95.2%认为"新大学"的目标定位是应用型本科院校，81.0%认为"新大学"应该既是地方型也应国际化，发展良好的"新大学"100%全部认为"新大学"发展必须与地方经济社会发展互为依托。

"新大学"的发展，其发展战略是办学者要解决的关键问题。本研究认为我国"新大学"可持续发展的核心战略是科学定位、特色发展，每所"新大学"要根据自身的内外部办学条件和发展环境对自身发展目标进行科学定位，积极寻求自身优势，培育发展特色，实现健康、科学、持续发展。

2. 人才培养

大学的第一职能，也是它最本原的职能就是培养人才。"高等学校应以培养人才为中心"是高等教育法赋予高等院校的使命。从国际经验来看，无论是英国的"新大学"，还是美国的州立大学，都无一例外地产生在经济社会飞速发展的时期。经济社会的发展对人才的"质"和"量"都提出了更新、更多的要求。我国现在正处于经济腾飞的时代，2010 年已经发展成为世界第二大经济体。因此，社会需要更多的直接参与经济社会建设的应用型人才。但是，由于我国"新大学"在整个办学模式和人才培养方式上还传承了传统的精英教育衣钵，人才的"有效供给"不足。"新大学"的人才培养定位是应用型人才，处于初建期的"新大学"培养的人才主要是知识应用型人

---

① 叶优丹. 新办本科院校可持续发展影响因素的实证研究 [J]. 高教探索，2007 (4).

才，处于成长期的"新大学"培养的人才主要是创新型应用型人才①。从本研究的调查发现，发展良好的"新大学"有97.4%以应用型人才培养为自己的目标定位，有97.4%认为"新大学"课程结构、比例应该区别于传统大学的模式重新设置，92.3%认为课程内容应在坚持学科逻辑的基础上加大实践需求的引导。

"新大学"以应用型人才培养为己任，"克隆"精英教育的人才培养方案已经与应用型本科院校人才培养的规格极不适应，"新大学"课程结构、比例应该突破传统大学的模式，依照应用型人才培养规格重新设置，加大实践性教学环节在课程结构中的比重，满足市场对不同人才类型和知识、能力结构的需求。

3. 师资队伍

良好的师资是学校发展的关键，高等教育的发展水平、人才培养的质量和学校的可持续发展在很大程度上取决于师资队伍的整体素质。曾任哈佛大学校长的科南特说过："如果学校终身教授是世界上最著名的，那么这所大学必定是最优秀的。"② 教师数量不足、师资结构不合理、教师引进不能与学生同比例增长、高层次人才比例较低、科研能力不强、实践能力欠缺等是我国"新大学"所面临的共同问题③，建设和发展一支高素质的、稳定的师资队伍是"新大学"培养应用型高级人才和实现可持续发展的重要保障。本研究发现，发展良好的"新大学"与发展一般的"新大学"在师资队伍上的差异非常显著。有63.8%的"新大学""双师型"教师比例没有达到教师总数的30%，56.4%发展良好的"新大学"的教师结构达到了上述要求。95.2%的"新大学"存在师资队伍有"理论型"教师多，工程型、技能型教师少的结构性紧缺现象。发展良好的"新大学"中认为学校学科梯队建设兼顾"学""术"两个方面，产学研合作发展较快的比例只达到59.0%。

通过调查研究发现，发展良好的"新大学"依赖于"双师型"的师资

① 叶优丹. 新办本科院校可持续发展影响因素的实证研究 [J]. 高教探索，2007（4）.

② 郭健. 哈佛大学发展史研究 [M]. 石家庄：河北教育出版社，2000：160.

③ 黄红斌，姚加惠. 关于"新大学"师资队伍建设的思考 [J]. 大学教育科学，2008（3）.

队伍建设，相当多的"新大学"存在着师资结构性紧缺现象，建设好用、合用、适用的师资队伍是实现可持续发展的关键保障因素。

4. 办学特色

随着高等教育大众化的发展，高等学校之间的竞争越来越激烈，"新大学"要生存，就必须有自己的特色。特色的形成是多因素共同作用的结果，其中办学定位是特色形成的基础和前提；而一所学校的办学特色最终要通过学科与专业的特色来体现和展示。因此，"新大学"要按照"人无我有，人有我优，人弱我强"的建设思路，定位自己的办学目标，选择发展战略，进行学科和专业设置。81.9%的被调查者认为"新大学"学科专业结构基本雷同，有明显的同质性。不难理解，"新大学"不仅要注重特色专业的培育，还要潜心专业特色的形成。

5. 内部管理

管理出质量，管理出效益。"新大学"要实现升格后的可持续发展，管理队伍建设和管理水平提升不可或缺。调查发现，45.7%的"新大学"存在管理队伍理念陈旧，观念落后，对大众化高等教育的办学规律认识不到位的问题。

"新大学"的管理队伍大都源自升格前的专科阶段管理人才，他们对本科办学的认识本身就较为肤浅，且对一种全新的"应用型"大学的管理在理念上难以适应。所以，尽快提升"新大学"管理队伍的管理水平，是建成名副其实的应用型本科院校的基本保障。

随着学校规模的扩大、办学层次的提升和类型的改变，必须实现管理重心下移。既要避免管得过死，又要避免管理失控。53.3%的"新大学"认为虽然建立了一系列现代大学制度，但执行不力。99.0%的"新大学"认为应该进一步扩大"新大学"的办学自主权，发展良好的"新大学"在这个问题上选择"是"的比例达到了100%。"新大学"的管理机制与体制的创新和改革，要正确处理学校管理中的集权和分权问题，79.5%发展良好的"新大学"在院校管理上基本体现了"党委领导，校长负责，教授治学，民主管理"大学治理理念。

6. 办学硬件

"新大学"由于规模的持续扩大，再加上原有办学硬件方面基础比较差，为了适应本科教育，保证本科教学质量，在升格初期加大硬件投入，改善办学条件是应该的也是必需的。在办学经费、图书馆、网络建设和教学场馆建设等方面，"新大学"存在显著差异。发展良好的"新大学"中有61.5%图书馆、网络建设与本科教学的需求基本相适应，而58.1%的"新大学"的教学场馆建设与教学需求存在较大差距。"新大学"在办学条件方面都存在较多问题和困难，有71.4%的"新大学"教学资源紧张，难以满足教学需要；有88.6%的"新大学"的实验实训场地与实际需求有较大差距。

尽管办学规模的扩大而增加基本建设的投入是正常的，但很多"新大学"在办学经费使用上存在误区，将原本紧张的办学经费中相当大的一部分用于征地、建筑大楼，这样必然在某个时期内弱化对教学的基本投入，给教学质量的基本保障带来困难。有68.6%的"新大学"有潜在的财务风险，有81.9%的"新大学"办学经费紧张，资金缺口较大，发展良好的"新大学"也有66.7%办学经费紧张。因此，加大政府对高等教育的投入，拓宽办学经费来源的渠道，是满足"新大学"基本办学条件的保障。

二、办学规模结构

"新大学"的现有规模和专业结构是其办学状况的重要表现，也是其可持续发展的重要基础。"新大学"的办学规模和结构主要体现在现有在校生人数和学科与专业建设两大方面，本科专业数、专业结构、本科专业的学科覆盖面都是其重要影响因素。

1. 在校生人数

办学条件与办学规模有着动态相关的关系，在一定办学条件下，规模越小，资源相对越充裕；反之，规模越大，资源就会短缺。目前，很多"新大学"在发展战略方面存在着脱离实际，盲目地向重点高校看齐，片面追求"高水平、大规模、全学科"的发展模式，以扩大招生规模为核心，全面扩充办学规模。调查结果显示，82.9%的"新大学"现有学生人数达到1万人以上，其中学生人数超过2万人的占8.6%，发展良好的"新大学"中现有学生人数不足1万人的仅占5.1%。当然，"新大学"的办学规模往往并不单纯是院校自身行为，各级政府在大众化高等教育背景下对群众的承诺，也是"新大学"规模一增再增的动力和原因。片面追求办学规模的扩大，往往造成师资力量不足、教学场馆和设施不配套等问题，导致教学质量和人才培养质量下降，最终影响和严重破坏院校的可持续发展。因此，解决好"规模、质量、结构、效益"几者的关系，是"新大学"必须正视的问题。

2. 学科与专业

高等院校的办学声誉、优势以及特色都是通过学科与专业建设体现出来的①。根据我们的调查，只有18.1%的"新大学"本科专业数少于20个，有59.0%的院校本科专业的学科覆盖面超过7个。很多"新大学"片面追求办学规模或专业数量，追求"全学科"，在专业设置方面贪多求全，没有考虑专业的投入和产出，从宏观高等教育视野来看，重复建设、资源浪费的现象严重。

学科建设应把人才培养放在首要位置，使学生具有更高的知识水平、更强的技术能力、承担更大的社会责任②。"新大学"领导层面能够意识到学科与专业建设对于学校发展的重要性，而且也付诸大量的人力、物力和财力，力争在市场化的竞争中获取更强的核心竞争力。但是，在学科与专业建设策略上，发展良好的"新大学"与一般院校表现出显著差异：

（1）发展良好的"新大学"比发展一般的"新大学"在专业设置上更能充分依据地方经济社会的发展。68.6%的"新大学"的专业设置能充分依据地方经济社会的发展，发展良好的"新大学"的比例达到87.2%。

（2）89.7%的发展良好的"新大学"重点建设的学科与专业具有较好的应用性和发展前景；78.1%的"新大学"能够根据就业率及时调整本科专

---

① 参见叶优丹. 新办本科高等院校可持续发展研究 [D]. 杭州：浙江大学，2006：60.

② 胡寿根，等. 区域性高等教育普及化与"新大学"发展定位的思考 [J]. 中国高教研究，2009（1）.

业招生数，甚至停招就业率低的专业；70.5%的"新大学"的学科与专业建设已经具备了良性互动的特征，新申办的本科专业都有着较好的学科建设基础。

第二节　影响"新大学"发展的外部因素

"新大学"的可持续发展一方面需要内部办学状态不断改善，办学规模结构与办学资源有机统一，另一方面也需要外部的坚力支撑。本研究认为"新大学"所处经济环境、与所在区域的关系等是"新大学"可持续发展的重要保障。只有内外因协调统一，"新大学"的可持续发展战略才能得以实现①。

一、经济环境

学校发展要与城市发展互动。本研究发现，"新大学"所在经济区域、所在地市性质、所在地市经济状况等对"新大学"的发展具有重要影响。本研究的调查结果显示（见表7.4），东部经济区域的"新大学"有67.4%的本科招生录取分数线超过本省（市）的本科控制线；处于直辖市的"新大学"有44.4%是发展良好的 A 类院校；位于省会城市的"新大学"中70.6%是发展良好的 A 类院校；所在地市经济状况很好的"新大学"中有61.5%是发展良好的 A 类院校；所在地市经济状况较差的"新大学"中有63.2%是本科录取分数线水平和第一志愿填报率都较低的 D 类院校。调查发现发展良好的"新大学"中，有41.0%处于东部经济区域，有66.7%处于直辖市、省会城市或者一般发达城市；有53.8%所在地市经济状况很好或者良好；有76.9%与所在地市经济社会发展融合程度很好或者良好。

"新大学"所处经济环境对其发展有重要影响，但这并不代表经济环境较弱地区的"新大学"就不能有很好的发展。经济环境本身是客观的，不容

① 柳友荣. 百校调查：中国"新大学"发展研究［J］. 现代大学教育，2012（1）.

易改变，但"新大学"对经济环境的利用，从经济环境中获得的资源是可以改变的。原教育部副部长吴启迪曾指出，"新大学"要着力解决好科学定位问题，以培养高级应用型人才为主，服务于地方经济建设和社会进步。研究发现，专业设置能充分依据地方经济社会发展的"新大学"的发展状况也较好，发展良好的"新大学"（A 类）与其他三类院校（B 类、C 类和 D 类）在这个方面有着非常显著的差异（见表 7.3）。"新大学"要确定服务于地方的办学定位，这一定位是"新大学"的又一战略选择。服务地方发展观，是"新大学"科学发展观的重要组成部分，主要解决发展空间和服务面向问题。"新大学"在办学定位上应考虑地方特点和需要，为地方经济建设和社会发展服务，为当地重点培养各类合格的本科层次的应用型高级人才①。

二、区域关系

"新大学"大多是省属或省市共建高校，具有明显的地方性特征，本质上是一种地方高校，与地区社会经济依存共生是"新大学"发展的现实需要②。"新大学"要处理好与所在区域的关系，就要做好与政府的互动、与市场的互动，还要做好社会服务，只有这样才能有良好的区域关系，才能从区域中获得更多的支持和资源，才能实现与所在区域社会的共同发展。

一方面，学校的发展离不开地方政府全方位的支持，而各地方政府为了推动本地高等教育的发展，也都加大对"新大学"的支持力度，从办学用地到经费保障都给予了较大的支持。发展良好的"新大学"中43.6%获得了很大或者较大的所在地市支持。另一方面，社会各方面也在更多地关注高校对地方经济社会发展的拉动作用，地方的发展也需要高校提供人才保障和智力支持。学校的教学和科研要更多地为本地区的经济和社会发展服务，在服务中获得地方政府各方面的支持，为下一步的发展开辟更广泛的道路。

---

① 韦春北．"新大学"校园文化建设的定位及内涵 [J]．经济与社会发展，2008（7）．
② 黄鸿鸿．与地区社会经济依存共生——"新大学"发展的基本取向 [J]．福建论坛，2009（3）．

98.1%的"新大学"认为区域社会与"新大学"之间的合作途径需要进一步拓宽。"新大学"只有坚持为地方经济和社会发展服务，努力为地方发展提供人才、智力和文化支持，才能在发展中形成自己鲜明的办学特色和优势。76.9%的发展良好的"新大学"与所在地经济社会的融合程度很好或者良好，对所在地经济社会发展贡献较大。可以说，"地方性"是"新大学"生存和发展的基础。在服务地方发展的同时，学校也要充分利用地方的各种优势资源，积极寻求合作和支持。

原教育部副部长吴启迪在第三次"新大学"教学工作研讨会上的讲话指出："新大学"是我国本科教育的新生力量，没有"新大学"的发展，很难说我国高等教育发展得好。但是，"新大学"毕竟是本科阵营里的"新兵"，是与精英教育完全不同类型的高等教育形式。因此，"新大学"的发展离不开国家的政策性支持，经济社会发展状态的支撑，以及社会的理解和信任。现代高等教育的开放性决定了社会与高校互动双赢的重要性，高等教育无论是办学条件、师资队伍，还是学科与专业、人才培养，都离不开社会的支持。但是，我国高等教育的实践中，"新大学"所获支持却相对不足①。66.7%的"新大学"认为自己的发展缺少国家政策性支持，81.9%的"新大学"认为工程型、技能型教师的晋职、晋升缺少政策性扶持。由此而来，仅仅就"新大学"自身谈它们的院校建设是不理智的，作为大众化高等教育的典型表征，作为一种全新的办学类型，整个高等教育系统，特别是高等教育管理部门要研究这一新的类型，给予必要的社会资源和环境支持。

---

① 柳友荣. 百校调查：中国"新大学"发展研究［J］. 现代大学教育，2012（1）.

第九章　"新大学"可持续发展战略

"新大学"的"新"首先是一个时间概念，是将自 1998 年后中国高等教育大扩招、大发展情形下产生的本科院校作为中国高等教育大众化过程中高等学校的一种类型来考察；其次，"新"还是一种全新的类型，"新大学"暗含着一种全新类型的本科教育——应用型。作为一种全新的本科教育类型，"新大学"势必在普通本科教育的办学形式、人才培养方案、课程设置、教学模式等方面做出创造性的探索，赋予革命性的特征。也只有这样，这类院校才能利用后发优势在本科教育的阵营中发掘自身的生命力。

必须说明的是，高等教育大众化是我国的国家意志，保证"新大学"的稳定、可持续发展是全社会共同的期待。因此，"新大学"的可持续发展战略既包括政府宏观政策层面的支持，也包括"新大学"自身层面上的发展战略。

第一节　"新大学"可持续发展的战略框架

"高等教育可持续性"（high education sustainability）这个概念是 20 世纪 80 年代逐渐兴起与形成的，它源于发达国家。高等教育的可持续发展是社会发展的呼唤与需求。正如国际 21 世纪教育委员会在《教育——财富蕴藏其中》报告中所指出的，我们不应再单单从经济增长的角度来认识和发展教育，而必须从更广阔的人的发展的角度来审视教育[①]。换言之，应从全社会

---

① 国际 21 世纪教育委员会. 教育——财富蕴藏其中［M］. 联合国教科文组织总部中文科，译. 北京：教育科学出版社，1996：3.

可持续发展的角度来审视教育尤其是高等教育的改革与发展。在我国,作为大众化高等教育的产物,"新大学"面对政策、环境、资源等一系列问题,必须科学、理性选择发展战略。

一、"新大学"的发展环境

大学已经不是世外桃源,在知识密集的时代里,社会已经越来越离不开大学而去想象自身的发展,如果大学固执地迷恋着那一片香帷闺阁,而试图回到过去,那么社会必然就会制造出新的机构来取而代之。其实,大学的功能是一直在不断地丰富和发展的。大学自 11 世纪产生以后,在相当长的时期内,唯一的职能是培养人。到 19 世纪中叶,纽曼依然固守着大学的理想,明确反对在大学的校园里从事科学研究。他认为科研和教学是两种截然不同的职能,大学的职能是教学,不是科研,大学是为传授知识而设,而不是为发现知识而设。赋予大学科学研究职能是从德国的柏林大学开始的。柏林大学的创始人洪堡把文化教育、教学与科学研究结合起来,主张大学教师不只是为学生而存在,他们都是为了发展科学而共同存在。大学为社会服务的第三职能则是到了美国的威斯康星大学创立后才产生。1904 年,范·海斯(C. R. Van Hise)出任威斯康星大学校长,他把教学、科研与社会服务结合起来,认为大学的任务是培养学生成为有知识有专长的公民,发展知识,并把知识传播到人民群众中去——这就是著名的"威斯康星思想"(Wisconsin Idea)。

大学不仅成了社会的主要参与者,而且成为公众关注的焦点。在今天依然囿于"象牙塔"去运行大学的传统职能,必将阻碍大学的可持续发展。"我们是我们过去成就的受害者,我们已经进入了这样一个时代,即受教育及其观念成为国家财富,很明显,大学也成为财富的主要创造者。"① 当前,高等教育正在产生"一种比较近乎普遍的全球性模式……这个'趋同模

---

① James J. Dudersdadt. A University for the 21st Century [M]. Ann Arbor: The University of Michigan Press, 2000: 34.

式',在内部按学术工作的层次进行分化,在比较高的智力活动层次,非常强调优秀,但是在不那么高级的学术层次有一个大众化和普及入学部门——从而做到同样地既为培养高级人才又为扩大入学机会的现代需求服务","在高等教育内部把注意力只集中在传统大学已经成为一个时代错误,甚至是一个有代价的时代错误。"① 在我国,有几所世界著名大学已经不是建设高等教育强国的唯一表征。13 亿人口的大国要想成为人力资源强国,就必须高度认识到高等教育大众化的时代价值。

事实上,无论是"985 工程",还是"211 工程",我国在推进世界先进水平的大学建设上,不仅有了很好的思想意识基础,关键是建立健全了机制上的保障和经费上的支持。然而,对教学型大学,特别是"新大学"在政策层面上却少有扶持和重视,客观上导致它们"挤过独木桥","复制"老牌大学的办学模式,甚至错误地将自己的发展重点放在硕士点、博士点的建设上,以求得政策倾斜。目前,"新大学"在我国高等学校结构中占的比例近1/4,如果都只顾朝"高层次"发展,势必脱离我国经济建设对人才的具体需求。因此,根据高等教育大众化发展的阶段性特征以及现代职业教育在应用型人才培养中的重要地位,我国"新大学"应走以应用技术教育为导向的发展之路。美国州立大学的成功经验告诉我们,政府是社会办学的主体,政府的方针政策直接影响着高等教育的发展。《西北土地法令》《莫里尔法案》等一系列法令的颁布是联邦政府以法律条文形式确定美国高等教育办学经费的集中表现。因此,应不断增加教育投入,改善高等教育办学经费不足的现状;继续完善教育立法体系,加大教育法令法规的执行力度。

所幸的是,《国家中长期教育改革和发展规划纲要(2010—2020 年)》明确提出,要"优化区域布局结构,设立支持地方高等教育专项资金",这使我们对"新大学"的发展前景有了一个很好的预期。也只有建立高等教育的分类体系,实行分类管理,克服同质化倾向,发挥政策指导和资源配置的作用,才能促进高等教育的可持续发展。

---

① 克拉克·克尔. 高等教育不能回避历史——21 世纪的问题 [M]. 王承绪,译. 杭州:浙江教育出版社,2001:101.

实现"新大学"的可持续发展，影响的因素有很多，既有学校内部的，也有学校外部的；既有政策层面的，也有资源层面的；既有办学主体的办学理念，也有社会的认同和支持等等。

（一）政策环境

"新大学"作为中国高等教育的一种新类型，是我国在"自上而下"启动的高等教育大众化进程之后，区别于"精英教育"下学术型人才培养的一种全新办学类型和教学模式的大学。它承载着主要的本科教育扩招任务，旨在实现高等教育的大众化和多样化的需求。2001 年，教育部在《关于做好普通高等学校本科学科专业结构调整工作的若干原则意见》中做出规定，要求地方高等学校既要依托地方经济社会的发展，又要服务地方经济社会的发展需要，"加强应用型学科专业建设"，"为地方经济建设输送各类应用性人才"。很显然，"新大学"应该定位在培养各级各类应用型专门人才，为区域经济社会发展服务。

随着大众化高等教育进程的不断深入，"新大学"必将越来越引起政府和社会的重视。在 2010 年 7 月第四次全国教育工作会议上，胡锦涛总书记指出："必须优先发展教育。在党和国家工作全局中必须始终把教育摆在优先发展的战略地位，切实保证经济社会发展规划优先安排教育发展、财政资金优先保障教育投入、公共资源优先满足教育和人力资源开发需要，健全以政府投入为主、多渠道筹集教育经费的体制，大幅度增加教育投入。"《国家中长期教育改革和发展规划纲要（2010—2020 年）》中的"设立支持地方高等教育专项资金"无疑也是对这类院校重要性的肯定，政策性的利好导向将为"新大学"的发展带来大好机遇。

但是，本研究在国际比较的基础上认为，由教育部门内部制定一些政策规定，虽然在一定程度上可以改善高等教育与经济社会发展的关系，但是依旧无法从根本上改进两者双赢互进的关系。必须确立政府制度环境层面上的联动效应，从经济社会发展等方面改善高等教育，特别是"新大学"可持续发展的制度基础，以推动"新大学"的可持续发展。譬如，技能型人才培养与学术型人才培养的差异根本体现在，后者只需要在学术逻辑的规制下实现，而前者不仅需要一定程度的学术规制，更加要求培养方案和培养规格上的"职业元素"。因此，为"新大学"的应用型人才培养提供很好的实习实训环境和场所是人才培养不可或缺的要素。为此，我国税务部门可在相关产业政策中加入"实习税"税种。对接纳学生实习实训的部门或企业免征"实习税"；对不接受学生实习的部门或企业加收"实习税"，以此推动"新大学"的发展。

（二）经济文化环境

"新大学"大多数落户在我国城市体系中的地级市，它们一般建市时间不长，各种经济社会指标还相对比较单薄，文化消费能力不足，经济发展的技术含量不高，人均受教育年限也相对较低，尚处在城市发展的创建阶段。

本研究发现，只有 33.3% 的"新大学"受到所在地市的较大支持，其办学理念和办学条件等维度在"获得所在地市支持"上的差异达到显著甚至非常显著的水平。可见，"新大学"与所在地市的关系是院校发展的一个重要影响因素。根据麦可思公司的调查，中国东部发达地区吸纳了约 60% 的全国 2008 届大学毕业生，东部发达地区是大学生的主要就业地区，而东部发达地区培养的 2008 届大学毕业生只占到 36%[①]。本研究调查得出，院校所处经济区域（东部、中部、西部地区）与办学条件、人才培养、师资队伍、社会支持等项目呈显著负相关。所处的经济区域不同，人们的经济和文化理念也会不同，处于不同经济区域的"新大学"在办学条件、人才培养定位和获得的社会支持方面也会有较大差异。值得注意的是，"新大学"所在地市性质（直辖市、省会城市、一般发达城市、一般城市）与办学理念、管理机制与体制和社会支持呈显著负相关，大城市可能是因为高校较多，"新大学"反而与地方的融合度不高。可见，不同性质的城市拥有不同的人文、社会、经济和自然资源，对"新大学"所提供的社会支持也就不同。

---

① 王伯庆. 不宜扩大中西部高等教育规模 [J]. 麦可思研究，2010 年 3 月中旬刊.

（三）生源环境

大众化高等教育阶段，伴随招生规模的不断扩大，一些在精英教育背景下不被看好的高中生也在多元化的高等教育质量标准体系中找到了自己接受"大学教育"的位置。"新大学"由于办学历史、社会认可等因素，录取的一般均为学业程度中等的学生，他们的学习能力不是特别理想，对理论学习兴趣不大。但是，"在解决实际问题、社会交往等方面存在明显的优势，与重点大学或老牌大学的生源特点有显著的差别"①。

发展从来就离不开环境，传统的发展观是对环境资源的掠夺，是在自然环境所提供的"物质舞台"上，恣意张扬自身的理性力量。可持续发展的根本标志是良好的生态环境和资源的永续利用。经济和社会发展不能超越资源和环境的承载能力，可持续发展以自然资源为基础，同生态环境相协调。"新大学"的发展必须以可持续为其宏观策略，在可持续发展的思想统领下，综合分析学校的各种环境因素，有针对性地科学制订中观和微观的发展策略。

二、"三层递进"的"新大学"可持续发展战略

（一）影响"新大学"可持续发展的因素结构

我们把可持续发展视为"新大学"发展的宏观战略，是总体办学行为的基本思路，是统筹学校各项制度或制度化行为的基本依据。运用文献研究、个案分析、调查研究等方法，以系统观来考察影响"新大学"可持续发展的主要因素，可以得出因素结构示意图（见图9.1）。通过示意图我们可以看到，影响"新大学"可持续发展的因素包括内、外部因素两部分。内部因素涵盖办学理念、基础保障两个成分，办学理念又集中体现在人才培养、学科与专业建设之上，基础保障是通过办学条件、师资队伍、管理体制与机制实现的。外部因素主要体现在社会支持上，它由高等教育系统和学校环境系统

---

① 姚加惠，潘懋元."新大学"的现状分析与准确定位 [J].龙岩学院学报，2006（4）.

两个方面组成。"新大学"的可持续发展应该处理好办学理念、基础保障这些基本问题，尤其要在人才培养、学科与专业建设、办学条件、师资队伍、管理体制与机制上下功夫。高等教育大众化理论启示我们不能局限在围墙内分析大学的发展，考察一种高等教育形式的发展前景和策略，必须分析学校所处的有形和无形的环境系统，这一环境系统就是前文讨论的政策环境、经济文化环境、生源环境等。由图9.1可见，影响"新大学"可持续发展的内外部因素既相互独立，又彼此联系、互为影响。外部因素影响内部因素的作用和性质，内部因素可以选择和改善外部因素。在内部因素中，办学理念是通过人才培养、学科与专业建设以及基础保障共同实现的；人才培养、学科与专业建设、基础保障又反过来稳定和修缮学校业已形成的办学理念。基础保障则是由办学条件、师资队伍、管理机制与体制来提供的。而所有这些内部因素，又要受到作为外部因素的社会支持系统（高等教育系统、学校环境系统）的制约和影响，高等教育系统和学校环境系统也要接受来自每一所高校内部各因素状态的反作用，并共同构成一个国家或地区高等教育的生命力和发展态势。

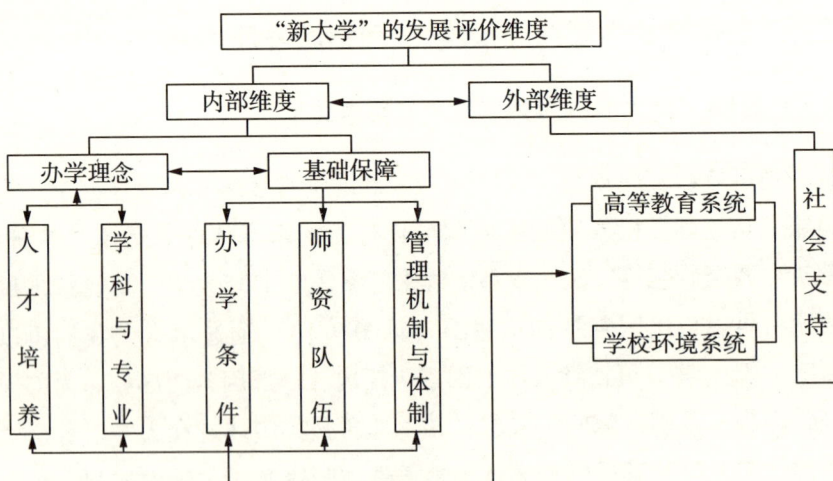

图9.1　影响"新大学"可持续发展的因素结构

（二）"新大学"可持续发展战略框架

本研究基于理论演绎和实证研究相结合的方法，得出"新大学"虽然在高等教育大众化的背景下完成了学校升格，提升了办学层次——这在客观上为此类院校的发展带来了大好的机遇，在事实上也拉动了这类院校的发展，但是，"外因拉动式"或者"外延式"的发展终究不能带来长久的办学绩效。这类院校在升格创建的热情渐渐式微之后，如何实现可持续发展便成了它们在本科办学道路上的一个突出难题。本研究把实现"新大学"可持续发展的战略框架归纳为宏观战略、中观方略、微观策略三个层面（见图9.2）。宏观战略层面当然是可持续发展战略；中观方略层面是内涵式发展战略和生态学发展战略；微观策略层面由办学理念、人才培养、学科与专业、办学条件、师资队伍、管理机制与体制、社会支持等七个方面共同构成。

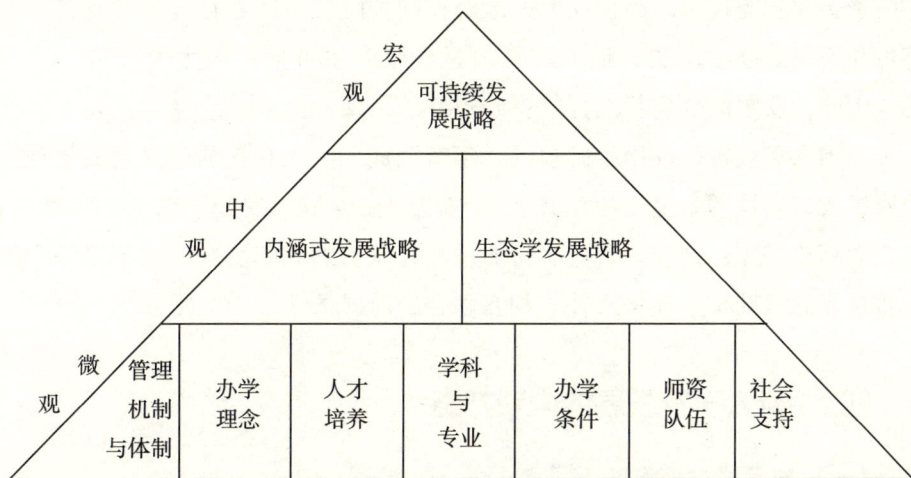

图9.2 "新大学"可持续发展战略框架

"新大学"可持续发展战略框架呈"金字塔形"，塔顶是总揽全局的可持续发展战略，它既是学校办学行为的动机，又是目的；既是总揽性的战略，又是各种中观方略、微观策略实现的最终目标。塔的中间层是内涵式发展和生态学发展的中观方略，它既是对可持续发展战略的执行，又是微观策略实现的目标和制订微观策略的思想准则。塔的底层是微观策略，它们是这个战略框架的具体化，是办学行为的执行理念。其中，塔的两侧护基分别是管理机制与体制、社会支持，管理机制与体制是学校的内部保障，而社会支持是学校的外部保障。

三、"战略联盟" 是 "新大学" 实现可持续发展的有效途径

近 20 年来，战略联盟已经日益成为企业经营活动中竞争模式的主流。然而，现实经济活动中企业联盟的成功率并不理想。一些研究表明，大约有 60% 的联盟会以失败告终。从总体上看，战略联盟存在着高失败率已成为不争的事实。这意味着战略联盟并非十全十美，它存在的潜在的不足已对战略联盟的稳定性造成了巨大的影响。有研究表明，战略联盟的互补性和融洽性是影响合作效益的两大不可或缺的刚性指标①。本研究认为，高等学校联盟不同于企业联盟在于，高校联盟一般都在同类院校之间，且各校都有自己的特色和不同的办学历史，最为重要的是在政府主管部门的大力支持下实现的。因此，联盟的合作状态能够得到很好的维系。

中国高等教育仅仅用了短短的几年就完成了向大众化的转变。高校规模普遍扩大，高校的数量逐年增加，高校之间在竞争与发展中出现不同类型、形态的高校群体，这些因素势必将促进教育联盟的兴起。这一点是高等学校联盟合作的基础，是优势互补、相互联合的前提条件。

四、"新大学" 发展的中观方略

（一）内涵式发展方略

德雷克·博克（Derek Bok）在《市场中的大学》中说过这样一句话："高校与赌徒及被流放的皇族有一个共同点：从不会觉得有了足够的钱。教员与学生永远有新的兴趣与志向，这大部分都需要钱。书本、期刊的价格不

---

① 陈剑涛. 战略联盟的稳定与战略联盟合作伙伴的选择 [J]. 商业研究，2004（19）；樊彩萍. 战略联盟：新建本科院校发展策略研究 [J]. 江苏高教，2009（4）.

断上涨。更好的、更昂贵的技术与科学设备不断出现，高校要占据领先位置，这些就必须得到。校长们、院长们急切地尽其所能来满足这些需求，因为使教员们满意，使学院生存，他们的地位才能得以保证。"① 毋庸置疑，"新大学"的可持续发展需要大量的资金注入，但是怎么将有限的资金合理使用，促使学校用最为经济的手段获取利益的最大化呢？不同学校的校长、处于不同发展时期的学校可能都会给出不同的结论，但必须注意的是，我国"新大学"当务之急是必须尽快由"外延式发展"模式转移到"内涵式发展"的路径上来。

作为后发的"新大学"，既有优势，也有劣势。后发优势与后发劣势作为制订发展战略的两个密切相关的参数，是"新大学"选择办学行为的重要参考依据。必须强调的是，后发优势并不是孤立地存在，它往往与后发劣势相生相伴。实践证明，当原有的经验系统进入一个全新的系统时，其作用会自然减小，甚至会出现一系列意想不到的"排异"反应。"新大学"虽然在专科教育阶段具有一定的从事专业教育的经验，但是，它与应用型本科教育的以"专业为主线"的教育还是有很大区别的。尤其是在高等教育大众化之前的专科教育，其本质上是一种"压缩式"的本科教育。因而，在这样的师资储备、教学模式下开展应用型本科教育是难以得到令人满意的成效的。

高等学校的"内涵式发展"究其本质是一种内源性质的发展，"是在学校现有的办学条件下，整合利用学校内部现有资源，挖掘学校内部发展潜力，形成学校内部自我发展机制"② 的过程，它不是一朝一夕的功夫，不可能一蹴而就。作为"新大学"在经历了层次提升的跨越式发展之后，不能再单纯追求办学层面上的外延式发展，应着力于修炼内功，加快工作重心向"内涵式发展"的战略转移，真正实现从"办像"到"办合格"，再到"上水平"的办学水平提升，达到"内涵升本"，稳步推进由规模发展向质量发展、由同质发展向特色发展、由模仿发展向创新发展的战略转移。

---

① Derek Bok. University in the Marketplace [M]. Princeton, N. J.: Princeton University Press, 2003: 9.

② 参见解根法，等. 内涵发展：新建地方本科院校工作重心的战略转移 [J]. 中国高等教育，2008 (3-4).

1. 实现由规模发展向质量发展的战略转移

在我国政府启动高等教育大众化进程之后，"新大学"作为承载大众化任务的有生力量，基本上都在建校升格之初完成了在校生规模大幅度攀升的过程。然而，可持续发展理论告诉我们，规模的发展绝不是一种永续发展的模式，提升学校的办学软实力，追求质量的不断提高，才是"新大学"的当务之急。

第一，关注师资队伍建设成本，高效建设适用的师资队伍。建立一支德才兼备、高水平的"双能型"教师队伍是我国"新大学"提高应用型本科教学质量的重中之重。

在师资队伍建设中，"人才引进上应做到'有所为，有所不为'。在学科建设上，不仅是新大学，就是老牌学府也不可能平均用力，齐头并进，而应量力而行，突出重点"①。本研究的调查显示，问卷维度6（师资队伍）得分的均值较低，标准差最大，最小值和最大值分别为0分和5分，说明各"新大学"在师资队伍方面虽然存在较大差异，但从总体上看，师资队伍结构不合理、"双能型"教师比例偏低等问题是比较普遍的现象。

究其原因，不少"新大学"由于在校学生数在前几年扩张速度过快，教师数量严重不足，一个不足万人的高校，每年不得不引进"新教师"近百人。加之由于第一轮评估的负面影响，不少学校纠结于达到"优秀""良好"的等级，而拼命提高教师的学历层次。这样的教师队伍建设策略至少导致两个非常严重的问题：其一，师资队伍结构在年龄、职称等多项指标上畸形，不利于形成可持续发展的师资培养机制；其二，"唯学历是举"既导致师资建设成本加大，又不利于"双能型"师资队伍的形成。

一个并不十分难以看破的道理，却在我国"新大学"的十几年办学实践中一直被演绎着："新大学"往往好大喜功，标榜自己拥有的博士数量，却全然不管这些博士们的学科与专业结构，其结果只能是学校花了大笔资金培养和引进的"人才"结果与"应用型"办学定位南辕北辙。在本研究的访谈中，我们发现，"新大学"的博士大都是学术型的，少有工学、应用理学、

---

① 柳友荣．"新大学"学科建设若干问题的思考［J］．高等农业教育，2004（4）．

应用社会科学的博士。很明显，如此师资队伍建设策略只能加大学校的办学成本，而与契合办学定位、提升教学质量无补。"新大学"应该下大气力，在"双能型"师资队伍的建设上着紧用功，培养适用、好用的师资队伍，"建立选择性人才引进制度，把有限的财力用到刀刃上。属学科建设急需人才，就应该高薪聘任；不属于学科建设需要的坚决不能引进"①。

第二，改变传统的学术型人才培养模式，大力强化实践教学环节。在精英教育模式里，课程内容和教学方式的选择都是以学科知识逻辑为主线。而无论是国际经验，还是大学发展的规律都告诉我们，"新大学"作为应用型本科院校，课程内容和教学方式的选择应建立在"实际生活问题"之上，采用模块化的教学方式，发展学生应用知识的能力。安徽省行知联盟已经开始在全国率先着手组织编写"以生活问题为主线，以模块化为课堂教学方式"的应用型本科院校的《应用高等数学》《应用化学（生活中的化学）》等教材。

同时，"新大学"还要强化实践教学环节。"新大学"的办学定位决定了实践教学环节在其应用型人才培养方案中的重要地位。"新大学"一方面要加大实践教学改革力度，规范实践教学制度和实践教学环节；建立"3 + 1"的"顶岗实习"制度，加大实训在学分中的比重，提升学生的实践能力；另一方面加强校企（校地）合作，开设"企业课堂"，像德国应用技术大学的"三明治"式课程一样，推广合肥学院增加认知实习的"小学期"，提升学生的专业经验。

2. 实现由同质发展向特色发展的战略转移

特色发展是"内涵式发展"的一种具体取向形式，在多样化人才需求背景下，建校晚、起点低的"新大学"要利用规模小、转身快的特点，发挥后发优势，扬长避短、错位竞争，在特色发展上下功夫。

"新大学"寻求办学特色的基本思路，应该是围绕"地方性"的特点，"打地方牌"，"唱地方戏"，树立"依托地方，特色兴校"的办学观念。因此，"新大学"应把正确处理好学校与地方社会经济发展的关系摆在首要位

① 柳友荣. "新大学"学科建设若干问题的思考 [J]. 高等农业教育，2004（4）.

置，在办学定位、人才培养、学科与专业建设等顶层设计上，紧紧抓住 "地方性" 这一客观现实形成自己的优势。从学科方向、专业设置、课程模块与课程建设等方面入手，围绕地方经济社会发展需求做文章，真正融入地方，主动服务区域，使学校成为政府决策的智囊团、区域文化中心、社会经济发展的动力源。

"新大学" 要充分利用升本之初，规模小、沉积少、转身快的特点，组织专家依据地方特点充分论证学校的顶层设计；开展校内的教育思想大讨论，明确目标，统一意志，凝练契合区域经济社会发展的学科方向，遴选符合区域经济社会建设需要的特色专业，培养适应地方经济发展的适用人才，满足区域经济社会发展的需要。

3. 实现由模仿发展向创新发展的战略转移

"新大学" 在建校初期确实有必要学习、模仿老牌本科院校所走过的发展之路，遵循本科教育的一般规律，从而掌握培养一般意义上的本科层次人才的途径和办法，以保证基本的人才培养质量。然而，"新大学" 是我国高等教育大众化的产物，一味仿效老牌本科院校培养人才的 "范式"，只能是自甘落后。这种漠视个性、忽视特色的办学理念，也与 "新大学" 自身应用型定位不相契合，最终必将在激烈的高等教育竞争中失去自己的存在空间和发展价值。面对自身的特点，"新大学" 应该在吸纳老牌本科院校的办学经验和管理方法，正确处理好继承与创新、务实与创新关系的同时，充分利用区域办学资源，挖掘整合学校资源，系统规划，创新发展。

"新大学" 首先应以教育思想观念创新引领教育模式创新。教育思想观念的创新要从培养应用型人才着眼，从提升学生的知识应用能力和技术创新能力着手，在教学中强调掌握知识的过程，强调解决问题的方法，培养主动学习、主动探索的习惯。在人才培养方案的设计上，应突出应用型人才培养的特点，强化 "以人为本，以用为先" 的人才培养理念；在课程教学上，要以实际问题为出发点，依据课程性质更多地采用 "模块教学"，以提升学生综合应用知识的能力和水平，提高学生解决实际问题的能力。

（二）生态学发展方略

生态学既是一门学科，又是一种方法论。依据生态学的原理，一切生物都生活在自己的"生态位"上，具有同样生活习性的物种，大自然将会用空间错位的形式，让它们各得其所。如鱼在水中游，兽在林中走，鸟在天上飞。如果它们在同一地方出现，必然依靠各不相同的食物生存。如狼吃肉，兔吃草。20世纪60年代以来，生态学的原理和方法被广泛应用到社会科学各个领域，一时间，人类生态学、社会生态学、文化生态学等摩肩接踵，应运而生。教育学家也开始用生态学视角和方法来考察高等教育问题。1966年，阿什比就已经提出"高等教育生态学"（ecology of higher education）的概念①。在高等教育大众化进程中，不同类型和层次的大学应找到最适合自己的发展空间，各得其所，各司其职。高等教育按照生态学的观点进行改革，从整个社会和自然的全局出发，把高等教育系统归于自然发展链中一个必不可少的环节，以促进高等教育自身和社会的发展。

"新大学"由于本科办学经验不足、办学资源紧缺、社会认同度不高和社会支持不足，应该缜密分析内外部环境，在生态学的视野里规划学校的发展。

首先，要充分考虑学校的资源承载力和环境承载力两个方面的制约因素。高等学校要实现可持续发展必须考虑这两个方面的问题。"新大学"应认真盘点学校办学资源，从办学资源承载力角度考虑，统筹规划，分步实施，稳步推进教育教学事业的发展；与此同时，还要学会用生态学视角去看待学校发展的环境承载力。高等教育的环境承载力是一定时期内政治、经济、文化水平为一定质量和规模的高等教育提供的能力②。"新大学"必须从经济社会的发展、劳动力市场的需求、高等教育适龄人口等角度，准确定位，错位竞争，在"本科层次""应用类型"上做文章，立体、多元规划学

---

① Eric Ashby. Universities：British，Indian，African：A Study in the Ecology of Higher Education [M]. London：The Weldenfeld and Nicilson Press，1966：19.

② 贺祖斌. 高等教育生态论 [M]. 桂林：广西师范大学出版社，2005：46－52.

校发展。

其次，要从高等教育系统的多样性来定位自身的发展。"新大学"要实现可持续发展，就要在多样性高等教育生态链中找到自己的生态位，克服规模与质量、有效供给与有效需求、专才教育与通才教育等方面的生态失衡问题，在高等教育的生态链上，觅求自己富有生命力的发展轨迹。

最后，按照"循环再生、协调共生、持续稳生"① 的生态调控原则，积极参与对高等教育系统的调节控制。目前，我国高等教育一方面资源供给的不足，影响高等教育生态系统的生存与发展；另一方面是教育本身滞后于社会的发展，造成高等教育系统与社会需求之间的冲突和矛盾，最终将导致教育自身的功能失调。因此，"新大学"应该抓住"危"中之"机"，利用后发优势，及时转身，准确定位，合理化和最优化地使用教育资源，保持高等教育系统生态平衡，以实现高等教育的生态可持续发展。

高等教育的生态学发展要求高等教育进入多样化时代，正因为如此，我国本科教学第一轮评估的"千校一面"的评价体系，就无法适应高等教育多样化的需求。不同类型的本科院校理应在实际教学工作中秉持契合自己学校办学定位和培养目标的质量观，不同层次的院校也都应该有属于自己类别的"名牌"。高等教育评估就应该以不同的评估指标体系，认同并促成这一特色的实现②。只有让不同的高校承担不同的任务，实现高等教育的协调发展，才能保证整个高等教育系统满足社会与大众的不同需求，从而促进高等教育大众化的顺利实现。

第二节　微观策略之社会支持

"新大学"的社会支持主要包含高等教育系统的支持和学校环境系统的支持。"新大学"在高等教育生态链上的生态位定位准确，得到来自系统内

---

① 贺祖斌. 高等教育生态论 [M]. 桂林：广西师范大学出版社，2005：35.

② 柳友荣，龚放. 理论不足与制度阙如：本科教学评估之症结 [J]. 中国高教研究，2008 (11).

部的支持就多,反之则少;学校环境系统的支持取决于"新大学"与区域经济社会发展的契合程度,契合度高,则获得的支持就多,契合度低,得到的支持也就少。

一、高等教育系统的支持

现代高等教育体系是一个日益复杂的系统,自 1990 年以来,中国高等教育的宏观管理制度经历了一系列变革,变"政府直接办学"为"政府引导与监督办学";变由中央政府统筹管理为主为由省级政府统筹管理为主;扩大高等教育办学主体,鼓励社会力量办学。这一系列变革,重组了我国高等教育系统,使得我国高等教育体系进一步分权、分层。这些变革总体上是对市场经济体制的一种响应,与全球高等教育发展趋势基本相符。对大学"可能的未来",杜德斯达说:"2000 年后,大学的教育远景是大学未来将要经历巨大的转变,它们包括世界性大学(the world university)、多样性大学(diverse university)、创造性大学(the creative university)、不分科大学(the divisionless university)、虚拟大学(cyberspace university)、成人大学(the adult university)、大学学院(the university college)、终身大学(the lifelong university)、无所不在的大学(the ubiquitous university)、实验室大学(the laboratory university)等等。"① 目前,我国高等教育结构也呈现出多样性的走势,多样化是大众化高等教育的必然趋势,更是 21 世纪大学的主流特征。

在西方发达国家,高等教育大众化的过程也就是本科教育向应用型转变的过程。美国教育家费依屈克(H. A. Foechek)就预言,"在将来某一时候,大学本科水平上可能至少有四种基本类型的学士学位教学计划——科学类、工程科学类、工程类和工程技术类"②,这一点在发达国家已经成为现实。应该说,对高等教育系统变革的思考,一般只是从社会政治、经济等外在因素

① James J. Dudersdadt. A University for the 21st Century [M]. Ann Arbor: The University of Michigan Press, 2000: 278.
② 杨金土. 我国本科教育层次的职业教育类型问题 [J]. 教育发展研究,2003 (1).

的角度，少有考虑高等教育系统本身对变革的驱动与制约。针对这种情况，伯顿·R. 克拉克试图从组织的观点，阐明高等教育"系统本身是怎样决定行动和变革的"①，寻找高等教育运行的"内在逻辑"，并认为必须准确把握并遵循这种"内在逻辑"才能认识高等教育问题、推动高等教育发展。由此可见，"新大学"是高等教育大众化时代的一种必然选择，是高等教育系统对社会大系统的耦合与响应，是高等教育内部资源配置的变革。因此，"新大学"的可持续发展必须充分利用系统内的软硬资源支持。

（一）高等教育系统内部的分工——结构张力

高等教育强国不仅体现在拥有多少所世界一流大学上，更体现在高等教育系统对整个国家经济和社会发展的支持程度。目前我国高等教育对经济社会发展的贡献率还不高，一个非常突出的问题就是高校的分类与定位雷同，趋向于同质性发展。在发展路径上，相当一部分学校将精力用在追求量的扩张上，包括学生规模、专业数量、学科门类、硕博学位点的数量以及科研经费、科研成果的数量等，导致整个高等教育系统结构性扭曲，不同类型高等院校之间在功能上相互僭越，进而造成高等教育系统结构性过剩，表现为单一功能的恶性膨胀。

高等教育系统是由不同类型的高等教育机构构成的，类型结构是由经济和社会发展的需要决定的。人们对大学功能的期望从重点从事人力资本开发的社会机构，转变为以发现、加工、传播和应用知识本身为工作重心的社会机构②。从我们国家目前的工业化水平及发展需要情况来看，对人才的需求情况应是一种塔形结构，即研究型处于塔尖，技能型处于塔基。只有这样才能形成一个适应经济和社会发展需要的功能完善的教育体系。"新大学"必须从中利用高等教育系统内的结构张力，找准自身位置，在属于自己的生态位上谋求发展。

---

① 伯顿·R. 克拉克. 高等教育系统——学术组织跨国研究［M］. 王承绪，等，译. 杭州：杭州大学出版社，1994：2.

② James J. Dudersdadt. A University for the 21st Century ［M］. Ann Arbor：The University of Michigan Press，2000：40.

(二) 高等教育系统内部多元化——内生动力

伯顿·R. 克拉克强调高等教育系统本身结构特征对变革的作用，认为"单一结构倾向阻止自发的变革，而多元结构则促进变革"①，换句话说，多元化基础上的整合结构特征为高等教育系统的自发变革提供了内生动力。与单一机制的系统相比，多元化结构为创新和变革营造了良好的挪移时空。一旦变革出现决策失误，对单一机制的系统将是一种灾难，而在多元化结构系统里，任何部分出现失误，其他部分都会给予补偿，以保持整体的稳定性和适应性。各种办学模式共生共存能给系统内部各个成员提供较大的自主性，开辟更广阔的自主空间，有助于激发系统内成员的创造活力和发展动力。因此，"新大学"可以利用庞大的高等教育组织系统的"自净"功能，尽快利用好有限而宝贵的"初建期"，来适应应用型本科教育这一全新的教育模式。

二、学校环境系统的支持

20 世纪 50 年代之后，大学并不缺少为社会服务的机会。现代大学的功能发生突破性的变化，是基于大学与社会实现双向互动的价值生成。"大学已经由只为少数精英人物服务的教育机构转变为可以让大多数人接受的教育场所，大学也因此应当承担起相应的社会责任"；大学与社会是密切联系的整体，"大学承担自身的社会责任来造福公众，同时也必将从社会发展进步中增强自身的实力"②。

学校的环境系统大概包括政策环境、经济文化环境、生源环境等方面。从政策体制环境来看，"新大学"并没有得到太多的惠顾。我国高等教育政策过多倾向于高层次大学，相对疏略了"新大学"的投入。而事实上，"新大学"是振兴地方经济，实现共同富裕的主力军。本研究显示，66.7% 的

---

① 伯顿·R. 克拉克. 高等教育系统——学术组织跨国研究 [M]. 王承绪，等，译. 杭州：杭州大学出版社，1994：219.

② H. W. Chase. The Social Responsibility of the State University [J]. Journal of Social Forces, 1923 (5).

"新大学"认为自己的发展缺少国家政策性支持,81.9%的"新大学"认为工程型、技能型教师的晋职、晋升缺少政策性扶持;发展良好的"新大学"中43.6%获得了很大或者较大的地市支持,98.1%的"新大学"认为区域社会与"新大学"之间的合作途径需要进一步拓宽。所在地市经济状况很好的"新大学"中有61.5%属于 A 类院校,而所在地市经济状况较差的"新大学"中有63.2%属于 D 类院校。发展良好的"新大学"中,所在地市经济状况很好的占20.5%,经济状况良好的占33.3%,经济状况一般的占43.6%,经济状况较差的占2.6%。由数据可以推知一个十分有趣的现象:学校办得好与所在地市经济发展状况并无直接联系,但学校办得不好与所在地市经济水平较差明显关联。由此可以看出,"新大学"会受到政策环境和体制环境的负面影响。在2010年全国"两会"上,代表、委员们开始关注地方高等院校(包括"新大学")的发展,认为作为高等教育大众化的主力军,地方高校已经成为我国高等教育的主体,但却陷入了"地方财政投入不足,巨额的银行欠贷,优秀人才难以引进"的困境①。所幸的是,《国家中长期教育改革和发展规划纲要(2010—2020 年)》已经明确提出将加大对地方性高等院校的投入②。但是,"新大学"要加快发展,就必须以积极的姿态和有效的策略赢取政策的倾斜和地方的支持。

(一)构架与区域经济社会互动发展的学科专业结构

构架与区域经济社会互动发展的学科专业结构,是"新大学"立足地方、服务区域的前提和基础。"新大学"立足区域经济社会发展实际态势,依据地方支柱产业发展的需求,综合利用区域教学资源,调整学科专业结构,提升优势专业,培植新兴专业;根据创新型国家建设的战略要求,"新大学"要根据自身优势条件,整合资源,发展新兴学科、交叉学科,尤其要注意在新兴交叉学科寻求突破。"新大学"发展应紧密联系地方经济社会需

---

① 杨晨光,等. 欠发达地区地方高校如何走出发展困境 [N]. 中国教育报,2010 - 03 - 15.
② 国家中长期教育改革和发展规划纲要(公开征求意见稿)[N]. 中国教育报,2010 - 03 - 01.

要，满足区域经济社会发展的学科与专业，构建学科专业与区域经济社会互动发展的运行机制，为更好地服务区域经济建设和社会发展搭建平台。

（二）搭建与区域经济社会发展紧密结合的产学研平台

安徽池州学院是一所"升本"不到 4 年的学校，自升本伊始，学校就确立了校地合作的模式。学校立足地方，大力发展旅游管理、资源环境与城乡规划等专业，不仅在较短的时间里建设了一个国家级特色专业，而且从池州市旅游委员会承接了市区方位内所有的旅游资源开发与景点设计工作；已经立项的 6 个国家社科资金项目和自然科学资金项目，都是立足池州经济社会发展、皖南民俗文化研究以及服务地方新兴产业开发的项目。

由此可见，"新大学"应把为区域经济建设和社会发展作为首要任务，积极搭建校企合作平台，坚持区域产学研结合，为区域经济建设提供智力资源，主动承担地方经济发展中的科学研究工作，加强校际间、校地间、校企间的交流与合作，多层次、多方式开展科研工作；对区域经济社会发展战略、支柱产业、经济发展方式等进行立项研究，有利于增强学校人才培养、学科专业调整、科研方向等方面的针对性和实效性①；通过向地方输送发展急需的各种人才和各类服务，取得地方政府、企业、群众的信任和支持。

"新大学"要利用自己在人才和资源上的文化优势，主动积极融入地方，可以通过建立咨询机构、选派优秀教师到政府任职、开展调查研究等方式，为政府决策提供咨询服务。同时，它们在区域社会上所感受到的人才需求和发现的研究问题，都能直接推动产学研的结合。"新大学"在为区域经济社会建设服务中，一方面能为促进区域社会的发展提供人才和智力保障；另一方面，"新大学"也只有依托所在区域，服务地方经济建设和社会发展，才能形成自身的办学优势和办学特色②。

---

① 王守伦，等. 突出地方特色服务区域发展 [J]. 中国高教研究，2009 (3).
② 丁么明. 新建地方本科院校在区域社会建设中的定位与作用 [J]. 高等教育研究，2009 (11).

第三节　微观策略之办学理念

办学理念是办学主体在办学实践中形成的对教育教学活动"应然"的理性认识和主观要求，是关于教育教学行为"应然状态"的判断。它是一个学校办学的理想和信念，是学校办学的灵魂和指针，也是学校可持续发展的精神支柱。先进的办学理念可以外塑形象，内聚人心，为学校的改革、发展提供强大的动力。

一、办学理念——科学定位

从一所大学的组成形态来考察，大学应是由物质形态、组织形态、观念（精神）形态三部分构成的。物质形态部分是指校园、校舍，组织形态部分是指内部的组织结构，观念形态部分则是指大学的办学理念。办学理念是一所大学的个性所在，也是大学的灵魂。办学理念一旦确定，就会影响大学所有的办学行为。

（一）办学理念内涵与实施

办学理念以学校的办学目标和可持续发展作为出发点和归宿，是对学校办学行为的一种预期。办学理念的实质是学校基本的办学理想和核心价值观，是学校文化最重要的组成部分，它是一种内生的精神力量，富有强大的生命力。

"新大学"在本科办学的道路上刚刚起步，形成科学合理的办学理念对学校的可持续发展尤为关键。作为美国新建高等院校——赠地学院的代表，威斯康星州立大学的"州的边界就是大学的边界"的办学理念很好地诠释了大学为区域经济社会服务的职能。1904 年，范·海斯出任威斯康星州立大学校长，他特别重视大学的社会服务，甚至把大学的社会服务看成是现代大学的唯一理想。他认为，一所大学应该成为所属区域经济社会发展的"动力源""策源地"。他要把威斯康星办成"全州所有人的大学",提出的"大学直接为解决公共问题服务"等思想,正是"威斯康星思想"(Wisconsin Idea)的精髓。

安徽合肥学院从建校之初就形成了"地方性、应用型、国际化"的办学理念,学校的一切办学行为都围绕着这一理念,因此作为一个新建院校,由于理念领先,办学行为稳定,其应用型本科办学已经显示了勃勃生机。

一经形成的办学理念,首先,要致力于在学校内部形成一种理念文化,形成良好的舆论氛围,为理念的落实打下深厚的群众基础;其次,应该成为衡量并统领学校一切办学行为的标杆,不符合办学理念的行为要坚决剔除,维护行为的统一性和目标的一致性。只有这样,办学理念才不至于落空,不至于成为一种独立于学校工作之外的炫目的摆设。

我们可以从威斯康星州立大学的理念实施中寻找到"新大学"追求理念统领的效法模式。威斯康星州立大学从一开始就为全州5000多人提供函授课程;利用自己的实验室围绕本州的水土、矿石等资源开展研究,直接服务并指导当地的生产。为了进一步密切大学与州政府的伙伴关系,至1910年,威斯康星州立大学有35位知名专家在政府部门兼职,提供非政治性的服务(nonpolitical service)。与此同时,他们也从州的各个部门聘请专家来校任教和从事科研。"正是由于威斯康星理念的兴起,大学确立了直接为社会服务的职能,使大学密切了与社会发展的联系,促进了社会经济的发展,也促进了大学自身的发展。"①

(二) 办学理念与人才培养、学科与专业建设的关系

在"新大学"的办学实践中,办学理念主要集中体现在人才培养、学科与专业建设上(如图9.1所示)。办学理念与人才培养、学科与专业建设的关系大致可以表述为:办学理念是人才培养、学科与专业建设的"上位概念",是基本的指导思想;人才培养、学科与专业建设是办学理念的具体化,是办学理念在学校教育教学活动中的集中体现。

---

① 刘宝存. 威斯康星理念与大学的社会服务职能 [J]. 理工高教研究,2003 (5).

1. 办学理念与人才培养

学校是育人的场所，一所高校科学的办学理念应该集中体现在人才培养上。首先，办学理念是一切教育教学活动的出发点和归宿，是制定和实施人才培养方案的依据。其次，办学理念是人才培养方式改革的依据，是课程组织的基本思想。最后，办学理念是教学改革的基本思想，是指导性原则，一切教学改革都应该服从于办学理念的要求。

2. 办学理念与学科专业建设

办学理念是学科与专业建设的指导思想，更是"新大学"在选择学科与专业建设策略时的基本原则。"新大学"要充分挖掘办学潜力，拓展办学空间，更新传统学科，重视应用学科，大力扶持优势学科和特色学科，适度发展新兴学科、交叉学科和边缘学科，扎实有效地改造老专业，扶植新专业，建设优势专业，保证重点专业。而它们学科与专业建设策略选择的正确与否，建设的成效优劣，还是要用办学理念来考量。

（三）发展良好的"新大学"的办学理念

本研究得出，"新大学"在办学理念上具有较为一致的观点和立场：有94.9%的发展良好的"新大学"的目标定位是应用型本科院校，所有发展良好的"新大学"都认为与地方经济社会发展互为依托；发展良好的"新大学"坚持面向地方，服务地方的同时，走国际化办学之路，以提升办学水平；普遍认为"新大学"是完全不同的办学类型，需要在人才培养方案中得到体现。从以上不难看出，发展良好的"新大学"有较先进的办学理念。

学校的本科专业数与发展良好"新大学"的办学理念维度和社会支持维度显著负相关，本科专业数越少的院校办学经费越充裕，资金投向越集中，专业建设水平就越高，学校也就因此获得更高的社会认可度；发展良好的"新大学"办学理念方面更倾向于与地方合作，这是因为其本科专业数量较少，办学质量较高，更能有针对性地与地方经济社会发展合作。

二、人才培养——模式创新

在高等教育人才培养系统中，不同层次与类型的人才相对应的培养方式也不尽相同，有的甚至迥然不同。正如克拉克所言："有一个共同的威胁，即如今的现实需要广泛而迅速地威胁着大学，这已经超出了他们所能应付的能力范围，除非大学采取措施改变自身定位。"① 如果大学不想让一个"类大学"的机构来顶替，那就要尽快适应需求，调整自身。我国"新大学"就是在高等教育大众化的冲击下，进行自身调整，主动适应变化的结果。作为一种全新的高等教育形式，其响应增加高等教育受教育人口，扩大高等教育机会，保障教育公平，只是它的一个方面的特点，更重要，也是最本质的变化应该是培养模式的改变。也正因为这个原因，"新大学"不仅仅是 1998 年以后新升格的本科院校，更是完全不同于传统精英教育办学的一种全新的类型。

"新大学"是高等教育大众化阶段的产物，它与精英教育办学形式的区别远不是停留在时空上的，它是一种完全不同的办学模式，是一种全新的人才培养方式。也只有认识到这一点，"新大学"才能维持可持续发展的态势，进而推动我国经济社会的可持续发展。

毫不讳言，目前制约"新大学"发展的最实质性的因素就是落后的人才培养方案，这一点已经成为"新大学"可持续发展的掣肘。作为一种全新的人才规格，应用型本科人才与传统精英教育下培养的人才是不能相互替代的。因此，在人才培养方案上也就有设计上的很大差异，"克隆"精英教育的人才培养方案，只能是应用型本科教育的作茧自缚。"在高等教育的内部把注意力只集中在传统大学已经成为了一个时代错误，甚至是一个有代价的时代错误，这样的集中注意传统大学，从 12 世纪到 19 世纪是合适的，但是

---

① Burton R. Clark. The Entrepreneurial University: Demand and Response [J]. Tertiary Educaion and Management, 1998 (4).

到了 20 世纪就很不合适,在 21 世纪就更不合适了。"① 比较发达国家培养应用型本科人才的实践,可以归纳出的共同点是:普遍重视实践教学,非常重视在社会中、企业里进行实际锻炼;根据专业能力培养的需要进行安排,强调人文科学与社会科学并重,注重管理能力、公关能力以及表达技能的培养。

"新大学"人才培养方案的制订应充分考虑以下因素。

(一)"以用为先"

应用型本科教育是高等教育大众化的产物,它是为学生未来职业生涯做准备,是实用主义教育理念在现实中的弘扬和发展。传统的学科本位和学术本位的人才培养方案无法适应"新大学"的要求,应用型人才的培养方案更加强调学生自主学习能力和岗位适应性,强调具备胜任某种职业岗位的技能,培养的是现代技术的应用者、实施者和实现者。

(二)课程设置中体现"职业元素"②

应用型人才的培养必须重视课程设置、课程内容确立中的"职业元素",按照行业、产业和企业适用性及针对性来遴选课程内容,同时确立课程教学的形式。着力改变精英教育人才培养方案中的强调学科逻辑和学科本位的"专业方向课程模块",是大众化背景下的"专长课程模块"。在遵循学科和知识内在联系规律的基础上,强调从实际出发,根据工业和企业界不断变动的职业和岗位需求设置灵活性专业和构建课程。因而,在设置专业和课程体系时,要充分调查分析不断变化的市场、结合现代企业人才的"职业元素"需求,确立学校人才培养目标、规格,尽可能考虑选择综合性强的"模块化"课程。

---

① 克拉克·克尔. 高等教育不能回避历史——21 世纪的问题 [M]. 王承绪,译. 杭州:浙江教育出版社,2001:105.

② 陈小虎. 应用型本科教育:内涵解析及其人才培养体系建构 [J]. 江苏高教,2008 (1).

(三) 加强专业柔性机制①

面对大众化高等教育，伦尼（Renne）和布里克曼（Brickman）认为，在大众化高等教育到来之时，要扩大课程理念，打破传统的刻板的课程体系，学习材料少一些专门化，多一些综合性的学习②。因此，制订柔性的培养方案成为客观必然。专业核心课程的设置不宜过多，采用模块组合组织教学，减少必修课，加大选修课；在教学体系安排上，进一步减少课堂讲授的时间，为学生的主动发展提供更多独立思考的时间和实践的机会。

(四) 变革教学模式

改革应用型本科教学模式不仅要着眼于现实需求，而且要具有相当的前瞻性。高等教育大众化要求今天的大学不能固守精英教育的教学模式，悠闲地倚在"象牙塔"的雕花木椅上，去高谈阔论。"后工业社会里，大学成了轴心机构，这不仅是从培养知识界的精英角度上说，还是为整个社会提供知识的意义上说……1867 年，英国剑桥大学的斯图亚特曾梦想办一所'教授流动大学'，轮流在各大城市讲学。这些是大多数英国大学后来逐步开设校外课程的开端。20 世纪 20 年代，美国的很多大学也陆续以类似的方式开设大学，推广自学课程，招收大量部分时间制和函授制的学生，有时这些学生人数，超过了全日制大学学生人数。"③ 随着大众化高等教育的逐步深入、知识更新的不断加快以及传统的高等教育适龄人口的逐步减少，大学突破传统的教学模式已是势在必行。

以合肥学院的"模块化教学"为例。它将培养方案的课程内容学习模块化，一个模块化的教学结构是由许多模块构成，每一模块又由若干教学活动

---

① 孙爱东. 对应用型本科院校人才培养方案的思考 [J]. 黑龙江教育学院学报，2008（2）.

② Roland R. Renne. Land-Grant Institutions, the Public, and the Public Interest [J]. Annals of the American Academy of Political and Social Science，1960（9）；William W. Brickman. American Higher Education in Historical Perspective [J]. Annals of the American Academy of Political and Social Science，1972（11）.

③ 伯顿·R. 克拉克. 高等教育新论——多学科研究 [M].王承绪，等，译. 杭州：浙江教育出版社，2001：47.

组成。在此过程中，像授课、练习、实习、学术考察及研讨会等教学活动将被按照特定主题归纳成为独立的单元，即模块。模块描述的是围绕特定主题或内容的教学活动的组合，即一个模块是一个内容上及时间上自成一体的教学单位，它可以由不同的教学活动组合而成。每一个模块都是一个总体的构成单位，在这个总体中的每一个模块都具有特定的功能。各单个模块均可以被其他模块替换，这样就使得整体组合的多样性成为可能。一个模块化体系是非常灵活的，因为在其组合过程中及在其组合完成后还能够进行改造和模块的重新组合。

合肥学院应用型课程教学的模块化建设的优点在于：满足高校及学生日益增长的对个性化学习的需求；实现教学组织更高的透明化及有效性；灵活的教学安排更好地适应社会经济发展的变化；以问题为导向的课程内容提升了学生所学理论与实践的融合度。

当然，应用型本科院校的教学模式改革并不是千篇一律的，而是根据学校、学科特点、区域经济社会发展、人才培养规格等诸多因素综合而成的。但是，有一点是毫无疑问的，那就是传统的教学模式决不能照搬照抄到 "新大学"。

三、学科与专业建设——服务区域

为区域经济建设和社会发展服务是 "新大学" 最重要的使命，如果脱离了这一点，就失去了其生存和发展的基础。本研究的调查显示，发展良好的 "新大学" 与发展一般的 "新大学" 在维度 4（学科与专业）上有显著差异。发展良好的 "新大学" 比发展一般的 "新大学" 在专业设置上更能充分依据地方经济社会的发展，人才培养方案和课程设置更多地参考了行业专家的意见和建议。

有鉴于此，"新大学" 应注意在学科与专业建设上做好以下三个方面的工作。

首先，依据人才市场和区域经济特点，积极主动推进专业建设。"新大学"专业建设要考虑到自身的办学传统，避免与临近老牌本科院校的重复建设，大力发展应用型专业，重视与办学定位和特点相适应的品牌专业及特色专业的建设。在本研究的调查分析中发现，15 个背景因素中只有院校所在经济区域和院校与所在地市经济社会的融合程度两个因素在维度 4（学科与专业）上的主效应达到显著性水平。可见，学科与专业建设体现"新大学"与区域经济社会的融合度，是区域经济社会和学校自身可持续发展的风向标[①]。

其次，围绕区域经济社会发展制订学科与专业规划。"新大学"要贴近地方，主动服务于地方，才能取得区域社会的认可与接受。因此，"新大学"要特别注意研究地方经济社会发展中的难点问题和热点问题，并使之转化为本校的学科研究方向和专业增长点。在专业设置时不仅要充分考虑学科基础，还应考虑区域的资源和发展，重视学科与专业建设之间的良性互动。

最后，坚持"错位发展"的原则。价值创新（value innovation）是"蓝海战略"的基石。在这种战略指导下，精力不是放在击败竞争对手上，而是放在全力为买方和企业自身创造价值飞跃上，并由此开创新的、无人问津的市场空间，彻底摆脱对手。可见，"蓝海战略"会同时追求"差异化"和"低成本"。"新大学"升格前无论是什么专科办学基础，在其学科发展与专业设置上都有很大的相似性。升格后，应特别注意避免学科与专业的低水平重复，充分利用区域人才、社会、环境等各类资源，凸显特色。

第四节　微观策略之基础保障

"新大学"由于规模的持续扩大，办学条件也亟待改善。本研究发现，"新大学"在硬件资源方面都存在较多问题和困难，有 71.4% 的"新大学"教学资源紧张，难以满足教学需要；有 88.6% 的"新大学"的实验实训场地与实际需求有较大差距。很明显，加大对"新大学"的投入，改善办学条件，是提升应用型人才培养质量的基本保障。

---

① 张铁牛，田水泉．新建本科院校专业建设现状调查 [J]．理工高教研究，2007（3）．

一、办学条件——发展的瓶颈

"新大学" 由于升格后在软硬件建设上的压力, 经费缺口很大, 加之政府财政拨款的地区差异, 许多 "新大学" 办学条件不足, 资源紧缺, 不适应本科办学的需要, 影响着学校人才培养质量和办学水平——这已构成制约其可持续发展的最大障碍。因此, 加大政府对高等教育的投入, 拓宽办学经费来源的渠道, 是满足 "新大学" 基本办学条件的保障。

(一) 多渠道筹措资金, 增强学校发展后劲

首先是要争取政府更多的资金支持。在我国政府现行财政拨款体制下, "新大学" 在公共高等教育资源的分配中处于弱势, 公共高等教育资源的分配状况属偏向于优势学校 ("211" "985" 等重点大学) 的 "优势偏向型" 的非均衡配置模式。事实上, "新大学" 是高等教育大众化的生力军, 学校建设负担重, 政府应适时调整财政政策, 及时给这类院校 "输血"。地方政府也要落实 "依法保障教育经费的 '三个增长', 坚持教育规划和资源配置优先, 切实把教育发展作为重点列入当地经济和社会发展规划, 在用地上优先保证, 在资金上优先投入" 的政策规定, 加大财政投资力度, 不断提高生均拨款经费。

(二) 不求所有, 但求所用, 保障基本教学条件的供给

建立 "为我所用" 与区域内 "资源共享" 的机制是 "新大学" 实验室建设的一个重要策略, 它不仅是实验室投资效益的要求, 更重要的是培养高水平创新型人才和科学研究的需要。一方面, 高校利用其拥有的教学实验设备和研究手段培养应用型人才和为区域经济社会发展服务, 这是 "新大学" 的立校之基和生存之本; 另一方面, 区域内很多企事业单位的研究机构、实验室, 拥有大量先进的仪器设备, 这些设备由于使用率很低, 常常处于闲置状态, "为我所用" 与区域内 "资源共享" 的机制, 可以有效维护设备, 提

高使用效益。

1. "嵌入式实验室"和"外置式实验室"建设策略①

所谓"嵌入式实验室"并非 IT 行业的专业实验室，它是高校利用区域内设备资源，引入区域企事业单位使用效益不高、维护保养负担较重的仪器设备，为我所用。既满足师生教学、科研要求，又能服务于区域经济社会的发展。譬如安徽池州学院的"池州市非金属矿研究院"为市政府的经济开发研究机构，管理编制、人员工资由政府支付，设备由政府购置，研究人员为该院教师；池州学院的"食品检验实验室"为市质量检验监督局的食品检验所的检验室，该院将其建在学校，场地、设备维护由学校提供，几百万元设备所有权属市质量检验监督局，使用权为学校和质监局共同所有。"外置式实验室"是利用学校临近企业和市劳动部门的劳动力培训场所作为学校的实验室，做到为我所用，资源共享。

2. "产学研"专业实验室建设策略

"新大学"办学定位和人才培养目标的基本一致的取向是服务地方经济社会发展和培养应用型人才，"产学研"结合的专业实验室模式是落实这一办学理念和人才培养目标的有效途径。"产学研"结合的专业实验室不仅可以培养学生的应用能力，而且可以吸引社会资金和区域研究项目，既能够有效地实现专业实验室建设的目标，又能够很好地调动地方社会投资高校实验室的热情。

3. 引入社会公共场馆为我所用，适当运用 BT 模式建设项目

"新大学"要获得快速的发展，就必须充分融入区域社会，主动为区域经济社会发展做出自己的贡献。积极加强与地方政府的联系，将地方政府预计新建的公共场所（如图书馆、体育馆、游泳馆等）引入学校，由学校负责日常维护，同时也可以利用这一资源满足教学需求。

BT 投资模式是 build-transfer 的缩写，它与 BOO（building-owning-operation）和 BOOT（building-owning-operation-transfer）这两种模式相比，少了建设方经营的这道环节，其实质就是对 BOT（build-operate-transfer）模式的变

① 柳友荣."新大学"去同质化发展策略 [J].中国高教研究，2011（11）.

换,指项目管理公司总承包后垫资进行建设,建设验收完毕再移交给学校。也就是垫资为学校建造暂时无力上马的基础设施项目,然后再让政府分期还款。它可以有效地缓解学校建设资金的不足,有效解决人才培养需求与教学保障不力的矛盾。

二、师资队伍——发展的关键

"新大学"升格初期规模迅速膨胀,使得师资总量捉襟见肘。师资队伍年龄、职称结构不合理,青年教师、低职称教师偏多,师资总量不足与结构性短缺现象同时存在,已经成为此类院校提升质量的掣肘。

通过本调查研究还得出,发展良好的"新大学"与发展一般的"新大学"在师资队伍维度上的差异非常显著。有63.8%的"新大学""双师型"教师比例没有达到教师总数的30%,95.2%的"新大学"存在师资队伍"理论型"教师多,工程型、技能型教师少的结构性紧缺现象。由此可见,发展良好的"新大学"依赖于"双师型"的师资队伍建设,相当多的"新大学"存在着师资结构性紧缺现象,建设好用、合用、适用的师资队伍是实现可持续发展的关键保障因素。

首先,注重柔性吸纳人才,防止师资队伍建设上的齐头并进。在人才引进上应做到"有所为,有所不为",避免平均用力,齐头并进,应该围绕重点学科的发展,量力而行,突出重点。把有限的财力用到"刀刃"上。由于办学历史短、办学经费相对短缺、师资队伍建设客观上存在"显效期"等,"新大学"学科建设捉襟见肘的问题就是"人"的问题,所以要注重区域内柔性吸纳人才。结合学校学科与专业发展的需要,柔性引进一批区域内人才来充实教师队伍,不求所有,但求所用,不失为一个经济有效的措施①。

其次,打造"双能型"教师队伍。"双能型"教师的内涵是在应用型本科院校中那些既能从事理论课程和实践课程的教学,又能从事产学研合作开发的教师。"双能型"教师再教育培训可以有三种方式,即自主培训、校本

---

① 柳友荣. 新建本科院校学科建设若干问题的思考 [J]. 高等农业教育, 2004 (4).

培训和校外培训。同时，为了弥补专业教师实践经验缺失，根据专业设置和课程结构的需要，可以聘请相关企事业单位中具有丰富实践经验的高级专业技术人员来校做兼职教师。事实上，在高等教育大众化之后，大学教师团体不仅会十分庞大，而且其构成也会呈现多样化趋势。"全美3500所中学后教育机构中，有超过100万的全职或兼职的大学教师……兼职教师的数量日益增多，全国有近20万人。他们没有或者只享有极为少量的工作保障，与所就职的院校之间的联系也十分薄弱。"① 对于兼职教师，学校要加强教学管理，定期对兼职教师进行理论教育和教学方法的培训，定期组织对兼职教师进行教学质量评估，保障兼职教师的教学质量。

三、管理体制与机制——发展的保障

要实现可持续发展，就要改革与创新管理思想及观念，突破原有管理模式的束缚，创新体制机制，构建更加符合本科教育规律和自身办学定位、有利于学校可持续发展的管理新思想、新模式。

随着学校规模的扩大、办学层次的提升、类型的改变，必须实现管理重心下移。既要避免管得过死，又要避免管理失控；扩大高校的办学自主权；高校内部要强化教授治学和民主管理的机制。

（一）自主管理

在计划经济条件下，我国高等学校在人力、物力、财力资源配置方面主要是由政府主导。反映在人才培养方面，政府部门根据招生计划数量确定高等教育的事业费，高等院校的经费严格按照政府的规定时限、用途、数额使用，缺乏自身的主动权。现代大学的运行机制不能再完全按照政府的安排进行，政府逐渐由大学卖方与买方一体化转变为对大学人才培养进行间接指导，而不是直接控制。政府通过计划手段、市场手段与法律、法规手段对大

---

① 菲利浦·阿特巴赫，等.21世纪的美国高等教育——社会、政治、经济的挑战 [M]. 施晓光，蒋凯，主译. 北京：北京大学出版社，2005：225.

学发展进行调控，使大学变成能够依法面向市场自主运行、自我发展的法人实体。政府的作用在于引导、指导，而不是包揽一切①。这样，在处理政府与大学的关系上，传统的管理方式与运行机制必然让位于现代新型的管理方式与运行机制。

（二）扁平化管理

"新大学"由于超常规的规模扩大，熟悉"新大学"管理模式的人才稀缺，加上办学资源的匮乏，优化行政管理机制，强化学术管理机制，有选择地发挥市场机制的作用，实行教学管理扁平化是必由路径。

我国传统的大学管理模式是 20 世纪 50 年代从苏联移植来的，本质上是套用韦伯的"理想行政组织系统"，即日常所说的科层制。该组织理论强调个人对组织以及组织制度的服从与忠诚，要求个人行为必须"合理化"，符合组织利益，而对人际关系与个人情感则疏于关注。

"新大学"的学科与专业管理水平决定了它们本科办学的基本质量，提升学科与专业管理水平和效益，也是"新大学"积极寻求的行为目标。现行的管理模式是科层制的"垂直"模式（见图 9.3），最底部也是最重要的组织细胞是教研室，然后逐级上升至系、二级学院与行政部门、学校。这一模式强调行政的命令与执行，在规模偏小、组织任务简单的系统中有助于提高组织效益。但是，高等学校由于自身的特殊性，行政岗位上许多主要人员均为兼职，除去各种行政工作之外，主要任务是学科与专业建设、教师专业业务。而教研室作为这个组织中的基础，也是最重要的业务组织，一旦因为过多的行政工作分散精力，势必会导致教学和科研的精力投入不足。尤为重要的是，由于"新大学"应用型的办学定位，使得各专业的课程有较多的融合，"模块化教学"更是打通学科界限，因此，教研室被定格在二级学院（系、部）显然不利于高效地运转，而且易于诱发"小而全"现象②。

---

① 朱静．地方本科院校运行机制的结构与功能分析［J］．教育与职业，2008（10 下）．

② 柳友荣．"新大学"去同质化发展策略［J］．中国高教研究，2011（11）．

教学与科研管理作为"新大学"组织的命脉，为提高组织效益，必须让教研室从科层制的底部解放出来。因此，采用"扁平化管理模式"（见图9.4）应该是个很好的选择和工作模式的创新。

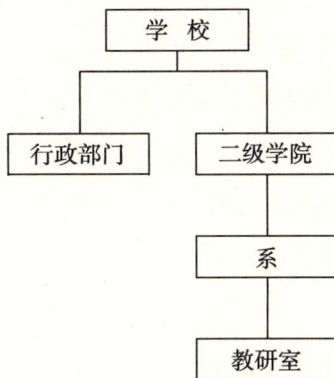

图9.3 垂直管理模式　　　　图9.4 扁平化管理模式

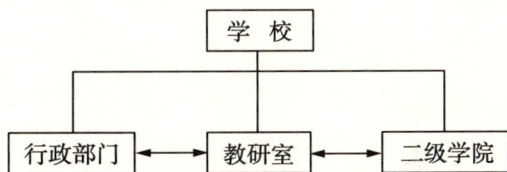

"新大学"要想"调动广大教师的主动性和积极性，就得思考改进现有组织教学模式，减少管理层次，尽可能释放教师的精力"[1]。"扁平化管理模式"将"金字塔"塔底提升，管理中心下移，使得行政管理与业务管理层级关系减少，这样有利于提高业务管理效益，促进学科间横向交流，调动教学、科研积极性。这一模式对以"实际问题"而非学科知识逻辑为教学内容组织形式的"新大学"尤为适用。一方面，以实际问题为出发点组织教学，要求多学科参与教学过程，需要更顺畅的学科交流和融合；另一方面，"扁平化管理模式"淡化高校的行政色彩，尊重学科优先地位，促进"新大学"有限的人力资源得到充分利用，"有利于学科组摆脱行政事务的缠绕，简化繁琐的行政环节，集中精力抓好教学和搞好科研"[2]。

学校组织管理向扁平化发展，使得层级减少，增加了上下级的直接联系，减少了行动和决策间的时滞现象，避免信息传递失真，增加了对信息环

---

① 赵连华. 高等教育可持续发展战略研究［J］. 辽宁教育研究，2007（1）.
② 王淮庆，杨晓莉. 扁平化管理模式的构建——应用型本科院校发展的探讨［J］. 中国科技信息，2008（15）.

境动态变化的反应速度。与此同时，在“扁平化”管理中，教师不再单属于哪一个系部，而是按照学科门类由教研室直接协调与管理，业务间交流和配合由教研室在教务处、科研处的组织协调下独立完成。如此，可促进资源共享，提高管理效益，减少管理成本。我国“新大学”起步较晚，结合学校刚刚升格历史沉积少、转身快、组织结构尚不稳固的特点，积极推进“扁平化管理模式”，有助于利用“后发优势”，为自身的可持续发展提速。

参考文献

艾恺. 世界范围内的反现代化思潮 [M]. 贵阳：贵州人民出版社，1991.

安迪·格林. 教育与国家的形成：英、法、美教育体系起源之比较 [M]. 王春华，等，译. 北京：教育科学出版社，2004.

鲍道苏. 教育专家谈地方高等院校改革发展 [N]. 中国教育报，2004 – 11 – 02.

北京教育科学研究院. 世界高等教育发展存在七大新动向 [N]. 中国教育报，2009 – 10 – 20（10）.

伯顿·R. 克拉克. 高等教育系统 [M]. 北京：人民教育出版社，1983.

伯顿·R. 克拉克. 高等教育系统——学术组织跨国研究 [M]. 王承绪，等，译. 杭州：杭州大学出版社，1994.

伯顿·R. 克拉克. 高等教育新论——多学科的研究 [M]. 王承绪，等，译. 杭州：浙江教育出版社，2001.

布鲁贝克. 高等教育哲学 [M]. 王承绪，等，译. 杭州：浙江教育出版社，2002.

常汉东. 地方本科院校应用型人才培养的课程模式构建 [J]. 黑龙江高教研究，2007（11）.

陈发美，吴福光. 19 世纪英国"新大学运动"及启示 [J]. 高教探索，2001（4）.

陈小虎. 应用型本科教育：内涵解析及其人才培养体系建构 [J]. 江苏高

教，2008（1）.

德里克·博克. 走出象牙塔——现代大学的社会责任［M］. 徐小洲，陈军，译. 杭州：浙江教育出版社，2001.

丁么明. 新建地方本科院校在区域社会建设中的定位与作用［J］. 高等教育研究，2009（11）.

杜德斯达，沃马克. 美国公立大学的未来［M］. 刘济良，译. 北京：北京大学出版社，2006.

樊彩萍. 战略联盟：新建本科院校发展策略研究［J］. 江苏高教，2009（4）.

方展画. 马丁·特罗高等教育发展阶段论批判与再认识［J］. 新华文摘，2005（3）.

菲利浦·阿特巴赫，等.21世纪的美国高等教育——社会、政治、经济的挑战［M］. 施晓光，蒋凯，主译. 北京：北京大学出版社，2005.

弗莱德·哈克勒罗德. 美国州立大学、学院的成长［J］. 丁安宁，译. 江苏高教，1986（3）.

弗莱克斯纳. 现代大学论——英美德大学研究［M］. 徐辉，陈晓菲，译. 杭州：浙江教育出版社，2006.

高妍. 合作办学，协同发展——对安徽高校联盟创新探索的调查与思考［J］. 中国高教研究，2009（6）.

顾明远. 高等教育的多样化与质量的多样性［J］. 中国高等教育，2001（9）.

郭为藩. 转变中的大学：传统、议题与前景［M］. 北京：北京大学出版社，2006.

国家教育发展研究中心.2000年中国教育绿皮书［M］. 北京：教育科学出版社，2000.

何成辉，苏群. 应用型本科院校学生能力培养途径的探讨［J］. 中国高教研究，2002（3）.

何中华. "可持续发展"观及其哲学意蕴［J］. 哲学研究，1996（9）.

贺祖斌. 高等教育生态论［M］. 桂林：广西师范大学出版社，2005.

侯翠环. 英国新大学运动及其历史意义 [D]. 保定：河北大学，2005.

胡建华. "后发国家"高等教育大众化的基本特点 [J]. 教育发展研究，2002 (1).

胡瑞文. 从核心指标看教育现代化 [N]. 中国教育报，2009 – 01 – 05.

胡寿根，等. 区域性高等教育普及化与"新大学"发展定位的思考 [J]. 中国高教研究，2009 (1).

黄红斌，姚加惠. 关于"新大学"师资队伍建设的思考 [J]. 大学教育科学，2008 (3).

黄鸿鸿. 与地区社会经济依存共生——"新大学"发展的基本取向 [J]. 福建论坛，2009 (3).

黄惠霖. 论新建地方本科院校的生存与发展 [D]. 长沙：湖南师范大学，2005.

教育部中外大学校长论坛领导小组. 大学校长视野中的大学教育：第二辑 [C]. 北京：中国人民大学出版社，2005.

解根法，等. 内涵发展：新建地方本科院校工作重心的战略转移 [J]. 中国高等教育，2008 (3 – 4).

金凤，朱洪镇. 基于资源共享的高校战略联盟研究 [J]. 沈阳航空工业学院学报，2008 (6).

金维才. 近代英国城市学院和美国赠地学院发展障碍与对策的比较 [J]. 安徽师范大学学报：人文社会科学版，1997 (4).

克拉克·克尔. 高等教育不能回避历史——21 世纪的问题 [M]. 王承绪，译. 杭州：浙江教育出版社，2001.

李枭鹰. 系统科学视野中的高等教育强国 [J]. 复旦教育论坛，2008 (6).

刘宝存. 威斯康星理念与大学的社会服务职能 [J]. 理工高教研究，2003 (5).

刘海燕. 几种典型实践教学模式对应用型本科院校的启示 [J]. 理工高教研究，2005 (6).

刘君. 长三角名校联盟：中国常春藤盟校雏形显现 [J]. 教育与职业，2007

（1）．

刘锐．教育联盟：21世纪中国高等教育发展战略［J］．理论界，2005（9）．

刘兆宇．19世纪英格兰高等教育变革研究［M］．合肥：中国科技大学出版社，2008．

柳友荣．新建本科院校学科建设若干问题的思考［J］．高等农业教育，2004（4）．

柳友荣．英国新大学运动及其对我国应用型本科教育的启示［J］．高等教育研究，2011（8）．

柳友荣．"本科教学质量"辨正［J］．中国大学教学，2008（6）．

柳友荣，龚放．理论不足与制度阙如——本科教学评估之症结［J］．中国高教研究，2008（11）．

柳友荣．"新大学"去同质化发展策略［J］．中国高教研究，2011（11）．

柳友荣．百校调查：中国"新大学"发展研究［J］．现代大学教育，2012（1）．

柳友荣．中国"新大学"：概念、延承与发展［J］．教育研究，2012（1）．

卢红学．"格乌斯"原理对新建本科院校发展的启示［J］．荆楚理工学院学报，2009（10）．

马丁·特罗．从精英到大众再到普及高等教育的反思［J］．徐丹，连进军，译．大学教育科学，2009（3）．

马树杉．应用型本科教育：地方本科院校在21世纪的新任务［J］．常州工学院学报，2001（1）．

米俊魁．析马丁·特罗高等教育发展阶段理论的局限性［J］．现代教育科学，2004（1）．

纽曼．大学的理想［M］．徐辉，等，译．杭州：浙江教育出版社，2001．

帕利坎．大学理念的重审——与纽曼对话［M］．杨德友，译．北京：北京大学出版社，2008．

潘懋元．潘懋元高等教育文集［J］．北京：新华出版社，1991．

潘懋元．高等教育大众化的教育质量观［J］．江苏高教，2000（1）．

彭华. 新建本科院校教育经费筹措探析 [J]. 攀枝花学院学报，2006（4）.

齐华云. 新建地方本科院校可持续发展的理性思考 [J]. 黑龙江高教研究，
　2005（10）.

秦国柱. 中国新大学运动 [M]. 福州：福建教育出版社，1996.

盛国军. 对可持续发展观的辩证思考 [J]. 学术交流，2007（5）.

石伟平，徐国庆. 论高等职业教育课程的国际比较 [J]. 职教论坛，2001
　（10）.

世界银行，联合国教科文组织高等教育与社会工作特别工作组. 发展中国家
　的高等教育：危机与出路 [G]. 蒋凯，主译. 北京：教育科学出版
　社，2001.

孙爱东. 对应用型本科院校人才培养方案的思考 [J]. 黑龙江教育学院学
　报，2008（2）.

汤道湘. 地方"新大学"的内涵式发展 [J]. 湘潭师范学院学报，2006
　（3）.

唐景莉. 专科学校升格要不要降温 [N]. 中国教育报，2003 - 12 - 24.

陶岩平. 发达国家培养应用型本科人才的实践 [J]. 世界教育信息，2005
　（1）.

滕大春. 美国教育史 [M]. 北京：人民教育出版社，1994.

王伯庆. 不宜扩大中西部高等教育规模 [J]. 麦可思研究，2010 年 3 月中
　旬刊.

王承绪，徐辉. 战后英国教育研究 [M]. 南昌：江西教育出版社，1992.

王淮庆，杨晓莉. 扁平化管理模式的构建——应用型本科院校发展的探讨
　[J]. 中国科技信息，2008（15）.

王守伦，等. 突出地方特色服务区域发展 [J]. 中国高教研究，2009（3）.

王廷芳. 美国高等教育史 [M]. 福州：福建教育出版社，1995.

王英杰. 美国高等教育的发展与改革 [M]. 北京：人民教育出版社，1993.

魏百军. 影响新建本科院校发展的主要问题分析 [J]. 宁波大学学报：教育
　科学版，2007（1）.

邬大光．高等教育大众化理论的内涵与价值——与马丁·特罗教授的对话 [J]．高等教育研究，2003（6）．

夏东民．实现我国高校战略联盟的价值判断与路径设计 [J]．黑龙江高教研究，2009（11）．

谢冰松．制约新建本科院校发展的关键性因素 [J]．南阳师范学院学报：社会科学版，2004（7）．

谢和平．深入贯彻党的十七大精神　努力为建设高等教育强国贡献力量 [J]．中国高教研究，2008（2）．

谢作栩．马丁·特罗高等教育大众化理论述评 [J]．现代大学教育，2001（3）．

徐辉，郑继伟．英国教育史 [M]．长春：吉林人民出版社，1993．

徐萍．高等教育多样化的发展进程与推进策略 [J]．江苏高教，2009（5）．

杨晨光，等．欠发达地区地方高校如何走出发展困境 [N]．中国教育报，2010 – 03 – 15．

杨金土．我国本科教育层次的职业教育类型问题 [J]．教育发展研究，2003（1）．

杨黎明．19 世纪英国"新大学运动"对中国大学改革的启示 [J]．沧桑，2005（2）．

杨涛，等．"新大学"发展之路探索 [J]．高等教育研究，2007（11）．

姚加惠，潘懋元．"新大学"的现状分析与准确定位 [J]．龙岩学院学报，2006（4）．

叶优丹．新办本科高等院校可持续发展研究 [D]．杭州：浙江大学，2006．

叶优丹．新办本科院校可持续发展影响因素的实证研究 [J]．高教探索，2007（4）．

易红郡．美国州立大学的产生及发展 [J]．湘潭师范学院学报，1999（5）．

俞路石．定位与需求对接：合肥学院专业建设瞄准产业发展 [N]．中国教育报，2008 – 08 – 21．

张铁牛，田水泉．新建本科院校专业建设现状调查 [J]．理工高教研究，

2007 (3).

张彤. 中国高等教育改革与可持续发展 [D]. 厦门：厦门大学，2001.

张新跃，等. 本科应用型创新人才培养模式的思考 [J]. 教育发展研究，2008 (3 -4).

赵凤歧. 发展与发展观——兼论可持续发展 [J]. 学术研究，1997 (2).

赵连华. 高等教育可持续发展战略研究 [J]. 辽宁教育研究，2007 (1).

赵曙明. 美国高等教育管理研究 [M]. 武汉：湖北教育出版社，1992.

中国教育与人力资源问题报告课题组. 从人口大国迈向人力资源强国 [M]. 北京：高等教育出版社，2003.

钟小斐. 对应用型本科院校"双师型"师资队伍建设的思考 [J]. 宁波工程学院学报，2008 (4).

朱国仁. 哈佛帝国 [M]. 上海：上海人民出版社，2002.

朱剑. 美国的五校联盟探析 [J]. 现代教育科学，2006 (2).

朱静. 地方本科院校运行机制的结构与功能分析 [J]. 教育与职业，2008 (10 下).

朱振国. 新建院校要走"新路"——安徽本科院校侧记 [N]. 光明日报，2009 -07 -01.

朱中华. 论"新大学"的跨越式发展 [J]. 黑龙江高教研究，2004 (9).

朱中华. 论"新大学"可持续发展必须处理好的十大关系 [J]. 现代大学教育，2005 (1).

Burton R. Clark. The Entrepreneurial University: Demand and Response [J]. Tertiary Education and Management, 1998 (4).

Derek Bok. Beyond the Ivory Tower [M]. Cambridge, Mass.: Harvard University Press, 1982.

Derek Bok. University in the Marketplace [M]. Princeton, N. J.: Princeton University Press, 2003.

Elizabeth J. Hatton: Charles Sturt University: A Case Study of Institutional Amalgamation [J]. Higher Education, 2002, 44 (1).

Eric Ashby. Universities: British, Indian, African: A Study in the Ecology of Higher Education [M]. London: The Weldenfeld and Nicilson Press, 1966.

Flexner, Abraham. Universities: American, English, German [M]. New York: Oxford University Press, 1968.

George A. Works. Co-Ordination of State-Supported Higher Education [J]. The Journal of Higher Education, 1944 (3).

H. B. James. Discussion: Adjusting Land-Grant College Programs and Organizations [J]. Journal of Farm Economics, 1964 (5).

H. J. Perkin. New Universities in the United Kingdom [M]. Paris: OECD, 1969.

H. W. Chase. The Social Responsibility of the State University [J]. Journal of Social Forces, 1923 (5).

Harte Negley. The University of London [M]. London; Atlantic Highlands, N. J. : The Athlone Press Ltd. , 1986.

J. C. Bottum. The Center for Agricultural and Economic Adjustment [J]. Journal of Farm Economics, 1960 (5).

James J. Dudersdadt. A University for the 21st Century [M]. Ann Arbor: The University of Michigan Press, 2000.

John A. Perkins. Government Support of Public Universities and Colleges [J]. Annals of the American Academy of Political and Social Science, 1955 (9).

John Dale Russell. Problems and Prospects of Postwar Financial Support [J]. Annals of the American Academy of Political and Social Science, 1944 (1).

John Harold Wilson. The Educator and the State University: The Abdication of Responsibility [J]. The Journal of Higher Education, 1960, 31 (5).

L. R. Becker. The Impact of University Incorporation on College Lecturers [J].

Higher Education, 2004 (2).

Lewis Webster Jones. The Responsibility of the State University [J]. The Journal of Higher Education, 1947 (8).

Lori Turk-Bicakci and Steven Brint. University-Industry Collaboration: Patterns of Growth for Low-and Middle-Level Performers [J]. Higher Education, 2005, 49 (1/2).

Mary J. Bowman. The Land-Grant Colleges and Universities in Human-Resource Development [J]. The Journal of Economic History, 1962 (4).

Mohammadreza Hojat. Psychometric Characteristics of the UCLA Loneliness Scale: A Study with Iranian College Students [J]. Educational and Psychological Measurement, 1982, 42 (3).

Peter Scott. The Meanings of Mass Higher Education [M]. Suffolk: The Society for Research into Higher Education & Open University Press, 1995.

Peter Scott. The Future of General Education in Mass Higher Education Systems [J]. Higher Education Policy, 2002 (15).

R. E. Buchanan. Graduate Work in Land-Grant Institutions [J]. The Journal of Higher Education. 1931, 2 (8).

Robbins Committee. Higher Education [M]. London: HMSO, 1963.

Robert M. Hutchins. Higher Education of American [M]. New Haven: Yale University Press, 1936.

Roland R. Renne. Land-Grant Institutions, the Public, and the Public Interest [J]. Annals of the American Academy of Political and Social Science, 1960 (9).

Roscoe Pulliam. Why We Need More State Universities [J]. The Journal of Higher Education, 1944 (3).

Russell, D. UCLA Loneliness Scale (Version 3): Reliability, Validity, and Factor Structure [J]. Journal of Personality Assessment, 1996, 66 (1).

Sven-Eric Liedman. A Lesson for Life [J]. Studies in Philosophy and Education,

2002 (7).

William N. Pafford. University Status for State Colleges: Boon or Boondoggle? [J]. Peabody Journal of Education, 1969 (6).

William W. Brickman. American Higher Education in Historical Perspective [J]. Annals of the American Academy of Political and Social Science, 1972 (9).

附　录

一、行知章程

第一章　总则

第一条　联盟的名称

本联盟全称为"安徽省高校（部分）联盟"（以下简称高校联盟）。

第二条　联盟的性质

高校联盟是经省教育厅同意成立、各有关院校自愿组成的校际合作组织。

第三条　联盟的宗旨

本联盟以贯彻落实科学发展观为指导，以践行陶行知先生知行教育思想，培养适应社会需求、知行统一、人民满意的高素质人才为宗旨，以构建我省高校（部分）交流与合作平台为基础，遵循"优势互补、资源共享、互惠互利、共同发展"的原则，深化高等教育改革，优化资源配置，实现开放办学，联合打造我省高校（部分）战略联盟共同体，推进我省高等教育科学发展，着力提升办学效益与竞争力，主动适应、服务和引领经济社会发展，为繁荣安徽高等教育事业，推动安徽高教强省建设步伐，实现安徽奋力崛起做出积极的贡献。

第二章　联盟的工作

第四条　积极探讨全省高校（部分）交流与合作的有效途径，科学制订联盟发展规划和实施方案，共同创建示范性应用型本科院校。

第五条　制订联合培养学生计划，实行校际学生交流。

第六条　建立开放的学科专业和课程建设体系。

第七条　搭建统一开放的教学资源共享平台。

第八条　组织开展校际科研合作，提升科研整体水平。

第九条　合作开展教材建设。

第十条　组织开展信息技术合作，共建信息服务平台。

第十一条　推进国际合作办学项目和资源共享。

第三章　成员单位的权利和义务

第十二条　成员单位的权利

    1. 具有参加由联盟组织的各类活动的权利；

    2. 对联盟工作有参与、批评和建议的权利；

    3. 具有利用联盟相关信息平台获取信息或开展相关业务的权利；

    4. 根据需要，相互签订具体合作协议；

    5. 享有自愿加入、退出自由的权利。

第十三条　成员单位的义务

    1. 遵守联盟章程，执行联盟决议，积极完成联盟委托的工作；

    2. 秉承联盟的宗旨，积极参加联盟的各项活动；

    3. 向联盟提出建议，提供有关资料。

第四章　联盟的组织机构

第十四条　成立高校联盟管理委员会，管理委员会由联盟高校党委书记和校（院）长组成，主要负责制订合作办学计划，领导、组织和促进各院校间的合作，协调处理合作办学中出现的各种问题。联盟管理委员会设主任一名，由承办联席会议的院校主要领导轮流担任，至下一次联席会议召开时自然卸任。

第十五条　高校联盟管理委员会下设秘书处，负责日常管理、协调和服务工作，秘书长由联盟高校管理委员会主任指定。同时，联盟管理委员会下设教学、科研、学生等工作协作组，主要负责落实管理委员会的计划与设想，开展合作办学的具体组织实施工作，各协作组由联盟院校有关部门负责人组成。

第十六条　高校联盟管理委员会每年召开一次联席会议，各协作组每学期召开一次会议。

第五章　附则

第十七条　本章程由高校联盟联席会制定、解释和修改。

第十八条　本章程自安徽省高校联盟第一次联席会议通过之日起开始生效。

二、行知宣言

2008 年 12 月 26 日，应用型本科院校建设研讨会暨安徽省新建本科院校第五次协作会一致认为：加强应用型本科院校间的交流与合作，成立安徽省本科高校（部分）联盟，是践行陶行知先生知行教育思想、培养适应社会需求人才、办人民满意大学的需要；是高校积极适应、服务并支撑、引领地方经济社会发展的需要；是高等教育大众化深度推进、地方高校改革发展的需要。联盟的成立必将有利于优化高等教育资源配置，提升办学效益与竞争力；必将有利于培养适应社会需求、知行统一、人民满意的高素质人才；必将有利于繁荣安徽高等教育事业，推动安徽高教强省建设步伐；必将有利于促进安徽经济建设和社会发展，推进安徽快速崛起。

为此，在安徽省教育厅的关心、指导下，全省部分高校共同商定成立安徽省高校（部分）联盟，并达成以下共识：

一、高校联盟在省委、省政府领导下，在省委教育工委、省教育厅具体指导下，在地方政府和社会各界的关心支持下开展工作，省教育厅在联合办学、学科专业建设、师资队伍建设、教学科研、项目联合申报等方面给予政策支持。

二、高校联盟应遵循"优势互补、资源共享、互惠互利、共同发展"的原则，积极创建校际交流与合作的平台，扩大交流层面，深化合作内容，创新交流与合作模式，共同创建示范性应用型本科院校，真正实现各联盟院校的合作共赢。

三、根据协议，联合培养学生，构建人才培养立交桥。实行学生交流学习，互认学分，学生可根据有关规定相互转学转专业，攻读双学位。

四、根据协议，共建学科专业。建立学科队伍共建、互访、学术交流制度，组建跨校的学术梯队。共同培育并开放重点学科和特色专业。共建国家级和省级精品课程并共享建设成果。

五、根据协议，实行资源共享。互聘教师，共建教学团队。互相开放实验室和实践、实习基地。互相开放图书馆，联合举办应用技术技能竞技比赛。

六、加强校际科研的交流与合作。开放科研资源，建立跨校科研创新团队，联合申报、承接科研项目，联合开展科技攻关及产学研活动。

七、合作开展教材建设，联合编写教材。

八、共建信息服务平台，为校际信息交流提供快捷通道。

九、协议双方共享国际合作办学项目和资源。

三、访谈提纲

1. 您同意人们习惯于把 1998 年扩招后建立（升格）的"新大学"称为应用型本科院校吗？（若不同意，理由是什么？）

2. 您认为应用型本科院校的主要标志是什么？

3. "新大学"实现可持续发展面临的主要困难有哪些？

4. 走出"新大学"发展困境需要哪些内部改革和外部支持？

5. "新大学"是否应该分类发展、区别对待？能说明一下您的判断依据吗？

四、"新大学"办学状况调查表

尊敬的"新大学"领导:

您好!非常感谢您对"'新大学'办学状况调查"的关心和支持。

本次调查的目的是了解高等教育大众化背景下"新大学"真实的办学状况和可持续发展中存在的困难,为指导"新大学"的发展提供重要的事实依据和参考。

本问卷匿名填写,仅供研究使用,您在填写时不要有任何顾虑。回答问卷时不需要查找资料,也不需要讨论。

研究结论的科学性取决于您回答的真实性,各题选项没有对错之分,请在符合您实际情况的选项前序号上画"√",非常感谢您的合作。

1. 个人基本情况

1.1 现任职务_____ 1.2 任现职年限_____ 1.3 专业_____

2. 关于办学基本情况

2.1 贵校升格前的性质是

(1) 师范类 (2) 技术应用类 (3) 财经类 (4) 其他

2.2 贵校升格的时间是

(1) 2003 年以前 (2) 2003 年以后

2.3 贵校所处经济区域属于

(1) 东部地区 (2) 中部地区 (3) 西部地区

2.4 贵校所在地市是

(1) 直辖市 (2) 省会城市 (3) 一般发达城市 (4) 一般城市

2.5 贵校所在地市经济状况

(1) 很好 (2) 良好 (3) 一般 (4) 较差

2.6　近两年贵校本科招生录取分数线与本省（市）本科录取控制线相比

　　（1）平均高出 10 分以上　　（2）平均高出 10 分以内

　　（3）持平　　（4）降分

2.7　近两年贵校本科录取考生的第一志愿填报率为

　　（1）90% 以上　　（2）60%—89%　　（3）30%—59%

　　（4）29% 以下

2.8　贵校现有学生数是

　　（1）3 万人以上　　（2）2 万—3 万人　　（3）1 万—2 万人

　　（4）1 万人以下

2.9　贵校目前的专业结构是

　　（1）工科为主　　（2）财经类为主　　（3）其他应用社会学科为主

　　（4）文理基础学科为主　　（5）其他学科为主（农医林学科为主院校）

2.10　贵校现有本科专业数是

　　（1）40 个以上　　（2）30—39 个　　（3）20—29 个　　（4）19 个以下

2.11　贵校本科专业的学科覆盖面

　　（1）10 个以上　　（2）7—9 个　　（3）4—6 个　　（4）3 个以下

2.12　贵校所在地市对贵校发展的支持

　　（1）很大　　（2）较大　　（3）一般　　（4）较小

2.13　贵校对所在地市经济社会发展的贡献

　　（1）很大　　（2）较大　　（3）一般　　（4）较小

2.14　贵校与所在地市经济社会的融合程度

　　（1）很好　　（2）良好　　（3）一般　　（4）较差

2.15　您对贵校目前总体发展态势的评价是

　　（1）发展快速　　（2）发展匀速　　（3）发展滞缓　　（4）发展困难

3. 办学理念与状态

3.1　贵校发展的目标定位是应用型本科院校吗？　　　　（1）是　　（2）否

3.2　您认为"新大学"的教学资源紧张，难以满足教学需要吗？

　　　　　　　　　　　　　　　　　　　　　　　　（1）是　　（2）否

3.3　您认为"新大学"应以应用型人才培养为自己的目标定位吗？

（1）是　（2）否

3.4　您认为贵校重点建设的学科与专业具有较好的应用性和发展前景吗？

（1）是　（2）否

3.5　您认为"新大学"管理队伍理念不新，观念落后，对大众化高等教育的办学规律认识不到位吗？　　　　　　　　　　（1）是　（2）否

3.6　贵校"双师型"教师比例基本达到教师总数的30%。（1）是　（2）否

3.7　您认为"新大学"缺少国家政策性支持，行（企）业不愿意接受毕业生实习实训吗？　　　　　　　　　　　　　　（1）是　（2）否

3.8　您是否觉得办学理念滞后、观念落伍是制约"新大学"可持续发展的瓶颈？　　　　　　　　　　　　　　　　　（1）是　（2）否

3.9　您认为"新大学"是否大都有潜在的财务风险？　（1）是　（2）否

3.10　您认为"新大学"课程结构、比例应该区别于传统大学的模式重新设置吗？　　　　　　　　　　　　　　　　　（1）是　（2）否

3.11　贵校专业设置能充分依据地方经济社会的发展。　（1）是　（2）否

3.12　您认为"新大学"对各个教学环节都建立了质量保障机制，管理规范吗？　　　　　　　　　　　　　　　　　（1）是　（2）否

3.13　贵校教师获得教学、科技开发、社会服务的成果多、水平高，学生满意，社会评价好。　　　　　　　　　　　（1）是　（2）否

3.14　您认为工程型、技能型教师的晋职、晋升缺少政策性扶持吗？

（1）是　（2）否

3.15　您认为"新大学"既是地方性也应国际化吗？　（1）是　（2）否

3.16　您认为"新大学"的实验实训教学建设与实际需求有较大差距吗？

（1）是　（2）否

3.17　您认为"新大学"课程内容应在坚持学科逻辑的基础上加大实践需求的引导吗？　　　　　　　　　　　　　　（1）是　（2）否

3.18　贵校学科与专业建设已经具备了良性互动的特征，新申办的本科专业都有着较好的学科基础。　　　　　　　　（1）是　（2）否

3.19 您认为"新大学"建立了一系列现代大学制度，但执行不力吗？

(1) 是 (2) 否

3.20 贵校的学科梯队建设兼顾"学""术"两个方面，产学研合作发展较快。 (1) 是 (2) 否

3.21 贵校的办学经费紧张，资金缺口较大吗？ (1) 是 (2) 否

3.22 您认为"新大学"应该分类发展、区别对待吗？ (1) 是 (2) 否

3.23 您认为贵校的图书馆、网络建设与本科教学的需求不相适应吗？

(1) 是 (2) 否

3.24 贵校的各专业人才培养方案的修订是否邀请行业专家参加，或依据行业专家的意见改革课程设置？ (1) 是 (2) 否

3.25 贵校是否已经根据就业率及时调整本科专业招生数，甚至停招就业率低的专业？ (1) 是 (2) 否

3.26 您认为应该进一步扩大"新大学"的办学自主权吗？

(1) 是 (2) 否

3.27 贵校师资队伍有"理论型"教师多，工程型、技能型教师少的结构性紧缺现象吗？ (1) 是 (2) 否

3.28 区域社会与"新大学"之间的合作途径需要进一步拓宽。

(1) 是 (2) 否

3.29 您是否同意"新大学"发展必须与地方经济社会发展相依托？

(1) 是 (2) 否

3.30 您认为贵校的教学场馆建设与教学需求存在差异吗？

(1) 是 (2) 否

3.31 您认为"工学结合"是"新大学"较为理想的人才培养模式吗？

(1) 是 (2) 否

3.32 您认为"新大学"学科专业结构基本雷同，有明显的同质性吗？

(1) 是 (2) 否

3.33 您认为贵校基本体现了"党委领导、校长负责、教授治学、民主管理"吗？ (1) 是 (2) 否

3.34 您认为技能型教师队伍建设（包括实验教师队伍建设）是贵校师资队伍建设的难点吗？　　　　　　　　　　（1）是　（2）否

3.35 您是否认为需要建立科学的分类指导、区别对待的评价体系，引导和规范"新大学"的发展？　　　　　　　（1）是　（2）否

（问卷调查到此结束，再次感谢您的真诚合作）

后 记

面对着这本即将付梓的文稿，既有一份满足，又怀揣几许不安。满足是因为近六年的专题研究终于有了眼前这沓文字，不安则是因为书稿自研究开始到结稿，一路走来，沐浴那么多的关心、帮助。

回想当年负笈东下，步入南京大学，侧身龚放恩师门下，那份喜悦与满足，至今回味起来依旧激动不已。时光倥偬，回首自己的求学经历，由于要工学兼顾，时有时间、精力分配不当之处。所幸的是我欣逢良师，恩师龚放教授不仅在研究课题上谆谆以诱，娓娓而谈，工作、生活上也对我关爱有加，让我倍觉温馨，如沐春风。从参加沈阳、厦门的高等教育国际论坛，到研究选题、资料收集，再到文稿修改、结撰校订，整个南大求学生涯，恩师心血随处可见。很难想象，如果没有恩师的悉心呵护和大力揄扬，关于"新大学"的研究很有可能会搁浅，甚至荒芜。恩师多年滋树，悉心修剪，竟未成兰蕙，愧疚中还祈求得到谅解。

在研究过程中，南京大学的冒荣教授、张红霞教授、王运来教授、汪霞教授、余秀兰教授等给了我极大的关心、帮助和指导；在书稿撰写过程中，北京大学的陈学飞教授、中山大学的陈昌贵教授、南京师范大学的胡建华教授、《教育研究》总编高宝立研究员和南京大学的冒荣教授、王运来教授给予了热心指导和鼓励，在此一并致以我最诚挚的谢意！我还必须感谢我的同门刘志兰、刘永芳、潘金林、王一军、曲铭峰、黄成亮等在研究构思与撰写过程中，在资料收集、问题讨论、思路启发等方面给予的无私帮助。这一份感恩的心将镌刻脑海，永留心间。

　　文稿撰写过程中，教育部高等教育评估中心的刘振天博士、《中国高教研究》的范笑仙博士提供了非常珍贵的资料；在问卷调查过程中，得到了第九次全国"新大学"工作联席会议的帮助；在访谈中，得到了安徽省合肥学院蔡敬民院长、巢湖学院董武清院长、铜陵学院丁家云院长、宿州学院桂和荣院长的大力支持。此情此心，无以回报，谨以此书铭记！

　　不能不感谢我工作单位的同事，是他们揩起了更多的责任，分担了原本属于我的任务，才使得我幸获抽身之暇；感谢同事黄国萍、周同等在数据处理和英文翻译上给予的帮助。我还要感谢我的家人！特别要感谢我的女儿，在我孜孜以求、埋头书稿的日子里，她用同龄人少有的自律、乖巧和勤奋，完成了高中学业，以骄人的成绩考取了中国科技大学。

　　书稿即将付梓，我还必须感谢《教育研究》总编高宝立研究员的大力举荐，更要感谢教育科学出版社李东总编辑对本书出版的热情支持。

　　面对摆放在案前的这本文稿，如释重负的愉悦被忐忑与愧疚的情结浸润得斑驳而苍凉。一来限于学力和素养，文稿中还留存着不少瑕疵；二来则是出于难忘师恩的恐慌。虽然文稿瑕疵斑驳，但这丝毫不能褪减我内心沉沉的感恩之情。梁漱溟先生有言："人之所以为人在其心，心之所以为心在其自觉"，我想，我的"自觉之心"或许就是背负走出南大之时，背后那殷切的目光弥漫着的拳拳之情，永不停歇自己的脚步。

柳友荣

2013 年 2 月 18 日

出 版 人　所广一
责任编辑　孔　军
版式设计　贾艳凤
责任校对　贾静芳
责任印制　曲凤玲

图书在版编目（CIP）数据

中国"新大学"的崛起／柳友荣著．—北京：教育
科学出版社，2013.6
ISBN 978 - 7 - 5041 - 7557 - 1

Ⅰ．①中…　Ⅱ．①柳…　Ⅲ．①本科—高等学校—研究—
中国　Ⅳ．①G649.2

中国版本图书馆 CIP 数据核字（2013）第 084308 号

中国"新大学"的崛起
ZHONGGUO "XINDAXUE" DE JUEQI

出版发行	**教育科学出版社**			
社　　址	北京·朝阳区安慧北里安园甲 9 号	市场部电话	010 - 64989009
邮　　编	100101	编辑部电话	010 - 64981167
传　　真	010 - 64891796	网　　址	http://www.esph.com.cn
经　　销	各地新华书店		
制　　作	北京金奥都图文制作中心		
印　　刷	保定市中画美凯印刷有限公司		
开　　本	169 毫米×239 毫米　16 开	版　　次	2013 年 6 月第 1 版
印　　张	16.5	印　　次	2013 年 6 月第 1 次印刷
字　　数	232 千	定　　价	42.00 元

如有印装质量问题，请到所购图书销售部门联系调换。